校企合作双元开发新形态信息化教材
高等职业教育农林牧渔类专业高素质人才培养系列教材

农产品电子商务

主　编　郑　佳
副主编　晏志谦
编　委　李　癸　张亚杰　叶圆慧
　　　　唐艳林　王点点　钟梦琦
　　　　王　驿　陈　斌　杨　庆

西南交通大学出版社
·成　都·

图书在版编目（CIP）数据

农产品电子商务 / 郑佳主编. -- 成都：西南交通大学出版社，2024.8. -- ISBN 978-7-5643-9972-6

Ⅰ．F724.72

中国国家版本馆 CIP 数据核字第 20244FQ590 号

Nongchanpin Dianzi Shangwu
农产品电子商务

主　编／郑　佳

策划编辑／郭发仔　罗在伟
责任编辑／周媛媛
封面设计／吴　兵

西南交通大学出版社出版发行
（四川省成都市金牛区二环路北一段 111 号西南交通大学创新大厦 21 楼　610031）
营销部电话：028-87600564　　028-87600533
网址：https://www.xnjdcbs.com
印刷：四川玖艺呈现印刷有限公司

成品尺寸　185 mm×260 mm
印张　16.5　　字数　411 千
版次　2024 年 8 月第 1 版　　印次　2024 年 8 月第 1 次

书号　ISBN 978-7-5643-9972-6
定价　58.00 元

课件咨询电话：028-81435775
图书如有印装质量问题　本社负责退换
版权所有　盗版必究　举报电话：028-87600562

前言 PREFACE

随着农业现代化的不断推进和数字经济的蓬勃发展,农产品电子商务作为一种新兴业态,逐渐成为连接农民与市场、促进农业增效和农村发展的关键环节。为了满足广大农民对农产品电子商务的迫切需求,我们编写了这本新形态农产品电子商务农民培训用书,旨在帮助农民朋友掌握电商运营技巧、拓宽销售渠道、提高经济效益,为乡村振兴注入新活力。

本书紧密结合《中共中央关于制定国民经济和社会发展第十四个五年规划和二〇三五年远景目标的建议》《数字乡村发展战略纲要》《"十四五"电子商务发展规划》《关于加快推进乡村人才振兴的意见》等文件精神,融合"农业经理人"国家职业技能标准、"电子商务师"国家职业技能标准、"供应链管理师"国家职业技能标准等内容和行业发展趋势,从宏观角度解读农产品电商的战略意义和发展方向;同时,通过微观层面的案例分析,深入浅出地介绍农产品电商的运营模式、营销策略、质量安全等方面的知识。此外,本书还融入了实践环节,引导农民在理论学习的同时掌握实际操作技巧,提升数字素养和电商运营能力。

本书适用于广大农民朋友,包括种植户、养殖户、家庭农场、农民合作社等农业经营个体和组织。同时,也可作为农业企业管理人员、农业院校师生以及有意从事农产品电商领域的创业者的参考用书。在使用本书时,建议结合实际情况选择重点章节进行学习,注重理论与实践相结合,通过实际操作巩固所学知识。同时,关注农产品电商领域的最新动态和发展趋势,不断更新自身知识和技能,以适应市场的变化和需求。

本书注重理论与实践相结合,在教学设计上,采用短期培训、理论+实践的教学模式以及线上+线下混合教学模式开展教学。线上教学将提供丰富的数字化学习资源,方便学员随时随地学习;线下培训则注重实际操作和交流互动,提升学员的实际操作能力。在内容上,从宏观到微观、从理论到实践,以"模块—项目—任务"重构内容体系,通过丰富的案例和实际操作指导,使学员能够全面掌握农产品电子商务的各个环节和关键要素。同时,本书还针对农民朋友的实际需求和认知水平,采用通俗易懂的语言和图文并茂的形式进行讲解,以提高学员的学习效果和理解能力。

此外,本书注重课程思政建设。我们将以立德树人为根本任务,将社会主义核心价值观、劳动精神、环保意识等思政内容融入课程中,培养学员良好的职业道德和社会责任感。通过本课程的学习,有助于学员树立正确的世界观、人生观和价值观,为成为一名优秀的农村电商人才奠定基础。

本书由成都农业科技职业学院的郑佳老师主编，成都农业科技职业学院晏志谦教授副主编，成都农业科技职业学院李奂、张亚杰、叶圆慧、唐艳林、王点点、钟梦琦、王驿、杨庆，以及四川托普信息技术职业学院陈斌参与编写。编写团队凭借多年高职教学经验、深厚的农民培训背景以及广泛的社会服务实践，精心重构了教材内容体系，以满足教与学的双重需求。在编写过程中，团队不仅注重实用性和针对性，更融入了创新思维，力求打破传统农产品电商培训教材的局限，为读者提供一本既贴近实际又富有前瞻性的学习指南。北京京东乾石科技有限公司翟宏宇、蒲江县甘溪镇明月天成家庭农场江维、彭州市快乐农夫家庭农场张仕伟、蒲江碧香家庭农场袁永学等企业及农业经营主体为教材提供了真实案例，郑佳、李奂、王点点、杨庆提供了微课资源，感谢各位老师和企业为编写教材付出的努力和艰辛。本教材在编写过程中还得到了一些行业专家的指导，参考了一些专家、学者的研究成果及网络资源，在此一并表示感谢。

新形态农产品电子商务农民培训教材的编写是一项意义重大且富有挑战性的工作，编写团队努力追求教学改革突破和内容与时俱进，但由于水平有限，书中难免存在疏漏和不妥之处，恳请专家和广大读者批评、指正。我们希望通过本教材的出版发行，为广大农民朋友提供一份宝贵的电商学习资料，为其在农产品电商领域的发展提供有力支持。同时，我们也期待社会各界人士能够关注和支持农产品电子商务的发展，共同推动农业现代化和乡村振兴事业的繁荣进步。

编　者

2024 年 1 月

目录 CONTENTS

模块一　打通农产品电商流通通路 ·· 001

项目 1.1　打通农产品电商"四流" ·· 002
项目 1.2　搭建农产品电商的"人货场" ·· 026
项目 1.3　选择农产品电子商务模式 ··· 047

模块二　打造农产品电商产业链 ·· 064

项目 2.1　生产环节数字化转型 ··· 065
项目 2.2　初加工环节机械化升级 ··· 078
项目 2.3　流通环节扁平化运作 ··· 090
项目 2.4　销售环节互联网思维赋能 ··· 107

模块三　农产品电商化开发 ·· 123

项目 3.1　农产品商品化开发 ··· 124
项目 3.2　农产品标准化开发 ··· 133
项目 3.3　农产品电商类目选择 ··· 143

模块四　农产品电商供应链管理 ·· 152

项目 4.1　网络零售农产品供应链管理 ··· 153
项目 4.2　直播电商农产品供应链管理 ··· 161
项目 4.3　平台电商农产品供应链管理 ··· 170

模块五　网店销售农产品 ·· 179

项目 5.1　产品及服务信息管理 ··· 180
项目 5.2　线上店铺设计与装修 ··· 198
项目 5.3　网店客户服务 ··· 222
项目 5.4　电子商务数据分析 ··· 240

参考文献 ·· 255

模块一

打通农产品电商流通通路

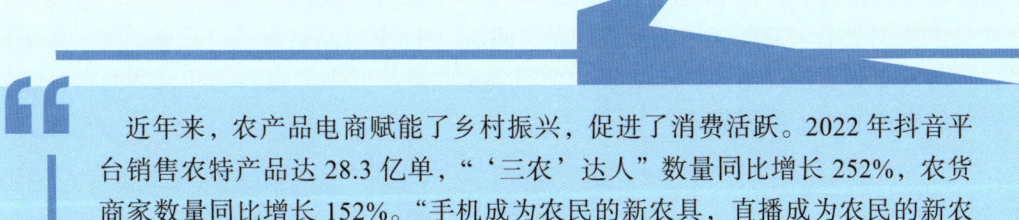

近年来,农产品电商赋能了乡村振兴,促进了消费活跃。2022年抖音平台销售农特产品达28.3亿单,"'三农'达人"数量同比增长252%,农货商家数量同比增长152%。"手机成为农民的新农具,直播成为农民的新农活,数据成为农民的新农资,文化成为农民的新生活。"

本模块旨在帮助农民解决三大问题:

(1)如何打通农产品电商"四流"通路?
(2)如何搭建农产品电商的"人货场"?
(3)如何选择合适的农产品电商模式?

本模块将要学习3个项目、9个任务:

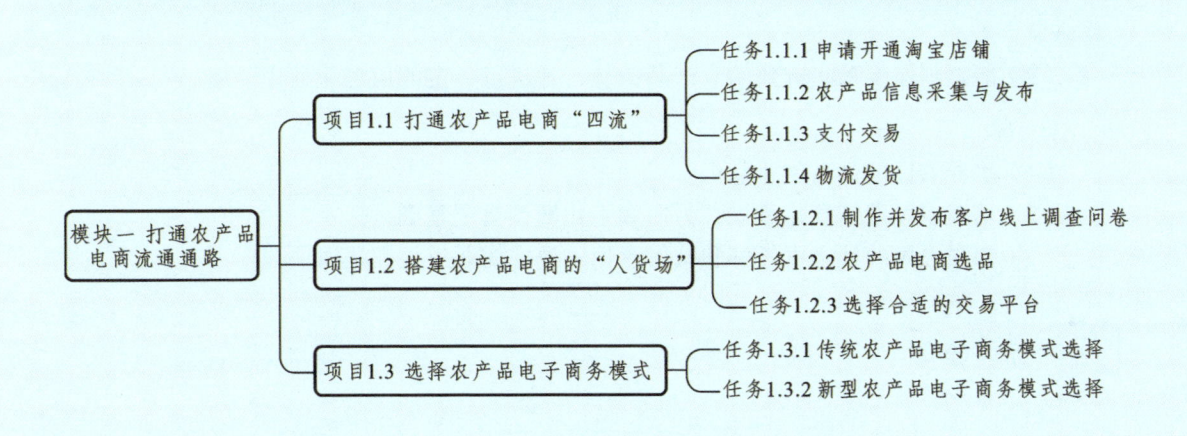

```
模块一 打通农产品        ├─ 项目1.1 打通农产品电商"四流"  ├─ 任务1.1.1 申请开通淘宝店铺
电商流通通路            │                              ├─ 任务1.1.2 农产品信息采集与发布
                      │                              ├─ 任务1.1.3 支付交易
                      │                              └─ 任务1.1.4 物流发货
                      ├─ 项目1.2 搭建农产品电商的"人货场" ├─ 任务1.2.1 制作并发布客户线上调查问卷
                      │                              ├─ 任务1.2.2 农产品电商选品
                      │                              └─ 任务1.2.3 选择合适的交易平台
                      └─ 项目1.3 选择农产品电子商务模式   ├─ 任务1.3.1 传统农产品电子商务模式选择
                                                     └─ 任务1.3.2 新型农产品电子商务模式选择
```

项目 1.1 打通农产品电商"四流"

项目描述

信息流、商流、资金流和物流是商品流通过程中的四大组成部分,这"四流"构成了一个完整的流通过程。

项目主要围绕电子商务交易活动实现的"四流",即农产品电商平台开通、农产品交易信息采集与发布、农产品电商物流实现、交易资金收发与管理等内容展开,帮助农民建立一个完整的农产品线上流通渠道。

项目目标

1. 知识目标

(1)理解农产品电子商务的基本概念、特点。
(2)了解电商"四流"的概念及其在农产品电商中的重要性。
(3)掌握农产品电商的基本流程、农产品信息采集与发布的内容、供应链管理、物流配送、支付结算等基本知识。
(4)熟悉农产品电商的相关政策和法规。

2. 能力目标

(1)具备农产品电商应用的基本操作能力,包括开通网店、商品信息发布、支付交易、物流发货等。
(2)能根据需要采集有效的农产品信息,并进行一定的信息化处理。

3. 素质目标

(1)培养农民的创新创业意识。
(2)培养农民的信息化意识,为向数字化转型奠定基础。
(3)加强农民的社会责任感和诚信意识,遵守商业道德和法律法规。

项目情景

"菜篮子"保卫战

张同学是一个蔬菜农民合作社的社长,肩负着促进某地级市蔬菜批发销售的重任,一直以来他们采用中间商批发方式销售蔬菜,维持着合作社的良性经营。2020年1月突发新冠疫情,中间商无法上门收购,这使得张同学经营的合作社蔬菜严重滞销,合作社受到前所未有的重创。为了解决合作社的燃眉之急，他邀请了许多蔬菜配送企业和蔬菜种植户联合组建了一个"成都蔬菜产销对接"微信群，以解决供需对接问题。

思考：该微信群是如何帮助滞销蔬菜打开销路的？

思政园地

张同学通过微信群帮助蔬菜种植户对接到了销售渠道，在疫情防控期间打通了蔬菜流通通路，解决了供需燃眉之急。为了降低蔬菜销售价格，张同学逐一分析销售环节中的成本费用，选择采用"基地直供社区+社区团购"的销售模式，直接将蔬菜卖进了小区。不仅降低了蔬菜销售价格，让消费者得到了实惠，还有效保障了蔬菜种植户的利益。这种严谨、求实的工作作风和办好民生实事的责任感值得我们学习。

知识储备

一、农产品电子商务的基本概念、特点

（一）农产品电子商务的概念

农产品电子商务，是指利用互联网、移动设备等现代信息技术手段，实现农产品生产、流通、销售等环节的电子化、数字化和网络化，从而拓宽农产品的销售渠道，提高农产品的市场竞争力，促进农业产业升级和农村经济发展。

通俗地说，农产品电子商务就是利用互联网和移动设备等现代技术手段，使农产品从生产到销售的整个流程更加高效、便捷和快速。它既可以帮助农民朋友把自家生产的农产品销售到更远的城市和村庄，也可以让消费者更加方便地购买到来自全国各地的农产品。通过农产品电子商务，农民既可以更加及时地了解到市场的需求和变化，更好地安排农业生产，也可以通过网络销售平台，直接把农产品卖给消费者，这样就省去了很多中间环节，降低了交易成本，也增加了销售收入。此外，农产品电子商务还可以帮助农民更好地了解市场需求和趋势，根据不同地区、不同人群的需求，定制化地生产、加工和销售农产品；同时也可以让消费者更加了解农产品的生产环境和过程，选择更加健康、安全和有保障的农产品。

总之，农产品电子商务是现代农业发展的重要方向，可以帮助农民更好地发展产业、增加收入；也可以让消费者更加便捷地购买到高品质、健康的农产品。

（二）农产品电子商务的特点

1. 交易虚拟化

农产品电子商务利用互联网技术，使得农产品的交易过程可以在线上进行，双方无须面对面交流，大大降低了交易的成本和时间。

2. 信息透明化

通过互联网平台，农产品的供求信息和价格信息等可以实时更新和查询，买卖双方可以更加便捷地获取市场信息。不仅可以帮助农民更好地把握商机，也可以让消费者更加方便地比较不同农产品的价格和质量，选择更加合适的产品。同时，由于所有的信息都是公开可查的，这使得价格竞争更加透明，可以提高市场的公正性，促进公平竞争，从而保障买卖双方的利益。

3. 营销自主化

农产品电子商务使农民可以通过网络平台，自主地进行农产品的推广和销售，不再完全依赖于传统的销售渠道。也就是说，可以通过自己的网店或者社交媒体平台，向全国甚至全世界的消费者展示自家的农产品。不仅可以让农民更加自主地掌握销售的主动权，不再被中间商或者市场的限制所约束；同时也可以更加灵活地根据市场需求和消费者反馈，调整销售策略和推广重点。这样，不仅提高了农产品营销的效率和灵活性，同时也可以更好地把握市场机会。

4. 服务个性化

农产品电子商务可以利用大数据和人工智能等技术，针对不同的客户需求，提供个性化的服务和推荐。例如，如果在购物网站上浏览农产品，网站可以根据购买历史、浏览记录等，推荐匹配的产品和服务；如果在社交媒体上分享过自己对农产品的喜好，平台可以据此分析对应的兴趣和需求，并推荐相关的产品和服务。这样，农民不仅可以根据客户的个性化需求，提供更加精准的产品推荐和服务；同时也可以提高客户的满意度和忠诚度。服务个性化能帮助农民更好地了解客户的需求和反馈，及时调整生产和销售策略，提高产品的质量和市场竞争力。

5. 交易全球化

互联网的开放性使得农产品电子商务可以突破地域限制，实现全球化交易，为农产品进入更广泛的市场提供了可能。这意味着，农民自家的农产品不仅可以销售给本地的消费者，还可以通过互联网平台，销售给其他城市的消费者，甚至国外的消费者。同时，农民也可以从其他国家和地区购买到更多的优质农产品，丰富自家的农产品种类，提升自家的农产品品质。

6. 监管规范化

通过电子商务平台，政府可以实施更加规范和有效的监管，保障市场的公平竞争和农产品的质量安全。这意味着，政府可以通过电子商务平台，对农产品交易过程进行监管和记录，保障交易的公正性和合法性；同时也可以对农产品的质量进行检测和评估，保障农产品的质量安全。通过监管规范化，政府可以更加有效地打击假冒伪劣农产品和不良商家的行为，维护市场的公平竞争；同时也可以更好地保障消费者的权益和安全。

二、农产品电子商务"四流"及其在农产品电商中的重要性

（一）农产品电子商务的"四流"概念

农产品电子商务中的"四流"是指信息流、商流、资金流和物流。

1. 信息流

信息流是农产品电子商务的基础。它指的是在交易过程中，买卖双方通过互联网或其他

渠道收集和传递关于农产品的信息。这些信息包括农产品的品种、质量、价格、产地、运输等信息。通过信息流，买卖双方可以更好地了解对方的需求和条件，做出更明智的决策。

2. 商流

商流是农产品电子商务的核心。它指的是买卖双方在互联网或其他平台上进行交易的过程。通过商流，买卖双方可以就农产品的价格、数量、付款方式等进行协商并达成一致，最终完成交易。商流使得农产品交易更加便捷和高效。

3. 资金流

资金流是指买卖双方在交易过程中资金的流动。在农产品电子商务中，资金流可以通过网上银行转账、支付宝等第三方支付平台完成。通过资金流，买卖双方可以及时收到货款，确保交易的顺利进行。

4. 物流

物流是指农产品在交易后，由卖方向买方送达的过程。在农产品电子商务中，物流是非常重要的一环。农产品需要特殊的储存和运输条件，如果物流不当，可能会导致农产品变质或损坏。因此，物流需要选择可靠的快递公司，确保农产品能够安全及时地送达买方手中。

（二）农产品电子商务中"四流"的作用

农产品电子商务的应用是信息流、商流、资金流和物流的高度整合（如图 1-1-1 所示）。商流既是农产品交易的核心，也是农产品电子商务的最终目的。实施农产品电子商务就是为了顺利实现"三流"畅通，最终实现商流。农产品电子商务使得交易的时间和空间大大扩展，信息流自然成为最重要的要素，它对整个电子商务活动起着监控作用。通过网上转账等电子支付手段，帮助权利出让方获得农产品的价值，实现资金流通。通过物流配送体系，完成农产品的空间转移，实现农产品的使用价值。在整个农产品电子商务的实施过程中，只有"四流"的有机结合才能使标志着交易达成的商流得以实现。（如图 1-1-2 所示）

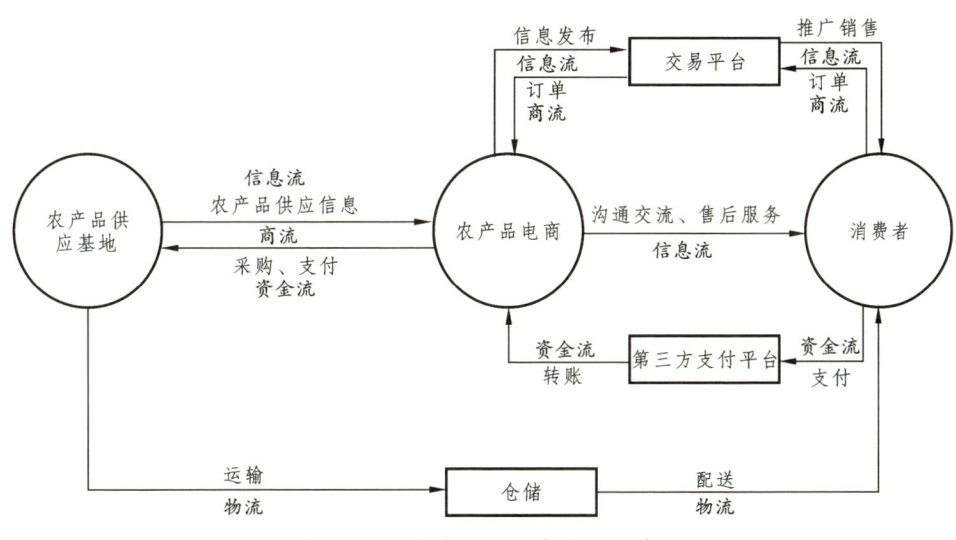

图 1-1-1 农产品电子商务"四流"

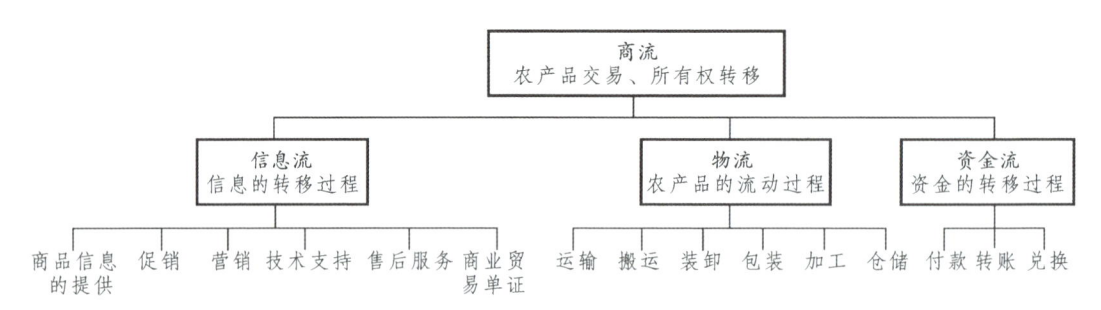

```
                    ┌─────────────────────┐
                    │       商流          │
                    │ 农产品交易、所有权转移 │
                    └──────────┬──────────┘
          ┌────────────────────┼────────────────────┐
 ┌────────┴────────┐  ┌────────┴────────┐  ┌────────┴────────┐
 │     信息流      │  │     物流        │  │     资金流      │
 │  信息的转移过程  │  │  农产品的流动过程 │  │  资金的转移过程  │
 └─────────────────┘  └─────────────────┘  └─────────────────┘
```

商品信息 促销 营销 技术支持 售后服务 商业贸　　运输 搬运 装卸 包装 加工 仓储　　付款 转账 兑换
的提供　　　　　　　　　　　　　　易单证

图 1-1-2　农产品电子商务"四流"的基本框架

总之,"四流"在农产品电子商务中都非常重要。它们相互联系、相互影响,共同构成了农产品电子商务的基础框架。通过优化和协调这四个方面的工作,我们可以提高农产品电子商务的效率和可靠性,更好地服务农民和消费者。

三、打通农产品电子商务信息流

在农产品流通过程中,信息流非常重要,它就像"人的神经系统传递生物电信号"一样,呈现了交易各方信息沟通与信息传达的通路。在每个节点上,信息流是双向流动的。若能实现信息的共享、信息及时发布与反馈,并最终形成信息流闭环,将在一定程度上降低由于信息不对称所带来的农产品流通障碍。

农产品电子商务的信息流,简单来说,就是通过互联网平台收集和传递农产品信息的过程。这个过程包括以下多个环节:

(一) 收集信息

作为农民,需要收集关于农产品生产、市场和消费者的信息。这包括了解农产品的品种、生长环境、产量、质量、价格等,以及市场上的需求和竞争情况。这些信息可以通过互联网平台、农业部门、农产品市场等渠道获取。

(二) 传递信息

收集到信息后,需要通过互联网平台将这些信息传递给消费者和买家。卖家可以在电子商务平台上发布产品的照片、视频、文字描述等信息,向潜在的消费者和买家展示自己的农产品。同时,卖家也可以通过社交媒体、网上论坛等渠道,与消费者和买家进行沟通和交流。

(三) 更新信息

农产品市场是不断变化和发展的,卖家需要及时更新和跟进农产品和市场信息的变化。这包括了解最新的市场价格、需求趋势、竞争对手的情况等,以便及时调整自己的生产和销售策略。

(四) 分析信息

收集和传递信息后,卖家需要对信息进行分析和整理。这包括了解消费者的购买偏好、需求特点，以及市场的发展趋势和竞争格局。通过分析信息，卖家可以更好地了解市场和消费者的需求，制定更加精准的销售策略。

（五）利用信息

最后，卖家需要利用收集和分析的信息来指导自己的生产和销售活动。这包括根据市场需求调整种植计划、提高农产品的质量和管理水平、选择更加合适的销售渠道等。

总之，农产品电子商务的信息流就是通过互联网平台收集和传递农产品信息的过程。这个过程需要卖家及时收集和更新信息，同时对信息进行分析和利用，以指导自己的生产和销售活动。通过优化信息流环节和提高信息质量，卖家可以更好地服务农民和消费者，实现农产品的优质优价和市场拓展。

四、打通农产品电子商务商流

农产品电子商务商流，简单来说，就是通过互联网平台进行农产品买卖的过程。这个过程包括以下几个环节：

（一）找到买家

首先，需要找到愿意购买你的农产品的买家。可以通过电子商务平台发布产品的信息，包括品种、质量、价格等，吸引买家的关注和咨询。同时，也可以主动搜索和联系潜在的买家，了解他们的需求和购买意向。

（二）协商价格

找到买家后，卖家需要与买家协商农产品的价格。在这个过程中，卖家需要了解市场的价格行情，根据买家的需求和意愿，以及自己的产品特点和质量，进行合理的报价和还价。当然，如果是网上零售一口价交易，则不需要价格协商，直接通过网上定价进行交易。

（三）达成协议

经过协商后，如果买家对报价满意，你们就可以达成协议并签订合同。合同中需要明确农产品的品种、数量、质量、价格、付款方式等重要条款。

（四）完成交易

根据合同约定，卖家可以通过网上银行转账、支付宝等第三方支付平台完成货款的收取。同时，卖家需要按时发货，确保农产品能够安全及时地送达买家手中。

（五）售后反馈

交易完成后，卖家需要关注买家的反馈和评价，及时解决可能出现的问题和纠纷。同时，卖家也可以通过售后反馈，了解市场和消费者的需求和意见，不断改进自己的农产品销售策略。

总之，农产品电子商务商流这个过程需要卖家积极主动地寻找买家、协商价格、达成协议并完成交易。

五、打通农产品电子商务物流与供应链

（一）如何打通农产品电商物流

农产品电子商务物流，简单来说，就是将农产品从生产地运输到消费地的过程。这个过程对于农产品电子商务的运作至关重要，因为只有确保农产品的及时送达，才能保证消费者的满意度和忠诚度。因此，物流是商流的延续，也为商流实现而服务。具体内容包括：

1. 确定运输方式

农产品的种类繁多，每种产品都有不同的运输要求和特点。因此，卖家需要根据农产品的特点、数量、运输距离和交货时间等因素，选择合适的运输方式。常见的运输方式包括公路运输、铁路运输、航空运输等。

2. 组织货源

在农产品收获或加工后，卖家需要及时组织货源，确保农产品能够按时发货。这包括对农产品的数量、质量、包装等进行检查和确认，以及对货源的组织和调度。

3. 选择快递公司

在农产品电子商务中，物流服务通常由快递公司承担。卖家需要选择信誉良好、价格合理、服务优质的快递公司进行合作。在选择快递公司时，卖家需要考虑其网络覆盖范围、运输速度、服务质量等因素。

4. 发货和追踪

在农产品发货后，卖家需要及时将发货信息通知买家，并提供相应的追踪号码和物流信息。这样买家可以随时了解货物的运输情况，及时做好收货准备。

5. 物流成本

物流成本是农产品电子商务中不可忽视的一环。卖家需要根据农产品的价格、运输距离、快递费用等因素进行综合考虑，制定合理的价格策略。同时，也可以通过优化物流环节、提高运输效率等方式降低物流成本。

6. 售后处理

在农产品送达买家手中后，如果出现问题或纠纷，卖家需要及时与买家沟通和协商解决。这包括物品损坏、延误等问题，以及退换货等售后服务。

农产品电子商务的物流过程需要考虑多种因素，如运输方式、货源组织、快递公司选择、物流成本和售后服务等。

（二）如何打通农产品冷链物流

为了保持农产品的新鲜度和质量，人们往往在生产、加工、储存、运输和销售过程中采取一定的温度控制措施，以保障农产品安全、高效地流通，这就是农产品的冷链物流。

在农产品电商物流中，冷链物流是至关重要的一环。例如，一些水果和蔬菜需要在采摘后迅速降温，以延长它们的保鲜期；一些肉类和海鲜需要在运输过程中保持冷冻状态，以避免变质。因此，在农产品电商物流中，冷链物流是必不可少的。

在冷链物流中，农产品的温度控制是非常重要的。不同的农产品需要不同的温度控制措

施，例如水果和蔬菜需要在一定的温度范围内保存，而肉类和海鲜则需要保持在冷冻状态。为了确保农产品的质量和安全，冷链物流需要采取严格的温度控制措施，包括使用保温车或冷藏车进行运输、使用冷藏库或冷冻库进行储存等。

农产品采收后在产地第一时间进行预冷处理就是产地预冷，即农产品采收后在产地附近的预冷库等设施内将农产品温度降到最适宜保存的温度。因此，农产品产地预冷库的建设显得尤为重要。农产品采摘完成后由农户自行选择是否送去预冷库和送往哪一个预冷库，在预冷前对农产品进行简单的挑选和包装，随后送进预冷库预冷，预冷完成后放到暂存区等待冷链运输车辆到达。如果某个预冷库的量和品类已经满足某个订单，那么将由冷链运输车直接送到销售点；如果不满足或者车辆满载率太低则会送至集中冷库进行存储，然后通过电商平台或合作商户进行外销。（见图1-1-3）

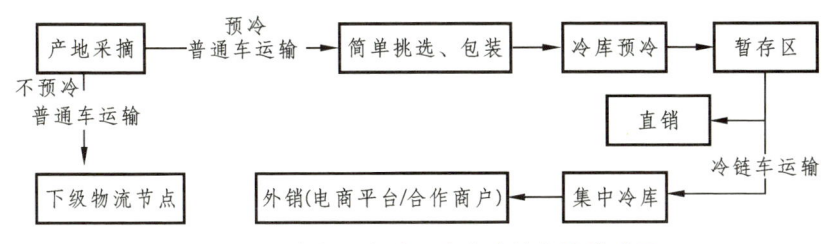

图 1-1-3 农产品产地预冷库冷链物流模式图

农产品冷链物流关系到消费者安全保障与消费市场升级，也关乎农民经济利益和农业产业化发展。近年来，我国出台了多项政策以推动农产品冷链物流体系加快建设，2019年我国提出统筹农产品产地、集散地、销地批发市场建设，加强农产品物流骨干网络和冷链物流体系建设；2021年《"十四五"冷链物流发展规划》针对冷链物流"最先一公里"和"最后一公里"等行业难题提出了科学可行的指导方案；2022年《"十四五"现代物流发展规划》再次强调完善冷链物流设施网络，提高城乡冷链网络覆盖水平和冷链物流质量效率。

（三）如何打通农产品电商供应链

农产品电商物流与供应链之间存在密切的关系。农产品电商物流是供应链的一部分，负责农产品的运输和配送，而供应链则涵盖了农产品的生产、采购、销售、运输、配送等整个过程。农产品电商物流的优化可以促进供应链的效率提升。通过改进物流运输过程，缩短物流运输时间，提高物流配送效率，可以减少农产品的损耗和浪费，同时提高农产品的质量和安全性。这有助于提高消费者的满意度和忠诚度，进而促进农产品在市场上的销售和竞争力。

农产品电商供应链是指通过互联网平台，将农产品从生产地销售到消费地的整个过程。这个过程涉及多个环节和参与者，包括农民、供应商、电商平台、物流公司、消费者等。农产品电商供应链需注意以下环节：

1. 生产与采购

农民是农产品电商供应链的起点。他们负责农产品的生产和供应。为了满足市场需求，农民需要了解消费者的需求和喜好，并选择合适的品种、数量和质量进行种植和养殖。同时，他们也需要与采购商或电商平台进行合作，确保农产品能够顺利销售出去。

2. 电商平台

电商平台是农产品电商供应链的核心。它们提供了一个线上交易和信息交流的平台，连接着农民和消费者。在平台上，农民可以发布产品的信息、接受订单、收取货款，而消费者可以了解产品的信息、购买农产品。电商平台需要确保交易的安全和便捷性，同时提供良好的用户体验和服务。

3. 物流配送

物流配送是农产品电商供应链中至关重要的一环。它负责将农产品从生产地运输到消费地，并确保货物的安全和质量。物流公司需要选择合适的运输方式和包装材料，确保农产品在运输过程中不受损坏或变质。同时，它们也需要提供及时、准确的配送服务，确保消费者能够及时收到货物。

4. 消费者

消费者是农产品电商供应链的终点。他们通过电商平台购买农产品，并支付相应的货款。在收到货物后，消费者需要对农产品的质量、口感、新鲜度等方面进行评价和反馈，这将影响其他消费者的购买决策。

5. 售后服务

售后服务是农产品电商供应链中不可或缺的一部分。如果消费者在购买或使用过程中遇到问题或纠纷，他们需要及时联系卖家或平台进行解决。这包括退换货、投诉处理等。通过提供优质的售后服务，可以提高消费者的满意度和忠诚度。

总的来说，农产品电商供应链就是通过互联网平台，将农民种的农产品销售给消费者。农民需要选择好的品种进行培育，确保农产品质量，与采购商或电商平台合作，让他们帮助销售。当消费者下单购买后，则由物流公司将货物及时送到他们手中。同时，如果遇到问题或纠纷，农民可以联系电商平台和物流公司进行解决。

近年来，乡村推进电商供应链云仓服务体系建设，有效整合了电商服务、快递物流体系，解决了农产品商品的物流成本问题，将本地农产品与全国大市场进行有效衔接，为乡村振兴注入了发展新动力。

六、打通农产品电子商务资金流

农产品电子商务的资金流，简单来说，就是与农产品买卖相关的资金往来过程。在电子商务环境中，这个过程主要涉及支付和收款两个环节。具体内容包括：

（一）选择支付方式

在农产品电子商务中，常见的支付方式包括在线支付、银行转账、第三方支付平台等。卖家需要了解这些支付方式的特点和使用方法，并选择最适合的方式。例如，在线支付方便快捷，银行转账更加安全稳定。

（二）建立安全的支付环境

为了确保交易的安全，卖家需要使用安全的支付系统和网络环境。这包括使用加密技术保护支付信息、确保支付平台的信誉和安全性、防范网络诈骗等。

（三）收款和结算

当农产品销售出去后，卖家需要及时收到货款。这可以通过与买家协商好的支付方式完成。收到货款后，卖家需要进行结算，将货款转入你的银行账户或用于进一步的业务运营。

（四）管理资金流动

在农产品电子商务中，资金流动是非常频繁的。卖家需要建立完善的资金管理体系，确保资金的准确记录和使用。这包括建立财务账户、记录每一笔交易、定期进行资金核对等。

（五）防范风险

农产品电子商务中的资金流也存在一定的风险，如欺诈、拖欠货款等。卖家需要了解这些风险，并采取相应的防范措施。例如，与可靠的买家合作、建立信用评价体系、及时追踪和处理异常情况等。

（六）合规与法规遵守

在农产品电子商务中，卖家需要遵守相关的法律法规和税务规定。这包括申报和缴纳税款、遵守电子商务相关的法律法规、保护消费者权益等。

通俗地说，资金流就是当农户卖出农产品后，如何收到钱并管理这些钱的过程。农户需要选择一个方便又安全的支付方式，确保自己能及时收到货款。同时，也要管好自己的钱，记得每一笔进出账，防范可能出现的风险。最后，还要遵守相关的法律法规，确保生意合法合规。

网络支付是电子商务发展的必然结果。目前，微信转账、支付宝、银联等支付方式占据大部分市场份额。主流电商平台用户从客户签收到可从电商平台提现的时间差不多一至两周，有的甚至更久，这就意味着农产品电商要准备充足的现金流支撑运营才可以真正地把电商做起来。

七、农产品电商的相关政策和法规

农产品电商相关的政策和法规主要涉及促进农产品电商发展、规范市场秩序、保障农产品质量安全等方面。政府为了支持农产品电商的发展，会给农民们提供一些帮助，比如提供一些资金支持或者贷款担保，让农民更容易地开展电商业务。同时，政府还会对电商平台上的商家进行监管，确保商品的质量和服务的质量。另外，政府还会对农产品的质量和安全进行监管，确保消费者购买的农产品是安全、健康的。最后，政府还会对电商税收进行管理和监督，确保商家依法纳税。

（一）农产品电商发展的相关政策

2020年，疫情期间，政府出台了一系列支持农产品电商发展的政策，包括减免平台服务费用、提供金融支持、加强物流配送保障等，以帮助农产品电商应对疫情带来的挑战。

2021年，政府继续加大对农产品电商的支持力度，提出了"数商兴农"行动，旨在推动农产品电商的数字化转型和升级。该行动包括建设数字化基础设施、推广数字化营销手段、提升数字化服务水平等方面，为农产品电商的发展提供了有力的支持。

2022年，政府进一步加强对农产品电商的支持，提出了"数商兴农"专项行动计划，旨在推动农产品电商的数字化、智能化和高质量发展。该计划包括建设数字化基础设施、推广数字化营销手段、提升数字化服务水平、培育数字化经营主体等方面，为农产品电商的发展提供了更加全面和有力的支持。

除此之外，各地方政府也出台了一系列针对性的政策，以促进本地农产品电商的发展。例如，一些地方通过给予财政补贴、减免税收等方式鼓励农民和农业企业开展电商业务；一些地方通过建设农业产业园、引进电商企业等方式推动农产品的集聚和销售；还有一些地方通过推广农村电商、加强物流配送等方式提高农产品的电商化率和销售量。

这些政策主要是为了鼓励和支持农产品电商的发展，例如提供财政资金支持、税收优惠、贷款担保等。这些政策可以降低农产品电商的成本，提高其市场竞争力，让更多的农民能够通过电商平台销售自己的农产品。

（二）规范市场秩序的相关政策

1. 市场准入政策

政府通过减少市场准入壁垒，降低市场准入门槛，鼓励更多的农业企业和农民参与农产品市场交易。这方面的政策包括减少行政审批手续、推行简化程序、加大放宽市场准入试点力度等。

2. 质量安全监管政策

政府加强对农产品生产、加工、流通环节的质量安全监管，建立健全农产品质量检测体系，提高农产品的质量和安全水平。这包括对农产品的质量进行检测和监督，对不合格的产品进行处罚或淘汰。

3. 电商税收政策

政府对农产品电商的税收进行规范和管理，要求商家按照国家税收法规规定缴纳增值税、所得税等税种，同时对税收优惠和减免进行管理和监督。

4. 电商交易规范政策

政府制定农产品电商交易规范和标准，要求电商平台和商家遵守相关规定，保障消费者的权益。这方面的政策包括商品描述规范、退换货政策、纠纷处理机制等。

5. 物流配送监管政策

政府对农产品电商的物流配送进行监管和管理，要求商家和物流企业遵守相关法规和规定，保障农产品的质量、安全并及时送达。

6. 信用体系建设政策

政府推进农产品电商信用体系建设，要求商家和消费者遵守相关法规和规定，建立信用档案和评价系统，促进农产品电商市场的健康发展。

这些政策主要是为了规范市场秩序，保障消费者的权益。例如，要求电商平台上的商家具备相应的营业执照、经营许可证等资质证明，同时对商家的商品和服务质量进行监管，防止假冒伪劣产品进入市场。

（三）保障农产品质量安全的相关法规

1.《中华人民共和国农产品质量安全法》

《中华人民共和国农产品质量安全法》规定了农产品生产、加工、流通等环节的质量安全要求和管理措施，包括对农产品的检测、监督和追溯等方面的规定。

2.《中华人民共和国电子商务法》

《中华人民共和国电子商务法》规范了电子商务经营者的行为，保障了消费者的合法权益，同时也涉及对农产品电商的管理和监督。

3.《农业农村标准化管理办法》

该办法对农业农村标准的定义和范围进行了界定，即"农业标准"范围包括农产品、生产过程和基础条件，"农村标准"范围包括农村设施环境、农村公共服务和乡村治理。该办法对规范农业标准化工作、推进农业现代化发展发挥了重要作用。

4.《农产品质量安全信息化追溯管理办法（试行）》

该办法适用于食用农产品从种植养殖环节到进入批发市场、零售市场或生产加工企业前的质量安全追溯，对落实农产品生产经营者主体责任、保障公众消费安全起到重要作用。

5.《中华人民共和国食品安全法实施条例》

该条例细化了《中华人民共和国食品安全法》中的规定，强化了对食品生产和经营的监督管理，包括对农产品电商的监管。这些法规主要是为了保障农产品的质量安全，确保消费者能够购买到放心的农产品。例如，要求农产品生产、加工、储存、运输等环节都要符合卫生标准和安全标准，同时对农产品的质量进行检测和监督。

这些法规和规定共同保障了农产品电商中农产品的质量安全，规范了农产品电商的经营行为，保护了消费者的权益。

（四）电商税收相关政策

农产品电商的税收政策主要包括以下几个方面：

1. 增值税优惠政策

对从事农产品批发、零售的纳税人，销售的部分鲜活肉蛋产品免征增值税。同时，对从事农产品初加工服务的纳税人，其自产自销的农产品免征增值税。

2. 所得税优惠政策

对从事农业、林业、牧业、渔业项目的所得，可以免征、减征企业所得税。例如，农村集体经济组织的纯收益在扣除营业税及附加后，可以免征企业所得税。

3. 营业税优惠政策

对农业机耕、排灌、病虫害防治等项目提供劳务取得的收入，免征营业税。同时，对农业科技研究、示范和农技推广等农业技术服务项目所取得的收入，免征营业税。

4. 印花税优惠政策

对农业技术推广服务签订的合同，可以免征印花税。

5. 附加税优惠政策

对从事农产品批发、零售的纳税人,在城市维护建设税、教育费附加的计税依据中扣除所缴纳的增值税或消费税税款后,可以享受相应的附加税优惠政策。

此外,针对农产品电商企业,还有一些地方性的税收优惠政策。例如,一些地方对电商企业的印花税、教育费附加等予以减免,对电商企业的用水、用电阶段性优惠等也予以延长。这些政策措施旨在促进农产品电商的发展,支持农业生产和农民增收。

需要注意的是,具体的税收政策可能因地区和政策不同而有所差异,建议相关企业和个人及时咨询当地税务部门或相关机构以获取最新的税收政策信息。

任务 1.1.1　申请开通淘宝店铺

【任务目的】

增加农产品销售渠道,推广农产品,提高农产品的知名度和市场占有率。

【任务准备】

- 环境准备:手机、电脑、淘宝平台 App。
- 资料准备:准备店铺注册所需的资料,包括身份证、营业执照、银行账户等。

【任务实施】

1. 工作流程

登录淘宝平台(www.taobao.com)→点击"开店"→了解开店指南→收集开店资质→申请 0 元开店→按照要求填写店铺信息,如店铺名称、分类、简介等。

2. 操作说明

操作步骤一:在电脑端登录淘宝平台(www.taobao.com,见图 1-1-4),在淘宝电脑端首页的登录区点击登录或免费注册成为淘宝用户,随后点击"开店"。

图 1-1-4　淘宝电脑端首页

操作步骤二：进入淘宝"招商"页面（见图1-1-5），点击"开店指南""资质材料"和"常见问题"，了解开店相关要求和开店流程。

图1-1-5　淘宝招商页面

操作步骤三：选择商家类型（见图1-1-6），点击"去开店"，按照平台引导提交相应资质进行开店认证。待平台审核，成功开店则如图1-1-7所示。

图1-1-6　淘宝商家类型选择界面

图1-1-7　开店成功界面

操作步骤四：完善店铺信息，包括店铺名称、店铺标志、分类、简介等（见图1-1-8）。

015

图 1-1-8　淘宝店铺信息页面

【任务评价要点】

（1）农产品网店成功开通。
（2）填写店铺名称（20字内）。
（3）上传店铺标志。
（4）选择店铺分类。
（5）填写店铺简介。

任务 1.1.2　农产品信息采集与发布

【任务目的】

- 了解农产品信息的采集、整理和发布的方法。
- 通过实践操作掌握如何有效地采集农产品信息，并将其发布到电商平台上，吸引更多的消费者关注。

【任务准备】

- 环境准备：手机、电脑、照相机，农产品相关资料，淘宝等电商平台
- 资料获取：百度、电商平台等相关网站，农产品供应商提供。

【任务实施】

1. 工作流程

（1）农产品信息采集：确定农产品信息采集的目的和需求→农产品信息采集→信息整理。

（2）农产品信息发布：农产品信息筛选→信息发布平台选择→信息发布。

2. 操作说明

（1）农产品信息采集：

操作步骤一：以在淘宝开设网店销售农产品为例，填写表 1-1-1，以确定农产品信息采集的目的和需求。填写范例参考二维码附表 1。

农产品信息采集表

表 1-1-1　农产品信息采集表

信息发布平台	信息采集目的	信息采集类别	信息采集类型	信息采集内容和要求

操作步骤二：根据表格中信息采集的类型、信息采集的内容逐一进行农产品信息采集。

操作步骤三：将采集的信息建立表格进行汇总，如表 1-1-2 所示，并编辑明确的文件标题，将信息保存在相应的文件夹中。填写范例参考二维码附表 2。

农产品信息采集汇总表

表 1-1-2　农产品信息采集汇总表

信息采集类别	信息采集类型	信息采集内容
属性信息		
销售信息		
……		

（2）农产品信息发布：

操作步骤一：根据采集到的农产品信息，进行筛选和整理，去除无效、错误或重复的信息，确保发布的信息准确可靠。

操作步骤二：对筛选后的信息进行标准化处理，如统一单位、格式转换等，比如将所有采集的图片都根据淘宝平台的要求转换成为 jpg 格式或 png 格式，且图片大小不能小于 3M；

将所有视频文件都转换成为横版 16:9、竖版 9:16 的比例，大小不超过 120M，格式可以转换为 mp4、mov、flv、f4v 中的任意一种，同时确保信息的准确性和一致性。

操作步骤三：选择信息发布平台，如淘宝、微信朋友圈、微信视频号、抖音、快手等。

操作步骤四：根据筛选和标准化后的农产品信息，撰写或编辑适合所选平台的农产品文本信息、图片信息或视频信息，包括产品描述、价格、销售量等关键信息（见图 1-1-9、图 1-1-10），并进行发布。

图 1-1-9　农产品电商平台发布销售信息　　　图 1-1-10　微信朋友圈发布农产品信息

【任务评价要点】

（1）农产品信息采集内容至少包括 2 类。
（2）制作一份农产品信息采集表。
（3）建立农产品信息文件夹。
（4）至少选择一个平台进行农产品信息发布，能够有效传播农产品销售信息。

任务 1.1.3　支付交易

【任务目的】

- 熟悉并掌握农产品电商交易中的常见支付方式。
- 能够独立完成支付操作，并确保交易过程的安全与高效。

【任务准备】

- 环境准备：手机、电脑、支付宝等支付工具。
- 资料准备：准备支付宝等主流支付方式的相关资料。

【任务实施】

1. 工作流程

支付宝收付款及转账流程：

支付宝注册及实名认证：安装支付宝→注册→填写个人信息→账号设置→上传身份证→等待官方审核。

支付宝付款：打开支付宝App→选择"收付款"→向商家支付；或选择"扫一扫"→扫码付款。

支付宝收款：打开支付宝App→选择"收付款"→选择"收款"→支付方扫码支付，收款完成。

支付宝转账：打开支付宝App→选择"收付款"→选择"转账"→输入手机号、银行卡号、联系人姓名转账。

2. 操作说明

（1）支付宝注册及实名认证：

操作步骤一：打开手机应用商店，下载并安装支付宝App（见图1-1-11）。

操作步骤二：打开支付宝App，点击注册新账号（见图1-1-12）。

操作步骤三：输入手机号码和验证码，点击下一步。

操作步骤四：设置登录密码，密码需包含字母和数字，并且长度在6~20位之间。

操作步骤五：设置支付密码，用于支付和转账时的验证，密码需包含6位数字。

操作步骤六：填写个人基本信息，包括姓名等，注册成功。

操作步骤七：点击"我的"进入个人主页，选择"账号设置"（见图1-1-13），进入个人信息填写界面（见图1-1-14）。

图1-1-11　支付宝下载界面　　　　图1-1-12　支付宝注册界面

图 1-1-13　支付宝"我的"界面　　　　　　图 1-1-14　支付宝"账号设置"界面

操作步骤八：填写真实姓名和身份证号码，并上传身份证正反面照片（见图 1-1-15）。

操作步骤九：填写完成后，点击"提交"按钮，进行实名认证的申请。

图 1-1-15　支付宝"账号设置"界面

操作步骤十：提交后，等待支付宝官方审核，通常需要1~3个工作日。

（2）支付宝付款：

操作步骤：打开支付宝App界面（见图1-1-16），选择支付方式，点击"下一步"，商家即可扫码当面支付；或者使用"扫一扫"功能，扫商家二维码支付。

图1-1-16　支付宝支付选择界面

（3）支付宝收款：

操作步骤：打开支付宝App，进入"收付款"页面，选择"收钱"，出现收款二维码（见图1-1-17），待支付方扫码支付，收款完成。

（4）支付宝转账：

操作步骤：打开支付宝App，进入"收付款"页面，选择"转账"，出现输入框；输入手机号或银行卡号或已保存的联系人姓名即可转账（见图1-1-18）。

图1-1-17　支付宝收钱二维码界面　　　　图1-1-18　支付宝转账界面

【任务评价要点】

（1）是否成功开通支付宝，并完成实名认证。
（2）完成1笔支付交易。
（3）完成1笔收款交易。
（4）完成1笔转账交易。

任务 1.1.4　物流发货

【任务目的】

了解农产品发货的基本流程和操作方法，提高农产品发货的效率和安全性，降低物流成本，增加农民收入。

【任务准备】

- 环境准备：手机、电脑、快递平台等。
- 资料准备：农产品发货相关材料，如包装产品、运单、发货单等。

【任务实施】

1. 工作流程

准备包装→打印运单→选择快递公司→填写发货信息→寄送快递。

2. 操作说明

操作步骤一：根据电商平台订单情况（见图 1-1-19），如农产品的种类、数量和特点等选择合适的包装材料，如纸箱、泡沫箱、塑料袋等；对农产品进行清洁，确保其表面干净、无污渍；按照农产品的大小和重量进行合理摆放，避免在运输过程中造成损坏；使用填充物（如泡沫、纸屑等）对农产品进行固定，防止其在包装内移动。

操作步骤二：登录电商平台或物流系统，查询待发货的订单信息；选择需要发货的订单，点击"打印运单"选项。

操作步骤三：在电商平台或物流系统中填写发货信息，包括发货人姓名、电话、地址等（见图 1-1-20）；确认收货人姓名、电话、地址等信息准确无误；根据农产品和快递公司的要求，选择合适的运输方式和保险服务；确认支付方式和运费金额，避免产生不必要的纠纷。

图 1-1-19　订单后台界面　　　　图 1-1-20　快递平台信息录入界面

操作步骤四：将已打包好的农产品和运单一起交给快递员；与快递员确认发货时间和快递单号，以便跟踪物流信息；支付运费并索取发票或收据，以便后续报销或查询；关注物流信息（见图 1-1-21），确保农产品能够按时送达收货人手中。

图 1-1-21　物流配送跟踪界面

【任务评价要点】

（1）能按订单及按保鲜、防损要求打包产品。

（2）能打印运单。

（3）能完成 1 笔订单发货，并支付费用。

拓展与思考

产业振兴是乡村振兴的重中之重，如何立足当地优势资源，创新发展农产品电商产销对接新方式，使农产品电商"四流"得以更好实现？

项目评价

一、知识测试

1. 单项选择题（请将正确选项填在括号内）

（1）农产品电子商务主要是指利用哪些现代技术手段实现农产品的电子化、数字化和网络化销售？（　　）

　　A. 互联网和移动设备　　　B. 传统广告和电视购物
　　C. 电话和传真　　　　　　D. 邮寄和实体店铺

　　答案：A

（2）在农产品电子商务中，"四流"中哪个是最基础的，对其他三个方面起到支撑作用？（　　）

　　A. 信息流　　B. 商流　　C. 资金流　　D. 物流

　　答案：A

（3）政府在促进农产品电商发展方面，提供了哪些帮助？（　　）

　　A. 减免平台服务费用　　　B. 提供金融支持
　　C. 建设农业产业园　　　　D. 以上都是

　　答案：D

2. 多项选择题（请将正确选项填在括号内）

（1）农产品电子商务具有哪些主要特点？（　　）

　　A. 交易虚拟化　　B. 信息隐蔽化
　　C. 营销自主化　　D. 服务大众化
　　E. 交易全球化　　F. 监管规范化

　　答案：ACEF

（2）农产品电子商务中的"四流"包括哪些方面？（　　）

　　A. 信息传递　　B. 商品交易
　　C. 资金转移　　D. 人员流动
　　E. 物品配送

　　答案：ABCE

（3）农产品电商相关的政策和法规主要涉及哪些方面？（　　）

　　A. 促进农产品电商发展　　B. 规范市场秩序
　　C. 保障农产品质量安全　　D. 降低农产品电商成本
　　E. 提高农民收入水平

　　答案：ABC

3. 判断题（正确的在题后括号内写 A，错误的写 B）

（1）农产品电子商务可以帮助农民更好地了解市场需求和趋势，但无法根据不同地区、不同人群的需求，定制化地生产、加工和销售农产品。（　　）

　　答案：B

（2）在农产品电子商务中，物流的重要性仅次于商流，因为只要商流完成，物流的好坏并不影响交易的达成。（   ）

答案：B

（3）政府对农产品电商的税收进行规范和管理，同时也对税收优惠和减免进行管理和监督。（   ）

答案：A

二、项目测评（技能评价+素质评价）

表 1-1-3　本项目测评表

任务名称	评价内容	分值	自评	互评	师评
任务 1.1.1 申请开通淘宝店铺	农产品网店成功开通	10			
	填写店铺名称（20字内）	5			
	上传店铺标志	5			
	选择店铺分类	5			
	填写店铺简介	5			
任务 1.1.2 农产品信息采集与发布	农产品信息采集内容至少包括 2 类	10			
	制作一份农产品信息采集表	5			
	建立农产品信息文件夹	5			
	至少选择一个平台进行农产品信息发布，能够有效传播农产品销售信息	5			
任务 1.1.3 支付交易	成功开通支付宝，并完成实名认证	10			
	完成 1 笔支付交易	5			
	完成 1 笔收款交易	5			
	完成 1 笔转账交易	5			
任务 1.1.4 物流发货	能按订单及按保鲜、防损要求打包产品	5			
	能打印运单	5			
	能完成 1 笔订单发货，并支付费用	10			
合计		100			

（评价分数表头：评价分数）

项目 1.2 搭建农产品电商的"人货场"

项目描述

农产品电商要发展,离不开"人、货、场"这三个关键要素。在农产品电商的这三个要素中,"人"指农产品的目标用户,"货"指农产品本身,"场"指农产品电商平台。俗话说,商家开店,得有人气,有好的货源,还要选个好地方。但这个"场"在农产品电商里,不只是指实体店,还包括网络平台。现在农村电商发展很快,因此要好好研究这个模型,帮助农民更好地在网上卖农产品。

简单来说,本项目试图教会读者怎么选商品、找准买家、选好开店地址,以及在网上做推广的方法。这样,农民朋友就能更好地把农产品卖出去,赚更多的钱。

项目目标

1. 知识目标

(1)掌握"人、货、场"的基本概念。
(2)掌握用数据和调查问卷来找买家和了解市场的方法。
(3)掌握选品的方法。

2. 能力目标

(1)能制作与发布客户线上调查问卷。
(2)能根据需求选择合适的农产品。
(3)能通过对比分析选择合适的交易平台。

3. 素质目标

(1)培养农民不断学习、勇于创新的意识。
(2)树立用户导向的经营理念。
(3)培养农民对市场的敏锐洞察力。

项目情景

农家小子,电商创业,靠"人、货、场"闯出新天地

大华是一个农村年轻人,看到家乡的农产品如此优质但却没有合适的销售渠道,他决定利用电商平台来推广。虽然大华没有接触过"人、货、场"的专业理论,但他通过对"人、货、场"的基础学习,完成了农产品电商化,并形成了自己独特的电商能力。

大华通过市场调研，了解了消费者对于农产品的需求，据此进行了选品的工作。他发现有机蔬菜、土鸡蛋和当地特色的水果（如柿子、柚子）具有很高的市场需求。因此，他决定以这几类产品作为电商平台"农品优选"的主打商品。在选定了主打商品后，大华也就明确了他的目标用户：城市中的中高收入群体，这部分人群更注重食品的质量和安全，愿意为此支付更高的价格。与传统的店铺选址不同，大华需要选择合适的电商平台进行销售。他选择了几个主流的农产品电商平台，并在社交媒体上建立了"农品优选"的官方账号，用以推广产品和吸引用户。在营销推广上，大华没有印刷传单或小卡片，而是利用社交媒体进行线上推广。他经常发布一些关于农产品种植、收获的幕后故事，以及烹饪食谱等内容，不仅吸引了用户的注意，还提高了用户对产品的信任度。

通过精准地定位"人、货、场"，大华的"农品优选"在短时间内就获得了不错的销售业绩。

思考：如何定位你的"人、货、场"呢？

思政园地

大华通过自主学习、勇于创新，将"人、货、场"的专业理论应用到实际的电商创业中。他进行市场调研，了解消费者的需求，并以此为依据进行选品、定位目标用户。大华以用户导向的经营理念和以市场为依据的决策思维，利用电商平台推动家乡农产品的销售，为农村经济发展作出了贡献。

知识储备

一、农产品电商中的"人"

在农村电商的环境里，"人"是非常关键的一环。这里的"人"不只是买农产品的顾客，还包括电商平台的操作人员、供应链的各个环节的员工，还有负责推广和销售的团队。

我们得明白，为什么了解消费者的需求和偏好这么重要？因为这直接关系到农产品的选品、定价、推广和销售。如果不知道消费者想要什么，很可能导致农产品卖不出去。

那怎么去了解消费者的需求和偏好呢？有几种方法——可以做市场调查，可以通过网络问卷了解，或者直接和消费者沟通。知道了他们的基本需求后，还得深入了解他们的个性化需求，比如对品牌、质量、价格和购物体验的期望。

知道了这些，就可以调整农产品和销售策略了。比如，如果发现消费者更喜欢某种类型的农产品，就可以多进这种货。如果他们希望购物更方便，就可以优化购物流程。最后，与消费者保持联系也很有必要。这样不仅可以及时了解他们的新需求，还可以增强他们对商家的信任，使他们成为店铺的忠实消费者。围绕消费者需要的关系图如图 1-2-1 所示。

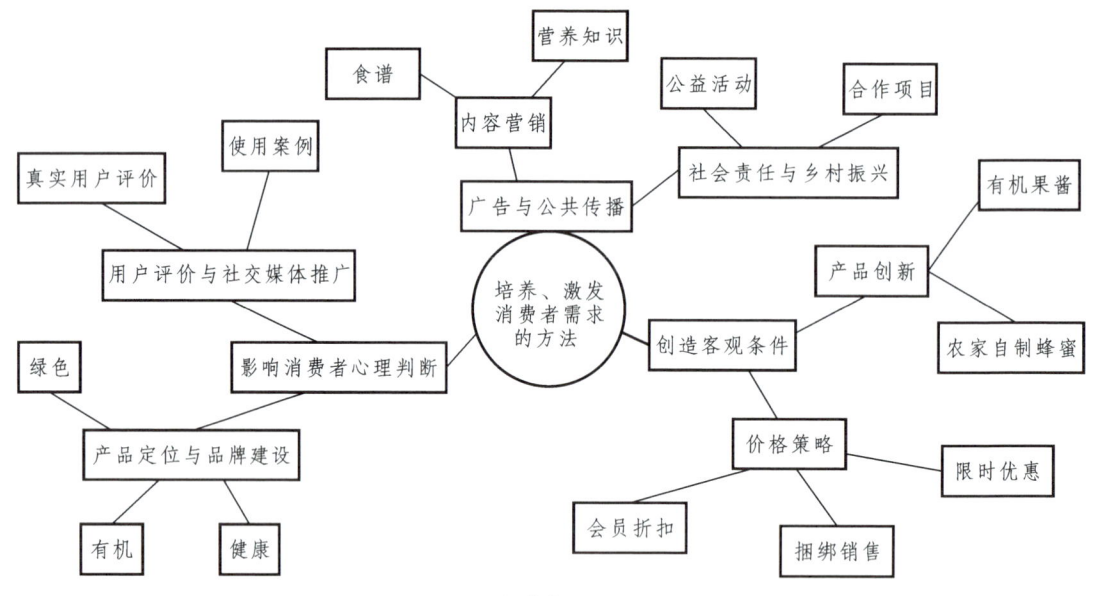

图 1-2-1　围绕消费者需要的关系图

（一）确定什么人来买货：用户画像

在农村电商中，要卖好农产品，得先弄清楚谁会买。这就涉及"用户画像"的概念。简单说，用户画像就是根据用户的特点和行为，把他们分成不同的群体。比如，卖有机蔬菜的商家的目标客户就是关心健康的、愿意为好食品掏钱的消费者。知道了目标用户，商家就能更有针对性地推销，这样转化率就高了。

进一步了解这些用户，还能帮助商家更合理地分配资源，不将资源浪费在不可能购买的人身上。满足用户的需求，他们就更愿意消费，还会推荐给别人。这些用户通常更愿意买多、买好，这样客单价也上去了。

用户画像的形成往往是通过市场调查得来的数据。基于用户和市场数据，利用相关软件工具就能生成用户画像了。有了用户画像，农产品电商就能更好地了解用户，做出更合适的决定。找准用户真的很关键！通过精准定位和用户画像，农产品电商能更高效地做营销、做产品，从而赚更多钱，品牌价值也更高。

（二）电商运营与营销团队：专业和热情

在农产品网店里，有一个好的团队特别重要。团队中需要既懂行又有热情的团队成员，让客户的需求得到满足，让客户乐于消费。建立和管理一个厉害的农产品电商团队需要以下两方面能力。

1. 具备电商专业能力

（1）懂农产品：知道农产品从种到收、加工到存储的每个步骤。比如，知道什么时候是某种农产品的收获季，以便及时做促销。

（2）会分析市场和做计划：能分析市场上的需求和竞争情况，做出好的卖东西的策略。比如，用数据分析发现节假日前后农产品卖得好，就在这时多投放广告。

（3）懂技术：具备从网络中搜集信息、提取数据、分析客户画像和管理客户关系的能力。团队需要熟练使用诸如百度统计、生意参谋、京东商智、友盟+等网站流量分析工具，以及Excel等数据处理软件，以分析网站访问量和客户行为。

（4）有创意，会执行：有好的创意，还能把这些创意变成现实。因为部分农产品只在特定季节或地区有，所以得用精准有效的方法来吸引和留住客户。

2. 具有对电商行业的热爱

（1）爱农业和农产品：对农业和农产品的热爱能让团队更有干劲和责任心。个人热情的态度和工作方式也能感染团队的成员，营造良好的工作氛围。

（2）好的客户服务：热情的服务能让客户更满意，也能带来好的口碑。客服应主动与客户沟通，帮他们解决购买中的问题。

（3）团队合作和团队精神：一个团结有活力的团队更容易克服困难，达到目标。比如在农忙季节，大家一起努力，确保所有订单都能按时、准确地完成。

（三）供应链的合作伙伴：质量和效率

农产品电商想要生意好，合作伙伴很重要。农产品电商的合作者除了农民和农场主，还有物流公司、仓储服务提供商和第三方支付平台等。合作伙伴的选择直接影响到电商平台的运营。农民和农场主是农产品质量的第一关，所以电商平台要选择有良好生产实践的农场或农民合作。另外，质量检测机构也很重要，要确保农产品质量合格。

物流公司也很关键，因为他们能让农产品快速送到消费者手里。所以，要选择有良好信誉和高效服务的物流公司。电商平台还要和能提供市场需求数据的伙伴合作，这样就能更准确地预测农产品需求量。同时，选择安全、快捷的支付平台也很重要，这样交易会更快，资金使用也更高效。另外，仓储服务提供商也很重要，要选有现代化设施和管理系统的伙伴，这样可以减少存储成本和时间。

在选合作伙伴时，要进行全面调查，包括质量认证、历史业绩和客户评价等。合同也要明确各方的责任和义务，以及质量和效率要求。总的来说，合作伙伴对农产品电商运营成功很重要。所以要选好合作伙伴，这样不仅能提供好产品和服务，还能提高运营效率。电商平台要重视这一环节，投入足够的资源和注意力。

二、农产品电商中的"货"

在农产品电商里，"货"就是商品，是交易的核心。与传统的农产品市场不一样，农产品电商要更细心地管理商品，满足大家不同的需要。而且，"货"不只是农产品，它连着农民、电商平台和消费者，它具有商品属性。要想做得好，需要懂得怎么选品。

（一）农产品电商如何选品

农产品电商在起步阶段，面临的核心问题就是选择何种产品进行销售。在电商领域，选择合适的产品就等于选择了一个有潜力的市场。下文将通过初选、优选和心选三个阶段，详细解析农产品电商的选品策略。

农产品电商选品

1. 初选阶段

初选阶段主要关注产品的基本属性,如安全性和耐储运性。生鲜产品作为食品,安全是最基本的要求。为此,可以通过查看产品的质检报告来初步判断产品的安全性。同时,为了确保产品在运输过程中不受损坏,商家还需要考虑包装方式,如采用充气袋、真空袋等以减少运输中的磕碰和损耗。

2. 优选阶段

随着消费者对生鲜产品品质要求的提高,优选阶段应运而生。此阶段的核心是挑选出品质上乘的农产品。以顺丰优选为例,他们严格挑选产品,注重大小、外观和品相。为了满足不同消费者的需求,商家根据目标消费群体的特点制定相应的选品标准。例如,针对追求水果品质的消费者群体,应选择个大、饱满、均匀且新鲜的水果;而针对价格敏感型消费者群体,则应选择性价比高的产品。

3. 心选阶段

心选是在前两个阶段的基础上,进一步从消费者的角度出发,挑选能够解决其痛点的产品。以葡萄为例,消费者在购买葡萄时可能会因为吐籽麻烦而不选择有籽葡萄。因此,无籽葡萄便成为了解决这一痛点的产品,从而获得了市场的青睐。因此,在心选阶段,商家需要站在消费者的角度,了解并满足其未被满足的潜在需求。

农产品电商在选品的三个阶段中,初选需关注产品的基本属性;优选则聚焦于产品品质;而心选则要求站在消费者的角度解决其痛点,即需通过市场调研来确定。通过这样的流程,农产品电商可以更加科学、有针对性地选择适合电商销售的农产品,从而为农产品电商的运营打下坚实的基础。

(二)认识农产品中的标品和非标品

在农产品领域,常常使用标品和非标品来描述产品的特性和市场定位。(见表1-2-1)

标品是指符合一定规格、质量标准,如国家标准(GB)、行业标准(DB)等,并且具有较高的市场通用性和可比性的农产品。标品通常具有统一的包装、外观、规格和质量要求,适用于大规模生产、流通和销售。例如,一些常见的标品包括标准大小的水果、统一包装的蔬菜等。标品的特点是市场需求量大,价格相对稳定,易于流通和交易。

非标品则是指没有统一规格或质量标准,或者具有特殊特性的农产品。非标品可能是因为形状、大小、颜色等方面的差异,或者是因为生长环境、品种等因素导致的特殊品质。非标品通常具有较低的市场通用性和可比性,适用于特定的消费群体或特殊用途。例如,有机农产品、特色农产品等都属于非标品。非标品的特点是市场需求相对较小,价格可能较高,销售渠道相对独特。

总体来说,标品和非标品在农产品市场中有着不同的定位和市场策略。标品更注重规模化生产和流通,追求成本效益和市场竞争力;而非标品更注重差异化和特色化,追求高附加值和特定消费需求。

表 1-2-1　标品与非标品的比较

因素	标品（Standardized Products）	非标品（Non-Standardized Products）
质量控制	有严格的质量控制流程，通常需要符合某个或多个标准	质量控制相对灵活，但也更依赖生产者的经验和技术
价格	由于质量统一，价格相对稳定	价格波动大，受多种因素影响，如季节、产地等
市场需求	通常更容易被大规模市场接受	更依赖于特定消费群体，如对有机或者土生土长产品有需求的消费者
供应链管理	由于规格统一，供应链管理相对简单	需要更复杂的物流和存储解决方案。
营销策略	更便于进行品牌化、规模化的推广	更依赖于口碑和特色营销
产品价值与SKU（Stock Keeping Unit）	由于规格和质量的统一，SKU管理相对简单，客单价相对稳定	由于产品多样性，SKU管理复杂，客单价也更不稳定
适用场景	更适用于大规模、标准化的农产品电商平台	更适用于小规模、特色化或地域性强的农产品电商平台

（三）SKU 与客单价

SKU 就是库存单位的意思，用来区分产品的不同规格和版本。在农产品电商里，SKU 能帮助商家管理不同种类、不同大小的农产品，让客户更容易找到想买的商品。同时，有了 SKU，电商店铺也能更好地管理库存和处理订单，提高效率和赚钱能力。

如某网店苹果 SKU：

SKU1：红富士苹果，500 g

SKU2：红富士苹果，1 kg

SKU3：金帅苹果，500 g

SKU4：金帅苹果，1 kg

鸡蛋 SKU：

SKU1：新鲜草鸡蛋，12 枚/盒

SKU2：有机鸡蛋，6 枚/盒

SKU3：土鸡蛋，15 枚/盒

SKU 在农产品电商里很重要，因为它能实现管理多样性。农产品有很多种类、大小和级别，SKU 能帮助商家更好地管理这些。此外，农产品有时会因为季节变化而需求不同，SKU 能让商家更灵活地调整库存。同时，SKU 可以帮助商家追溯产品来源，特别是有机或绿色农产品，通过 SKU 商家可以知道它们是从哪里来的，是哪个批次生产的。

客单价则是每个订单的平均金额。简单来说，就是客户每次买东西平均花了多少钱。这个数字对电商店铺来说也很重要，因为客单价越高，店铺收入就越多。农产品电商可以通过卖套餐、捆绑销售等方式来提高客单价，让客户买得更多、更开心。

客单价在农产品电商中有以下重要作用：

1. 组合与捆绑销售

通过看哪些产品组合卖得好，商家可以更准确地推出受欢迎的捆绑销售方式，提高客单价。此外，客单价数据能帮助商家决定什么时候促销、怎么定价，从而提高销售额和客户满意度。

2. 供应链与库存管理

高客单价意味着利润高、库存周转快，对农产品这种容易坏的东西特别重要。通过客单价数据，商家能更好地管理库存和优化供应链。

3. 客户细分与服务

不同客户群可能客单价不同，这让商家能更精准地提供个性化服务，比如给高消费客户提供专属优惠。此外，高客单价通常说明品牌价值高、认可度高。提升客单价不仅短期内能提高销售额，还有助于长期品牌建设和市场定位。

（四）产品价值

产品价值是个很广泛的概念，不只是产品本身的价值，还包括产品能带给商家的各种好处。在农产品电商里，产品价值可以包括以下方面：

1. 功能价值

该价值能够让商家知道产品能不能满足消费者的基本需求。比如，农产品有没有营养、口感好不好、安不安全等。

2. 经济价值

该价值让商家知道产品的价格是否合理，是不是物有所值。比如，产品的价格是否合理，相比其他产品是否更划算。

3. 情感价值

该价值让商家知道产品是否能满足消费者的心理需求。比如，我们是否信任这个品牌，产品是否有特别的地域特色等。

4. 社会价值

该价值指产品是否关心社会，有责任感。比如，产品是不是有机的，是不是帮助了农民或社群等。

5. 便利价值

该价值让商家知道消费者在购买和使用时产品是否方便。比如，购物流程是否简单，配送服务是否快速可靠等。

在农产品电商中，提升这些价值可以让产品更有吸引力，提高消费者的购买意愿和忠诚度。这些价值相互影响，共同决定了产品的总价值。所以，提升这些价值是电商成功的关键之一。

（五）农产品组品

组品就是将多个产品或服务组合在一起卖，让它们变得更吸引人。这样既能让消费者觉得更划算，也能提高销售额。在农产品电商中，商家可以把不同的农产品搭配起来，形成一个有吸引力的组合，满足消费者的不同需求。

组品的好处有很多。首先，它能提高销售效率，因为消费者可以一次买好几种产品，不用分开买。其次，组品能让低价值的产品和高价值的产品搭配在一起，这样既能提高利润，又能降低库存和运营成本。此外，组品还能提升农产品的品牌形象，让消费者对产品有更好的印象。最后，通过组品，商家可以进入新的市场，吸引更多的客户群体，扩大市场份额。

组品的方法有很多种。比如，可以根据产品的功能或效果来组品，像养生礼盒、美容礼盒等；也可以按照季节或节日来组品，像春节礼盒、中秋礼盒等；还可以根据产品的产地或文化来组品，像川味礼盒、客家礼盒等；甚至可以根据消费者的需求或使用场景来组品，像儿童礼盒、老人礼盒等。

总的来说，组品是一种很好的销售策略，它能帮助商家更好地满足消费者的需求，提高销售额和利润。农产品电商应尽量多使用这种策略。

三、农产品电商中的"场"

在农产品电商中，"场"非常重要，它就像一个神奇的魔法圈，把农产品和消费者紧密地连接在一起。这个"场"其实就是一个多元化的销售场景，包括实体和虚拟的场景，还涉及时间、空间以及社会文化等因素。简单来说，就是找到适合农产品销售的地方，用合适的方式把农产品卖给需要的人。

首先，要利用好各种实体场景的线上运营平台，比如传统的农贸市场的虚拟展示平台。在这里，农产品电商可以设置自己的摊位或者合作店铺，展示线上平台的优势。这样消费者可以有更多的产品选择，获得更便捷的购物体验。另外，与大型超市合作也是个好办法，可以让更多消费者接触到农民的农产品。甚至还可以设置一个QR码（二维码），让消费者直接扫码在线购买，方便快捷。

除了实体场景，虚拟场景也很重要。电商平台是直接的销售渠道，可以通过数据分析为消费者提供个性化的推荐。社交媒体平台也是农产品电商的重要推广渠道。在这些平台上，商家不仅可以宣传自己的品牌，还可以通过社交电商模式让消费者更容易购买农产品。另外，直播销售也是当下非常火热的一种销售模式，特别是对于那些需要让消费者亲眼看到商品的农产品。

除了场景，时间也是农产品电商需要考虑的重要因素。不同的时间点有不同的市场需求和消费习惯。电商平台需要根据季节变化来调整产品线，利用节假日进行促销活动，吸引更多的消费者。比如在"双11"等特殊时间点推送营销信息，就是一个很好的策略。另外，日常购物也是不可忽视的销售场景，电商平台可以通过日常优惠、会员制度等方式吸引消费者。

除了场景和时间，社会文化因素也不容忽视。不同的地域和群体有不同的消费习惯和口味偏好。电商平台需要根据这些特点进行产品推广和调整营销策略。了解目标消费者的购物习惯、支付方式等，可以帮助电商平台更精准地进行营销。此外，取得消费者的信任也是非常重要的，可以通过合作有信誉的品牌或获取第三方认证来提升信任度。

总之，"场"在农产品电商中是一个多维度的概念，涉及物理和虚拟的销售平台、时间和空间的因素以及社会文化因素等。要想在电商领域取得成功，就必须精心打造和利用好这个"场"，在合适的地方用合适的方式把农产品销售给精准的人群。这样才能更好地满足消费者的需求，提高销售额和利润。

任务 1.2.1 制作并发布客户线上调查问卷

【任务目的】

通过制作与发布线上问卷，收集目标客户群体的意见和建议，为农产品电商形成用户画像提供数据支持。

【任务准备】

- 环境准备：手机、电脑，问卷星等互联网平台。
- 资料获取：农产品相关资料，调研问卷等资料。

【任务实施】

1. 工作流程

登录问卷星→注册用户→创建问卷→设计编辑问卷→问卷设置→发布问卷→收集问卷信息。

2. 操作说明

操作步骤一：在电脑端登录问卷星平台（https://www.wjx.cn/，见图 1-2-2）。

图 1-2-2　问卷星首页

操作步骤二：点击免费注册，填写个人信息，注册用户（见图 1-2-3）。

图 1-2-3　用户注册页面

操作步骤三：用户登录，点击创建问卷（见图 1-2-4），选择"调查"，点击"创建"（见图 1-2-5），进入问卷编辑界面（见图 1-2-6）。

图 1-2-4　创建问卷

图 1-2-5　调查问卷创建

图 1-2-6　编辑调查问卷

操作步骤四：根据问卷调查目标，设计并编辑问卷内容。

方法一：选择"文本导入"（见图 1-2-7），即根据已编辑好的问卷文本，复制粘贴到平台，生成问卷（见图 1-2-8）。

图 1-2-7　文本导入

图 1-2-8　复制粘贴问卷

方法二：使用模板问卷修改编辑（见图 1-2-9），即选择平台上类似的已有模板问卷，复制该问卷（见图 1-2-10），修改编辑（见图 1-2-11），生成问卷。

图 1-2-9　选择模板问卷

图 1-2-10　复制模板问卷

图 1-2-11　修改编辑问卷

方法三：使用"AI 自动生成内容"（见图 1-2-12），即根据调查目的和内容需要，输入"调

037

研主题""题目数量""调研目的"等内容，点击"开始创作"（见图 1-2-13），生成问卷（见图 1-2-14）。

温馨提示：AI 自动生成的内容不一定完全适合问卷创建者的调查，可以根据生成的问卷进行修改编辑，形成最终调查问卷。

图 1-2-12　选择 AI 自动生成内容

图 1-2-13　输入创作要求

图 1-2-14　自动生成问卷

操作步骤五：完成编辑后，可点击"预览"或"完成编辑"（见图 1-2-15）。进入"设计向导"，在"筛选与配额"中点击"立即设置"（见图 1-2-16）即可进入设置页面（见图 1-2-17），对问卷调查进行筛选和配额设置，以便控制问卷质量，确保问卷调查的准确性。

图 1-2-15 完成编辑

图 1-2-16 立即设置

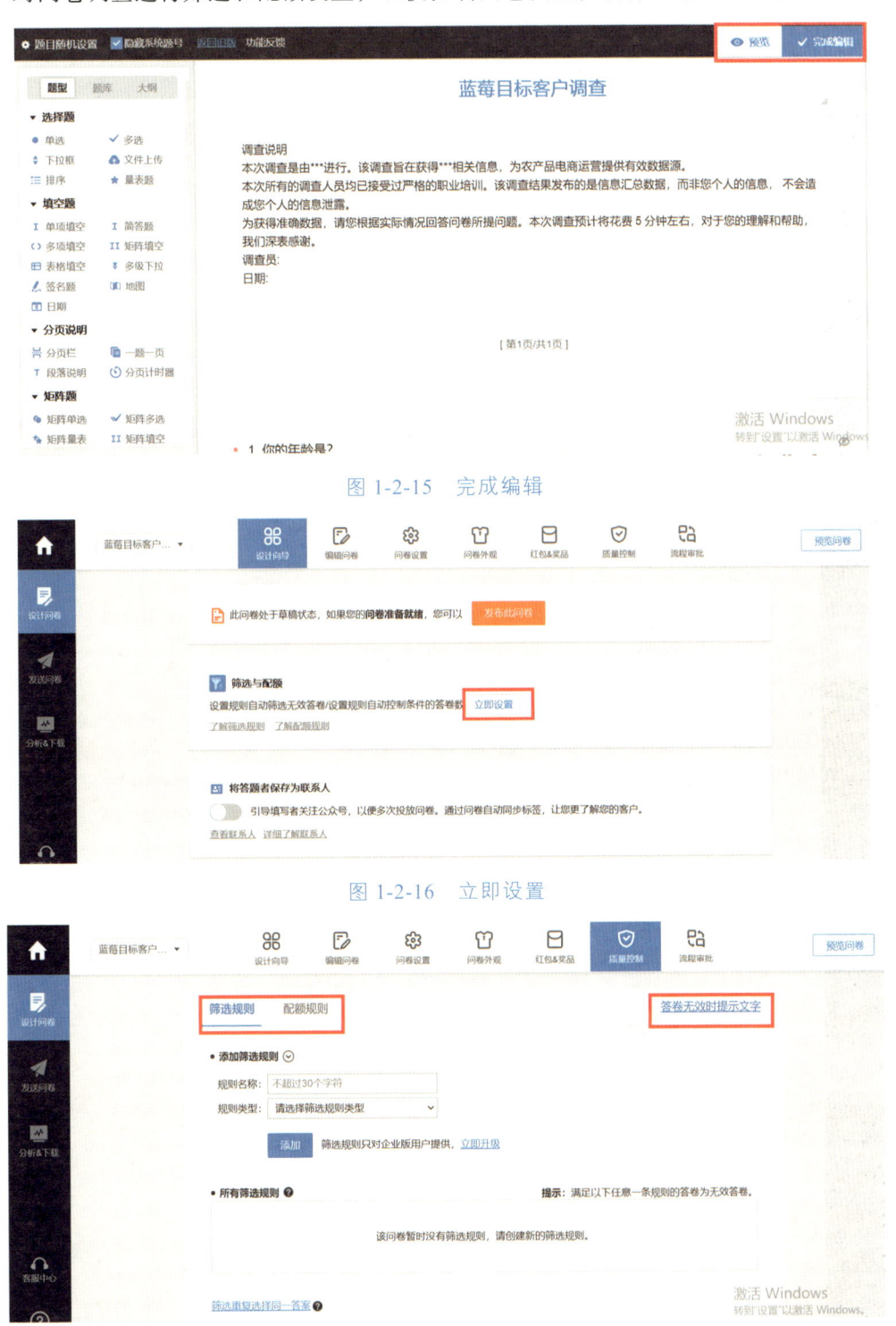

图 1-2-17 筛选与配额设置

操作步骤六：设置完成后，可点击"发布此问卷"（见图 1-2-18），可生成问卷二维码、问卷链接等（见图 1-2-19）。问卷二维码可直接下载，问卷链接可直接复制。当需要转发给被调查者填写的问卷时，可将问卷二维码或问卷链接转发给对方，被调查者通过扫二维码或点击问卷链接即可填写问卷。也可点击"微信发送"或"邮件&短信"发送问卷（见图 1-2-20）。

图 1-2-18　发布问卷

图 1-2-19　生成问卷二维码和链接

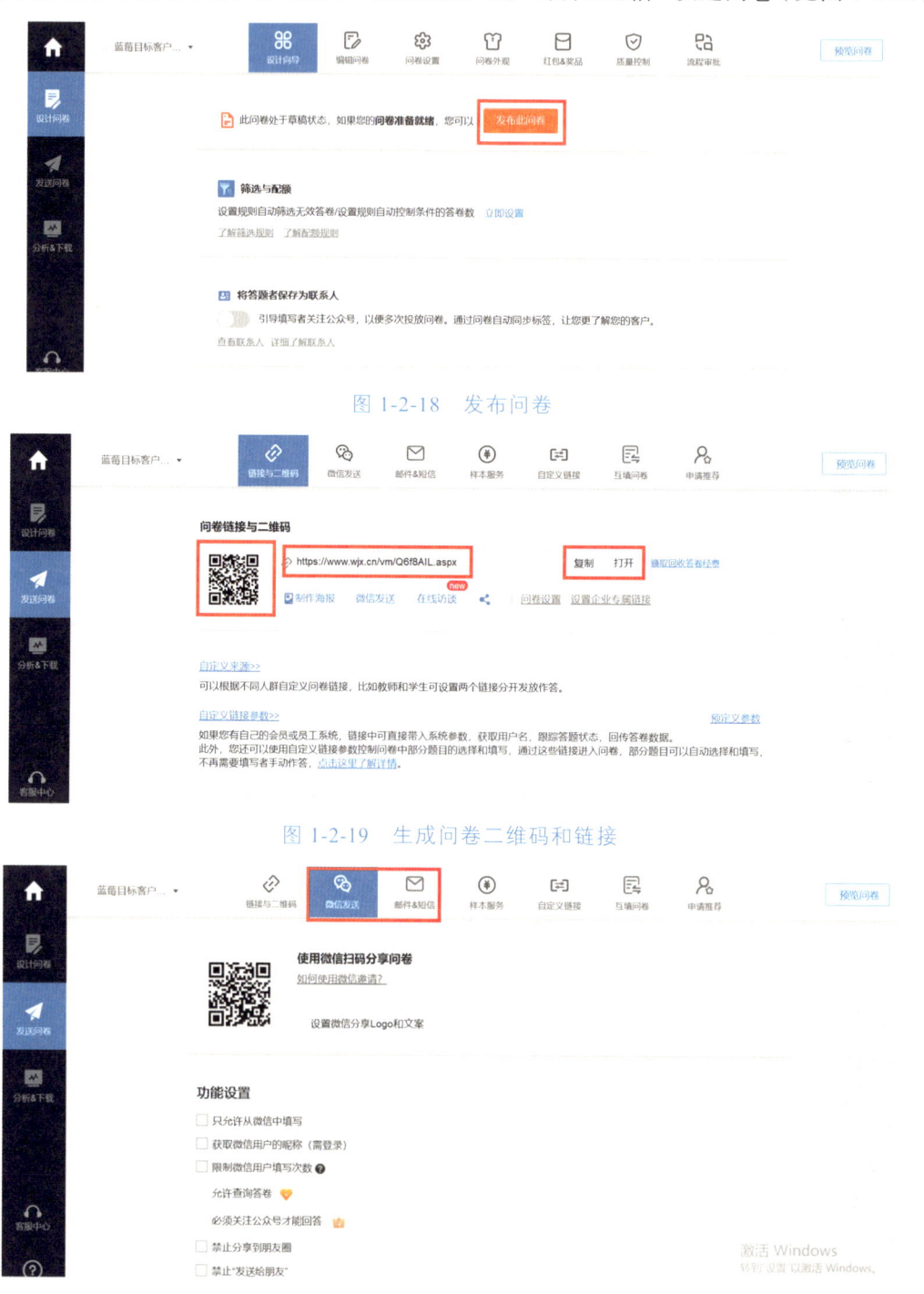

图 1-2-20　发送问卷

操作步骤七：问卷发布后，待被调查者填写问卷完成，则可对问卷进行统计分析或下载问卷答卷（见图1-2-21）。

图 1-2-21　发送问卷

【任务评价要点】

（1）能创建一份农产品用户调查问卷。
（2）能根据调查目标编辑完成一份完整的调查问卷。
（3）能合理设置问卷，完成问卷发布，并能收集有效用户调查信息。

任务1.2.2　农产品电商选品

【任务目的】

掌握如何根据市场需求、目标客户群体以及农产品特点，选择适合电商销售的农产品，为农产品电商的运营提供有效的产品策略。

【任务准备】

- 环境准备：手机、电脑等工具，Excel等软件，淘宝等电商平台。
- 资料获取：农产品相关资料。

【任务实施】

1. 工作流程

初选：了解产品的基本属性→优选：查看大小、外观和品相→心选：市场调研。

2. 操作说明

操作步骤一：

初选：了解产品的基本属性，即是否耐储运（见图1-2-22），是否通过质量安全检验（见图1-2-23）。

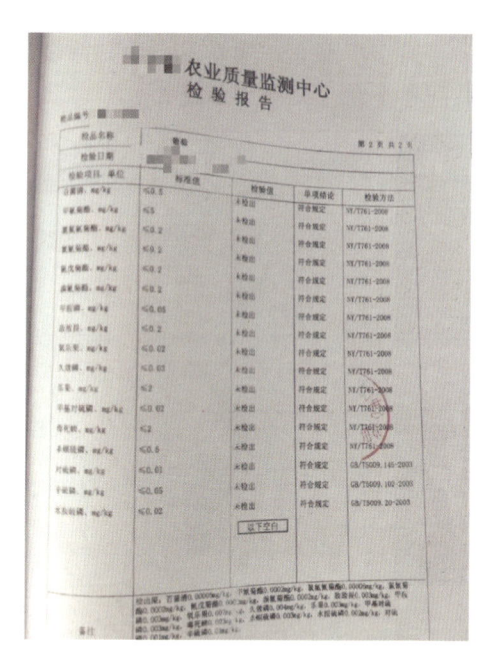

图 1-2-22　商品耐储运包装　　　　　　　图 1-2-23　商品质量安全检验报告

操作步骤二：

优选：查看产品大小、外观和品相，即根据产品大小分级、外观的完整性、色泽、新鲜度、形状、颜色、口感等进行挑选。

操作步骤三：

心选：利用互联网平台查阅市场数据，从市场前景、竞争情况、自己的实力（能力、渠道）、供应链是否跟得上等方面进行分析，列表进行数据采集并分析，以"耙耙柑"淘宝平台调研为例，如表 1-2-2 所示。

根据市场数据分析市场前景：看成交量和成交额，平台中排第一的是谁，分析其经营模式；看同类产品 SKU 和价格设置情况；看同类产品营销方式；看电脑端首页或手机端前 5 屏成交量排名第一和排名最低之间的差值，看成交额排名第一和排名最低之间的差值；看该平台同类产品是否有知名品牌；分析自身供应链，相对同行是否具有优势；根据以上数据和内容分析自身运营是否能产生利润，从而决定是否选择该产品在该平台经营。

表 1-2-2　市场数据采集

调研产品	耙耙柑
网络销售平台	淘宝
产品所属类目	一级类目：水产肉类/新鲜蔬果/熟食 二级类目：新鲜水果 三级类目：橘子
产品首页最高成交量	25 000 单
产品首页最低成交量	145 单
成交差值	24 855 单

续表

调研产品	耙耙柑
平台平均售价	36.541 元
产品最高成交额	913 525 元
产品最低成交额	5 298.445 元
产品成本	***
毛利	***
是否有行业知名品牌	无

【任务评价要点】

（1）能针对某一农产品进行初选。
（2）能针对某一农产品进行优选。
（3）能针对某一农产品进行心选，并分析判断该农产品是否适合在某一电商平台经营。

任务 1.2.3　选择合适的交易平台

【任务目的】

了解并掌握选择适合自身需求的交易平台的过程，从而为电商业务的开展打下基础。

【任务准备】

- 环境准备：手机、电脑，淘宝、京东、拼多多等电商平台。
- 资料获取：电商平台相关资料，百度等搜索平台。

【任务实施】

1. 工作流程

收集不同交易平台的关键信息→比较分析各个交易平台情况→选择最适合自身需求的交易平台。

2. 操作说明

操作步骤一：通过互联网信息搜索，收集不同交易平台的关键信息，如平台的知名度、用户规模、交易安全性、使用方便性、服务质量和费用结构等。

交易平台，如淘宝（https://www.taobao.com/）、京东（https://www.jd.com/）、拼多多（https://www.pinduoduo.com/）。

操作步骤二：比较分析各个交易平台情况，如表 1-2-3 所示。可根据实际情况填写，并进行对比分析。（填写范例见二维码附表 3）

交易平台对比分析表

表 1-2-3　交易平台对比分析

对比项	淘宝个人店	京东小店	拼多多个人店
知名度			
用户规模			
支付工具			
平台监管			
开店成本			
保证金			
交易账期			
界面使用			
平台功能			
……			

操作步骤三：根据对比分析选择最适合自身需求的交易平台。

【任务评价要点】

（1）能选择至少 2 个平台进行比较。

（2）能从平台的知名度、用户规模、交易安全性、使用方便性、服务质量和费用结构等方面进行列表对比。

（3）能通过对比分析，确定最适合自身需求的交易平台。

拓展与思考

结合乡村振兴的大背景，我们可以通过使用先进的技术和与非农业领域的企业合作，来提升农产品电商的效率和创新能力。请思考如何利用人工智能和大数据分析工具来提升农产品电商的工作效率和创新能力。

项目评价

一、知识测试

1. 单项选择题（请将正确选项填在括号内）

（1）数字农产品的核心特点之一是全程可追溯。这意味着（　　）。
A. 只能追踪农产品的销售过程
B. 可以追踪农产品从生产到销售的全过程
C. 仅限于追踪农产品的生产过程
D. 只包括农产品的加工过程
答案：B

（2）在数字农产品的环境准备中，以下哪项不是必需的？（　　）
A. 物联网设备　　　　　　B. 数字支付工具
C. 高级编程技能　　　　　D. 电商平台
答案：C

（3）数字化管理在农产品电商中的作用是什么？（　　）
A. 仅用于产品定价　　　　B. 实时监控农产品的生长环境
C. 仅用于在线营销　　　　D. 只用于物流跟踪
答案：B

2. 多项选择题（请将正确选项填在括号内）

（1）数字农产品的具体内容包括哪些方面？（　　）
A. 农产品的数字化标识　　B. 农产品交易的数字化
C. 农产品支付结算的数字化
D. 农产品的传统包装方式
答案：ABC

（2）在数字农产品的操作说明中，应包含哪些方面？（　　）
A. 产品信息管理　　　　　B. 在线销售优化
C. 客户互动与反馈　　　　D. 传统广告投放
答案：ABC

（3）数字农产品的市场治理数字化可以实现哪些功能？（　　）
A. 智能化管理　　　　　　B. 市场监控
C. 价格谈判　　　　　　　D. 数据分析
答案：ABD

3. 判断题（正确的在题后括号内写 A，错误的写 B）

（1）数字农产品只关注产品本身的数字标识，不涉及交易和支付过程。（　　）
答案：B

（2）在数字农产品的环境准备中，选择合适的电商平台是非常重要的。（　　）
答案：A

（3）数字农产品的生产过程精准性意味着可以根据气候条件和作物类型提供个性化服务。（　　）

答案：A

二、项目测评（技能评价+素质评价）

表 1-2-4　本项目测评表

任务名称	评价内容	分值	评价分数 自评	评价分数 互评	评价分数 师评
任务 1.2.1 制作与发布客户线上调查问卷	能创建一份农产品用户调查问卷	5			
	能根据调查目标编辑完成一份完整的调查问卷	20			
	能合理设置问卷，完成问卷发布，并能收集有效用户调查信息	5			
任务 1.2.2 农产品电商选品	能针对某一农产品进行初选	10			
	能针对某一农产品进行优选	10			
	能针对某一农产品进行心选，并分析判断该农产品是否适合在某一电商平台经营	20			
任务 1.2.3 选择合适的交易平台	能选择至少 2 个平台进行比较	5			
	能从平台的知名度、用户规模、交易安全性、使用方便性、服务质量和费用结构等方面进行列表对比	20			
	能通过对比分析，确定最适合自身需求的交易平台	5			
合计		100			

项目 1.3　选择农产品电子商务模式

项目描述

农产品电子商务在实现乡村振兴中扮演着关键角色，促进了农民增收、农村产业发展、城乡一体化建设及农业品牌建设。随着消费者购物习惯、方式及场景的变化，信息技术的快速发展，农产品电子商务模式也不断创新，涌现出外卖电商、社区团购、直播电商及兴趣电商等新模式。同时，传统电子商务模式也在进行持续变革。本项目旨在探讨当前主流的传统与新型农产品电子商务发展模式，帮助农民识别并选择适合自身的电商模式。

项目目标

1. 知识目标

（1）熟悉互联网背景下农产品的主要流通渠道、方式与发展趋势。
（2）熟悉不同类型的农产品电子商务模式，及其盈利来源、模式优势、模式劣势、经营规模等。
（3）熟悉传统农产品电子商务与新型农产品电子商务的区别与优劣势。
（4）熟悉诊断企业适合何种农产品电子商务模式的核心要素。

2. 能力目标

（1）能够识别传统与新型农产品电子商务模式。
（2）能够对比不同农产品电子商务模式的优劣势。
（3）能够对现有业务情况与未来发展进行基础的自我诊断。
（4）能够根据实际情况，选择合适的农产品电子商务模式。

3. 素质目标

（1）具有"强农兴农"的责任担当。
（2）具有开拓创新的精神。
（3）具有较强的逻辑思维能力。
（4）具有严谨、求实的工作态度。

项目情景

"90后"小伙的"玫瑰生意经"[①]

学医的刘凯槟大学毕业后放弃从医，回到云南老家郭家村，开始琢磨要做点儿什么，考

[①] 彭韵佳、林碧锋：《"90后"小伙的"玫瑰生意经"》，2020年5月5日，https://finance.huanqiu.com/article/3y6vheddfi2。

虑到花卉是云南特色产业，便决定种花。家乡当地没有专业种花人，缺乏经验的刘凯槟全靠自己摸索，逐步种植了 10 亩红玫瑰。望着满地的玫瑰花，刘凯槟却一筹莫展："只忙着种花，却忘了联系买家，这么多花卖到哪儿去？"他想到昆明斗南花市，便独自跑到花市联系收购，结果却被告知：花品质一般，且采摘太晚，已经开过了头，达不到销售标准。种花第一年，刘凯槟"竹篮打水一场空"。

就当家人都认为他会放弃时，刘凯槟却开始跑到全国各地学种花。他发现，红玫瑰、白玫瑰都是传统品种，市场渐趋饱和。在学习过程中，刘凯槟受到一位同行的启发，决定去尝试新品种。新品种价格高，有盈利空间，但市场需求不确定，风险大。"很多人嫌风险高不敢做，我不怕。"刘凯槟开始研究培育新品种。2016 年，他培育的玫瑰以高于普通玫瑰的价格一售而空，赚到了他人生的第一桶金。

2018 年，刘凯槟和一些志同道合的人组成创业团队，成立公司。"以前花送到斗南再销售，价格受市场影响波动大，而且很难得到终端客户反馈。"为打破传统销售模式，刘凯槟和团队开始实行定价销售、产地直销、线上售卖等模式。刘凯槟逐渐打开销路，又开始扩大种植规模。如今，刘凯槟和团队在马街镇又建起了第二个玫瑰种植基地，面积近 500 亩，带动周边 150 多户农户就业。

思考：刘凯槟和团队该选择怎样的电子商务模式呢？

思政园地

刘凯槟在困境中未选择放弃，而是积极探索新的突破。他敢于尝试新品种，打破了传统种植模式的束缚。通过全国学习种花技术，他展现了顽强的毅力和持续的创新精神。在创业过程中，他不仅关注个人经济利益，而且积极承担社会责任，为周边农户提供就业机会，促进了当地经济的发展。他的探索精神和社会责任感值得我们学习。

知识储备

一、农产品电子商务模式

电子商务模式，是指在网络环境中基于一定技术基础的商务运作与盈利模式。研究农产品电子商务模式不仅能促进创新，而且能帮助制定有效的发展策略与实施步骤。

农产品电商模式

农产品卖货难与愁销路，一直是农户们最为头疼的问题。一方面受到信息不对称的影响，农户容易陷入盲目生产，造成市场供需极度不稳定，农户丰产不丰收的现象时有发生；另一方面，农户通常忙于生产，再加上缺少资源与信息，造成没有稳定的销售渠道，往往只能依赖中间商进行农产品销售，被动遭受中间商打压价格的情况也并不鲜见。

这正是由于我国传统的农产品流通渠道（见图 1-3-1）通常要经过多个中介，如农产品经纪人、批发商、零售商等，从而容易引发流通成本过高、商品信息流动不畅等问题。

农产品（农户）→ 农产品经纪人 → 批发商（多级）→ 零售商 → 消费者

图 1-3-1　传统农产品流通渠道

而互联网的出现，恰好弥补了其弊端，并且衍生出多种不同的农产品电商模式，我们通常将其分为传统农产品电子商务模式与新型农产品电子商务模式。

传统农产品电子商务模式，主要是依据农产品流通中商品流通的核心对象进行划分的，例如农产品由农户直接销售给消费者的 F2C（Factory to Customer）模式，农产品由农产品销售公司销售给消费者的 B2C（Business to Customer）模式等。

新型农产品电子商务模式，主要是依据农产品流通中消费者购买农产品的方式、场景、产品与平台类型等划分的，例如，消费者以社区为基础单位进行购买农产品的社区团购模式（见图 1-3-2），消费者通过观看直播购买农产品的直播电商模式等。

图 1-3-2　农产品电子商务社区团购模式：拼多多-多多买菜

二、传统农产品电子商务模式

基于农产品流通的核心对象，传统农产品电子商务模式将原本单向且平直的农产品流通

049

渠道丰富成了网络状，为农户、中间商与消费者提供了更多的销售与购买可能，具体包括 C2B/C2F 模式、F2C 模式、B2B 模式、B2C 模式、O2O 模式等（见图 1-3-3）。

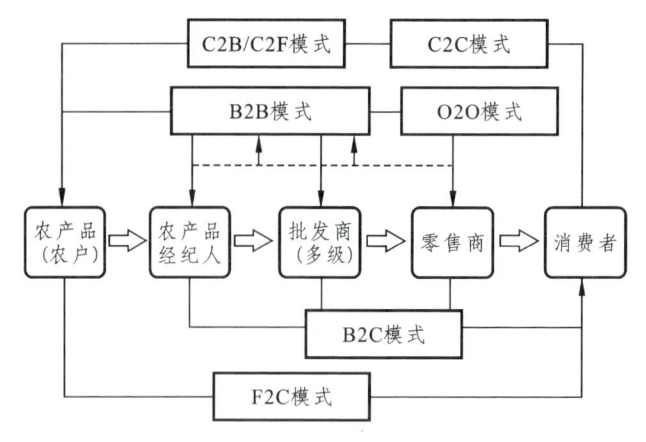

图 1-3-3　传统农产品电子商务模式

（一）农产品电子商务 C2B/C2F 模式

C2B/C2F 是英文 Customer to Business/Customer to Farmer 的缩写，简称为"客对商"/"客对农"。农产品 C2B/C2F 模式，又称消费者定制模式，具体指农户根据会员客户的订单需求生产农产品，然后通过家庭宅配的方式把自己农庄的产品配送给会员。这种模式的运作流程分为四步：第一步，农户要形成规模化种植或饲养；第二步，农户要通过网络平台发布产品的供应信息，招募会员；第三步，会员通过网上的会员系统提前预订今后需要的产品；第四步，待农产品生产出来后，农户按照预订需求配送给会员。

盈利来源：收取服务费或会员费，即会员的年卡、季卡或月卡消费等。

模式优势：提前定制化生产，经营风险较小。

模式劣势：受制于场地和非标准化生产等的影响，市场发展空间有限。

经营规模：通常是中小规模。

（二）农产品电子商务 F2C 模式

F2C 是英文 Farmer to Customer 的缩写，简称为"农对客"。农产品 F2C 模式，又称农场直供模式，具体指农户在原产地通过互联网平台直接将农产品卖给消费者。这种基于互联网的直销模式让消费者能够更快、更直观地获取所需商品，从产地到餐桌的环节大大减少、距离大大缩短，一方面可以有效提高农场主和农民的收入，另一方面可以让消费者以更加优惠的价格获取农产品。

盈利来源：产品售卖利润。

模式优势：可以快速建立消费者的信任感。

模式劣势：受制于场地和非标准化生产等的影响，市场空间有限。

经营规模：通常是中小规模。

（三）农产品电子商务 B2B 模式

B2B 是英文 Business to Business 的缩写，简称为"商对商"。农产品 B2B 模式，具体指供给企业和需求企业之间相互对接的交易模式，农产品的供给企业通过网络和农产品需求企业之间完成所有的交易环节，常见于农产品批发商和农产品加工商之间的网络交易模式、农产品加工商和农产品销地批发商之间的交易模式等。

B2B 模式包含三种具体的类型：一是买方集中模式。买方集中模式指的是一个卖家和多个买家之间的交易模式，由卖方建立电子商务平台或者是门户网站，发布农产品的相关信息、销售链接等，吸引广大的买方来购买农产品，以实现集中买方的目标。二是卖方集中模式。卖方集中模式指的是一个买家与多个卖家之间的农产品线上交易模式，由买方建立网站发布相应的农产品需求信息，吸引农产品供应商报价，从而选取价格最适合的供应商合作。三是第三方网上交易市场模式。第三方网上交易市场模式指的是由第三方投资建立的网上交易市场，虽然不是买方和卖方投资建立，但是买卖双方均可参与竞价撮合模式，是当前应用最为广泛的农产品电子商务交易模式之一。

B2B 农产品电商是对接产地商家及销地商家，提供农产品批量流通的渠道。网库集团、"832"平台、惠农网、中国邮政、一亩田等都是 B2B 农产品电商的代表，探索着数字农产品电商的发展路径。其中，惠农网是集农产品线上交易与农业全产业链服务于一体的"集大成者"，探索性地推出了农技服务电商化展售的新模式（见图 1-3-4）。这种模式将线下实体性农技服务作为特殊商品在平台特定分区进行展销，其角色相当于交易的"促成者"。平台以地域位置、技术种类、服务者专业度等多种维度建立搜索引擎，通过平台特有的"聊生意""打电话"为买卖双方自主筛查，双向建立供配适应度，为用户提供对接。

图 1-3-4　惠农网

盈利来源：产品采购批发差价利润、服务费等。
模式优势：连接上下游、发展空间大。
模式劣势：对平台流量、供应链、信息服务要求高。
经营规模：通常是中大型。

（四）农产品电子商务 B2C 模式

B2C 是英文 Business to Customer 的缩写，简称为"商对客"。农产品 B2C 模式，具体指经纪人、批发商、零售商通过网络平台将农产品卖给消费者，或专业垂直电商直接到农户采购，然后卖给消费者。

根据经营形式的不同，农产品电子商务 B2C 模式又可分为两类：一类是纯 B2C，即企业自身不饲养、种植、加工任何产品，所售卖的产品均来自其他品牌商和农场，典型代表是本来生活，如图 1-3-5 所示。

图 1-3-5 "本来生活"官方网站

另一类是"自有农场+B2C"，即企业自身在某地承包农场，亲自种植瓜果蔬菜、饲养鸡鸭牛羊等，然后通过自建的 B2C 网站直接销售给消费者，因此其所售卖的产品多是自己的产品。当然，为了丰富产品，也会整合少量其他农场或品牌商的产品，典型代表是中粮我买网，如图 1-3-6 所示。

图 1-3-6 "中粮我买网"App

盈利来源：产品销售利润、产品利润抽成等。
模式优势：无须承担生产与压货风险、消费者产品选择丰富等。

模式劣势：对产品品类与规模、平台的流量、供应链要求高。
经营规模：通常是中大型。

（五）农产品电子商务 O2O 模式

O2O 是英文 Online to Offline 的缩写，简称"线上对线下"。农产品电子商务 O2O 模式具体指把线上的消费者带到现实的商店中去，即线上下单与支付，再到线下去自提商品。

目前线下的"O"多数会以社区店的形式，落地在社区里面或社区外的核心街道，终端店铺有提货、展销双重价值。该模式具有获取信息及时、价格实惠、购买方便等优势，此外不仅能满足消费者传统购买农产品的消费习惯，也能弥补生鲜配送最后 1 千米的短板。在商品配送、售后服务等各方面实现无缝对接，使线上下单、线下提货，线上关注、线下体验和购买等购物体验成为现实，线上线下真正走向交互融合发展，也是新型农产品电子商务模式中社区团购、外卖电商等的前身。

盈利来源：产品销售利润等。
模式优势：社区化模式，物流配送便利快捷等。
模式劣势：平台化运营，地推成本较高，规模化才能盈利。
经营规模：小中大型均可。

三、新型农产品电子商务模式

基于消费者购买农产品的方式、场景、产品与平台类型等，新型农产品电子商务模式主要有生鲜电商、农产品社区团购、农产品外卖电商、农产品预制菜电商、农产品即时零售、农产品兴趣电商等。

（一）生鲜电商

生鲜电商，即生鲜农产品电子商务，指用电子商务的手段在互联网上直接销售生鲜类产品，如新鲜水果、蔬菜、生鲜肉类等。生鲜电商产业链包括货源、底层系统服务商、物流服务商及第三方支付，由生鲜电商平台"搭桥"，直连货源和消费者。这样的新零售商业模式加速了配送时效，极大地提升了生鲜行业的整体效率。生鲜电商行业产业链分布见图 1-3-7。

图 1-3-7　2022 年生鲜电商行业产业链

据统计，2022 年生鲜电商交易规模达 5 601.4 亿元，同比增长 20.25%，是近 10 年来增长最慢的一年。2022年是生鲜电商最困难的一年，但在逆境中，也创新了许多新的业态模式，部分品牌开设了新的店铺模式，如fudi仓储会员店、谊品生鲜第四代店铺、盒马奥莱、京东七鲜全国首家3.0版门店，以及中百罗森均开设首家生鲜便利店；部分品牌开启了新的盈利模式，如钱大妈不隔夜预制菜，锅圈食汇的即时零售+预制菜+社区生鲜，邮政开设"网点+商超+社区团购+邮乐小店"模式的"店中店"；等等。

盈利来源：产品销售利润，产品销售佣金。
模式优势：物流配送便捷快速。
模式劣势：对平台流量、供应链整合能力要求高。
经营规模：通常是中大型。

（二）农产品社区团购

社区团购模式是一种"线上+线下"具有社交性质的电商模式，线上社区团购主要通过社交团购平台App以及微信小程序，线下则依托社区门店，经由各个社区中的团长发起拼单活动，消费者可以在当天晚上十点之前预订下单，通常次日便可自提取货，具备区域化、小众化、本地化的特点。社区电商运营模式可以概括为三大类：一是以多点Dmall、永辉超市为典型代表的传统的超市电商平台或电商平台代购配送模式；二是以多多买菜、十荟团为典型代表的"团长+社群"模式；三是以淘菜菜、兴盛优选、美团优选为典型代表的"店长+社区"模式。当前社区团购的主流平台有兴盛优选、橙心优选、多多买菜、美团优选、十荟团、食享会等。

新冠疫情"催熟"社区团购。2020年底，社区团购全年成交总额为751.3亿，同比继续增长78%；2021年社区团购市场规模达1 205.1亿，日均件数从年初的4 000万件/日增长到1亿件/日，2022年社区团购市场规模预计超2 000亿，但是实际并非如此乐观。

疫情驱使消费者不得不接纳社区团购，但是在疫情之后，这一消费习惯却并没有被充分地延续下去。线下实体店虽然斩获了这一波的"报复性消费"浪潮，但即使作为社区团购的先驱者兴盛优选，业务也由11个省份压缩至湖南、湖北、江西、广东四省，不得不调整自己的发展战略，选择稳定发展的策略。

2022年，叮咚买菜实现全面盈利。从财报看出，毛利率上升、履单费用率优化、营销费用下降，都是造成公司盈利的原因。

盈利来源：产品销售利润。
模式优势：定制化销售，无须承担压货风险。
模式劣势：地推成本较高，对平台流量、供应链整合能力要求高。
经营规模：小中大型均有。

（三）农产品外卖电商

农产品外卖电商是依托于大众习惯的"点外卖"的方式来购买农产品，典型企业为美团外卖。如图1-3-8上的数据显示，截至2023年6月，我国网上外卖用户规模达约5.35亿人，较2022年12月增长1 372万人，占网民整体的49.6%。此外，美团一季度配送服务营收同比增长18.8%。依托即时配送体系优势，网上外卖平台将即时配送的商品从餐饮食品拓展至生鲜、日用品、鲜花等多个品类，进而带来新的业务增长点。以美团为例，一季度即时配送交易笔数同比增长14.9%，"闪购"业务在交易用户数和交易频次方面实现双增长，订单量同比增长约35%。

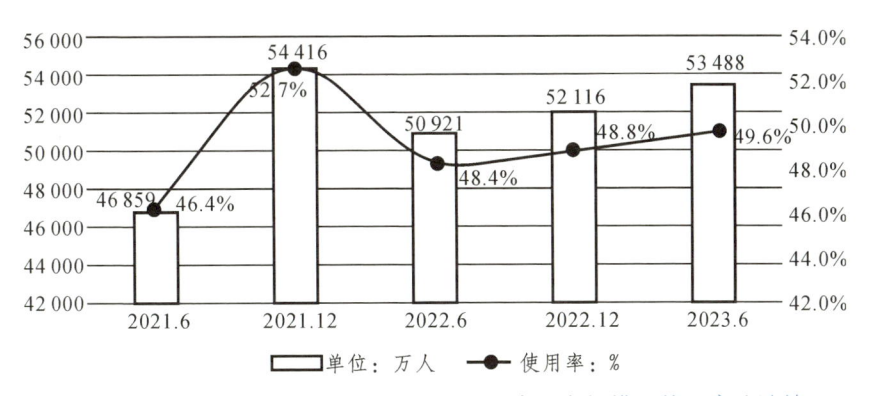

图 1-3-8　2021 年 6 月—2023 年 6 月网上外卖用户规模及使用率统计情况

（数据来源：CNNIC、中商产业研究院整理，https://baijiahao.baidu.com/s?id=1776877888484029095&wfr）

消费者可以在美团 App 首页的"外卖专区"点击"超市便利"，再点击"生鲜/菜市场"，即可选择附近的生鲜超市购买生鲜农副产品（见图 1-3-9），下单后将由外卖员采取用"美团外卖"的配送方式（接受订单→到店取菜→送货上门）送达。

图 1-3-9　美团 App 农产品外卖电商

盈利来源：产品销售利润。
模式优势：物流配送便捷快速。
模式劣势：对平台的流量要求高。
经营规模：通常是中小型。

（四）农产品预制菜电商

预制菜也叫"预制包装菜肴"。中国烹饪协会发布的团体标准中将预制菜定义为：以一种或多种农产品为主要原料，运用标准化流水作业，经预加工（如分切、搅拌、腌制、滚揉、成型、调味等）或预烹调（如炒、炸、烤、煮、蒸等）制成，并进行预包装的成品或半成品菜肴。可将预制菜产品分为四个类型：即食类、即热类、即烹类以及预制净菜。

2022年2月，国务院在《"十四五"推进农业农村现代化规划》提到，要在主产区和大中城市郊区布局中央厨房、主食加工、休闲食品、方便食品、净菜加工等业态，满足消费者多样化、个性化的需求。2022年叮咚买菜、京东七鲜、美团买菜、饿了么、盒马、每日优鲜、维小饭等纷纷进入预制菜市场。截至2022年，全国预制菜相关企业数量为7.6万家。

从预制菜行业供应链来看，上游主要由企业提供基础食品原材料，由于肉禽和水产品等原材料价格会周期性波动，而且它们在预制菜成本中所占比例较高，因此上游企业通常具有较强的定价权；中游生产环节包括预制菜厂商、中央厨房以及零售型企业等；下游环节包括中小型餐饮店、配送到家等场景（见图1-3-10）。其中，餐饮仍然是预制菜最广泛应用的场景。

图1-3-10 2022年生鲜电商行业产业链

盈利来源：产品销售利润。
模式优势：标准化程度高、规模化成本优势。
模式劣势：对平台流量、供应链整合能力要求高。
经营规模：通常是中大型。

（五）农产品即时零售

即时零售是一种新的零售模式创新，是指通过即时物流等履约能力，拓展和连接实体商户、仓储等本地零售供给，满足消费者即时需求的新型零售业态。换一个角度来说，即时零售是一种实体商超、便利店、品牌店等零售业态，依托网络和数字平台，就近为消费者提供1小时到达、30分钟内闪送的服务，从而满足消费者的应急需求或常态化的即时性需求的零售新业态和消费新形式。典型企业为京东到家、盒马鲜生等，大润发、沃尔玛等传统超市也在积极布局转型即时销售业务。

2023年的中央一号文件《中共中央 国务院关于做好2023年全面推进乡村振兴重点工作

的意见》中首次提及即时零售，指出"全面推进县域商业体系建设。加快完善县乡村电子商务和快递物流配送体系，建设县域集采集配中心，推动农村客货邮融合发展，大力发展共同配送、即时零售等新模式"。商务部认为，即时零售有力地带动了服务线上化和电商本地化发展。

商务大数据综合测算，即时零售模式（见图1-3-11）中，消费者选购农副产品的比例较高，其中水果蔬菜占62%，米面粮油、速冻食品占56%，休闲零食、酒水饮料占55%，肉禽单品、海鲜水产占48%。

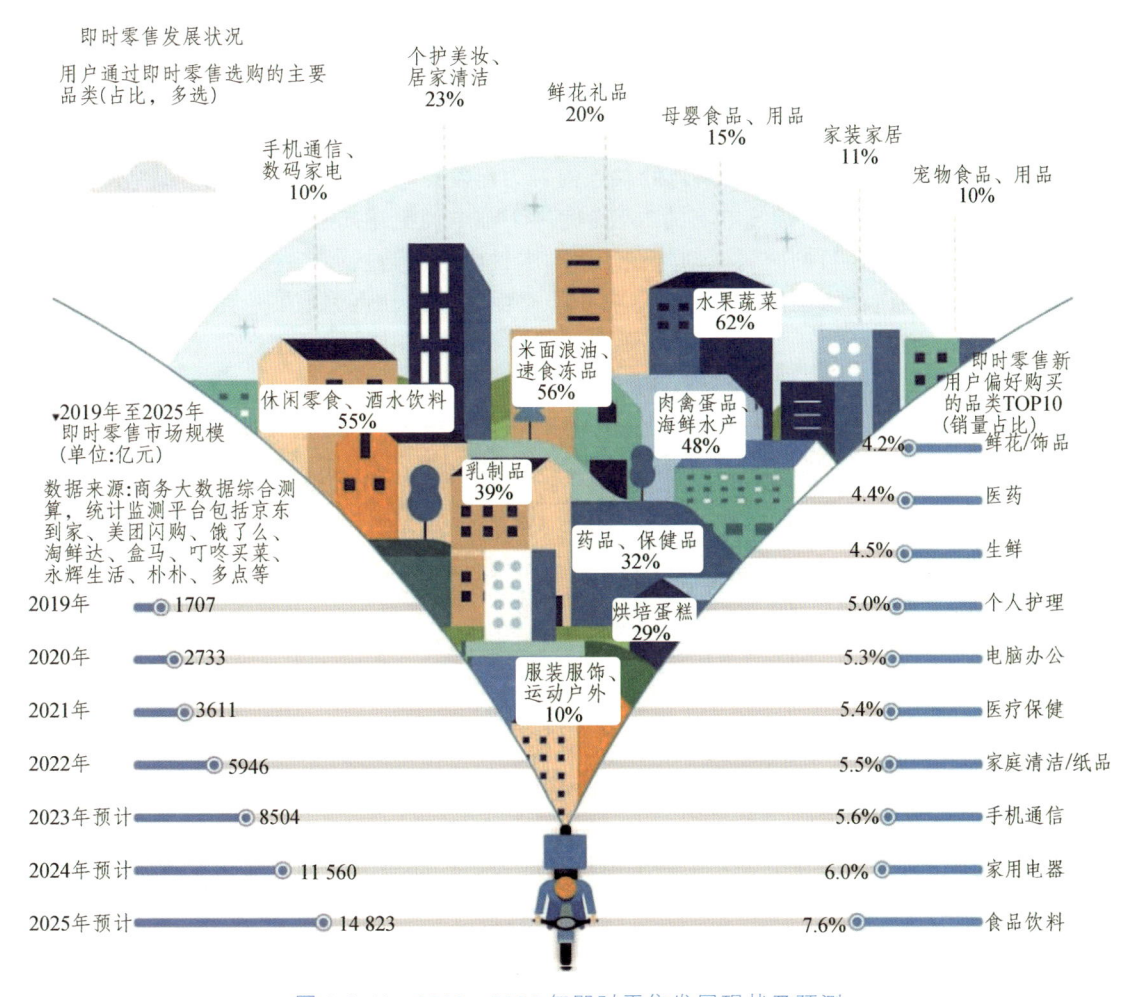

图 1-3-11　2019—2025年即时零售发展现状及预测

盈利来源：产品销售利润、产品销售佣金、服务费、会员费等。
模式优势：便捷高效的物流配送。
模式劣势：对平台流量、供应链要求高。
经营规模：通常是中大型。

（六）农产品兴趣电商

兴趣电商是一种基于用户对美好生活的向往，满足用户潜在购物兴趣，提升消费者生活品质的电商，其核心是主动帮助用户发现他们潜在的需求。兴趣电商以用户兴趣为出发点，以优质内容为载体，以用户主动发现自身潜在需求为途径，最终以实际购买行为为落脚点。作为电商领域的新趋势，兴趣电商风口渐起，未来成长的空间巨大。

兴趣电商不再以现实需求为焦点，它通过捕捉消费者兴趣，以精准高效的"兴趣—内容—商品"的匹配来激发消费者的潜在需求。兴趣电商挖掘的是传统电商所忽略的隐藏需求，根据抓取消费者的众多兴趣点进行个性化的精准推送，激活全新的市场增量。在传统电商平台中，消费者往往有着明确的、计划性的购物目的，对商品本身的关注度高；而在兴趣电商平台中，消费者往往出于娱乐消遣，并没有明确的购买需求，而在轻松惬意的短视频/直播消遣过程中，想要解决的痛点被提示，对商品的兴趣或被激发，本来没有需求却被内容打动，最终促成下单购买。由此看来，传统电商的购物逻辑是"需求—搜索—购买"或者"需求—触点—信任"，以现实需求为出发点；而兴趣电商的购物逻辑是"兴趣—需求—购买"或者"触点—需求—信任"，以兴趣或基于兴趣的触点内容为出发点。

从需求方来看，不同于传统电商的"人找货"，兴趣电商更倾向于"货找人"，消费者"逛"的心态增强，直接购物目的减弱，却能在"逛"中被内容刺激从而产生购物的冲动。相比传统电商，兴趣电商借助短视频、直播工具，更能全面、立体、直观地展示商品，也能开发相关内容增强围绕商品的娱乐性或社交性，使其更具生动性与灵活性，易于激发消费者的兴趣，如图 1-3-12 所示

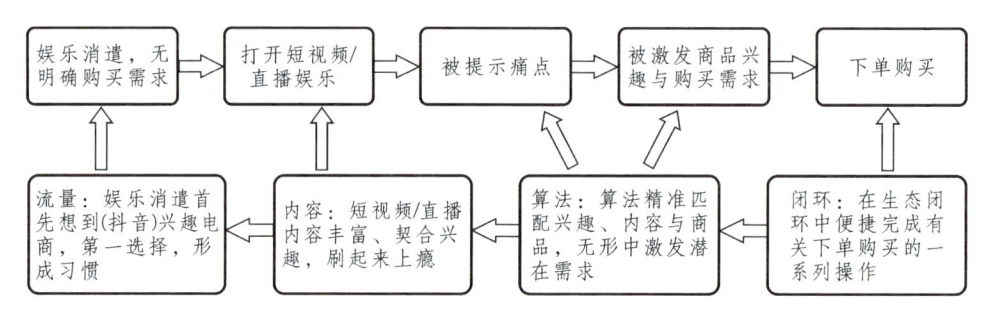

图 1-3-12　消费者的购买行为链路与兴趣电商的实现路径

盈利来源：产品销售利润、产品销售佣金等。
模式优势：区别传统的"人找货"，实现"货找人"。
模式劣势：对营销内容生产、销售渠道选择能力、产品竞争力要求高。
经营规模：小中大型通用。

任务 1.3.1　传统农产品电子商务模式选择

【任务目的】

增进对自我商业的了解，熟悉传统农产品电子商务模式，能选择最适合的模式。

【任务准备】

- 环境准备：手机、电脑；
- 资料获取：培训教材，百度、电商平台等相关网站。

【任务实施】

1. 工作流程

填写自有商业诊断表→总结传统农产品电商模式对比表→选择适合自己的传统农产品电子商务模式。

2. 操作说明

操作步骤一：填写自有商业诊断表 1-3-1。

表 1-3-1　自有商业诊断表

诊断维度	小/弱	较小/弱	中	较大/强	大/强
现有产业规模					
现有产品丰富度					
资源整合能力					
企业数字化建设					
风险承受能力					
未来计划投入					
未来发展目标					

操作步骤二：查阅了解本培训教材中传统农产品电子商务模式详细介绍，以及对比各模式的盈利来源、模式优势、模式劣势、经营规模等信息，总结模式对比表 1-3-2。

表 1-3-2　传统农产品电商模式对比表

模式	盈利来源	模式优势	模式劣势	经营规模
C2B/C2F 模式				
F2C 模式				
B2C 模式				
B2B 模式				
O2O 模式				

操作步骤三：对比自有商业诊断表与各新型农产品电子商务模式详细介绍，选择适合自己的传统农产品电子商务模式，并说明原因。

【任务评价要点】

（1）填写一份自有商业诊断表。
（2）总结传统农产品电子商务模式对比表。
（3）选择一个合适的传统农产品电子商务模式，并说明原因。

任务 1.3.2　新型农产品电子商务模式选择

【任务目的】

增进对自我商业的了解，熟悉当前新型农产品电子商务模式，能选择最适合的模式。

【任务准备】

- 环境准备：手机、电脑。
- 资料获取：培训教材，百度、电商平台等相关网站。

【任务实施】

1. 工作流程

填写自有商业诊断表→总结新型农产品电商模式对比表→选择适合自己的新型农产品电子商务模式。

2. 操作说明

操作步骤一：填写自有商业诊断表 1-3-3。

表 1-3-3　自有商业诊断表

诊断维度	小	较小	中	较大	大
现有产业规模					
现有产品丰富度					
现有产品标准化程度					
现有产品竞争力					
资源整合能力					
团队营销能力					
企业数字化建设					
风险承受能力					
未来计划投入					
未来发展目标					

操作步骤二：查阅了解本培训教材中新型农产品电子商务模式详细介绍，以及对比各模式的盈利来源、模式优势、模式劣势、经营规模等信息，总结模式对比表 1-3-4。

表 1-3-4　新型农产品电商模式对比表

模式	盈利来源	模式优势	模式劣势	经营规模
生鲜电商				
社区团购				
外卖电商				
预制菜电商				
即时零售				
兴趣电商				

操作步骤三：对比自有商业诊断表与各新型农产品电子商务模式详细介绍，选择适合自己的新型农产品电子商务模式。

【任务评价要点】

（1）填写一份自有商业诊断表。
（2）总结新型农产品电子商务模式对比表。
（3）选择一个合适的新型农产品电子商务模式，并说明原因。

拓展与思考

农产品电子商务发展是一条长长的产业链条：原端产品（品控）→标准化商品（产品开发、包装）→运输配送（供应链）→服务（售前、售中、售后），其中任何一个环节出问题，都无法发展好农产品电子商务。你的产业中当前最薄弱的环节是什么，该如何进行创新与优化，从而使得自己的农产品电子商务得到更好发展？

项目评价

一、知识测试

1. 单项选择题（请将正确选项填在括号内）

（1）农产品电子商务通过（　　），从而有效解决流通成本过高、商品信息流动不畅等问题。

A．减少批发商　　　　　B．减少零售商

C．减少农产品经纪人　　D．减少流通中间环节

答案：D

（2）在农产品电子商务模式中，（　　）模式是农产品社区团购、外卖电商等的前身。

A．B2B 模式　　　B．F2C 模式　　　C．O2O 模式　　　D．B2C 模式

答案：C

（3）农产品电子商务 F2C 模式的主要优势是（　　）。

A．物流配送便利快捷　　　　B．标准化程度高

C．快速建立消费者的信任感　D．发展空间大

答案：C

2. 多项选择题（请将正确选项填在括号内）

（1）传统农产品电子商务模式包括（　　）。

A．C2F 模式　B．B2B 模式　C．B2C 模式　D．O2O 模式　E．即时零售

答案：ABCD

（2）新型农产品电子商务模式包括（　　）。

A．生鲜电商　B．外卖电商　C．兴趣电商　D．O2O 模式　E．社区团购

答案：ABCE

（3）不能主动帮助用户发现他们潜在的需求的农产品电子商务模式是（　　）。

A．C2F 模式　B．兴趣电商　C．社区团购　D．生鲜电商　E．外卖电商

答案：ACDE

3. 判断题（正确的在题后括号内写 A，错误的写 B）

（1）相比传统电商，兴趣电商借助短视频、直播工具，更能全面、立体、直观地展示商品，也能开发相关内容增强围绕商品的娱乐性或社交性，使其更具生动性与灵活性，易于激发消费者的兴趣。（　　）

答案：A

（2）农产品 C2B/C2F 模式是农户根据会员客户的订单需求生产农产品，然后通过家庭宅配的方式把自己农庄的产品配送给会员，具有提前定制化生产，经营风险较小的优势。（　　）

答案：A

（3）即时零售具有标准化程度高，物流运输便利快捷等优势。（　　）

答案：B

二、项目测评（技能评价+素质评价）

表 1-3-5　本项目测评表

任务名称	评价内容	分值	评价分数		
			自评	互评	师评
任务 1.3.1 传统农产品电子商务模式选择	自有商业诊断	20			
	传统农产品电子商务模式分析	10			
	传统农产品电子商务模式选择	20			
任务 1.3.2 新型农产品电子商务模式选择	自有商业诊断	20			
	新型农产品电子商务模式分析	10			
	新型农产品电子商务模式选择	20			
	合计	100			

模块二

打造农产品电商产业链

> 目前,农产品电商同质化竞争严重,低价竞争、无序竞争等问题导致竞争成本较高、效益较低。绝大多数农产品企业处于亏损状态,严重影响了农产品电商可持续发展。打造农产品电商产业链体系从农产品生产到消费的各个环节,包括生产、加工、包装、物流、销售等,通过电子商务平台实现一体化连接,在提高农业生产效益、促进农业产业升级、提升农产品品质和品牌形象、适应消费升级趋势等方面有积极作用。农产品电商产业链体系主要包括农业生产环节数字化、初加工环节机械化、农产品流通环节扁平化和农产品销售环节网络化的电商一体化。
>
> 本模块旨在帮助农民解决四大问题:
>
> (1)生产环节如何进行数字化转型,以实现与农产品电商平台信息整合?
>
> (2)加工环节如何提升农产品初加工机械化水平,以达成电商平台农产品资质要求?
>
> (3)流通环节如何实现扁平化运作,以缩短农产品物流距离、降低电商物流成本?
>
> (4)销售环节如何开展农产品互联网营销,用互联网思维赋能销售环节?
>
> 本模块将要学习4个项目、7个任务:

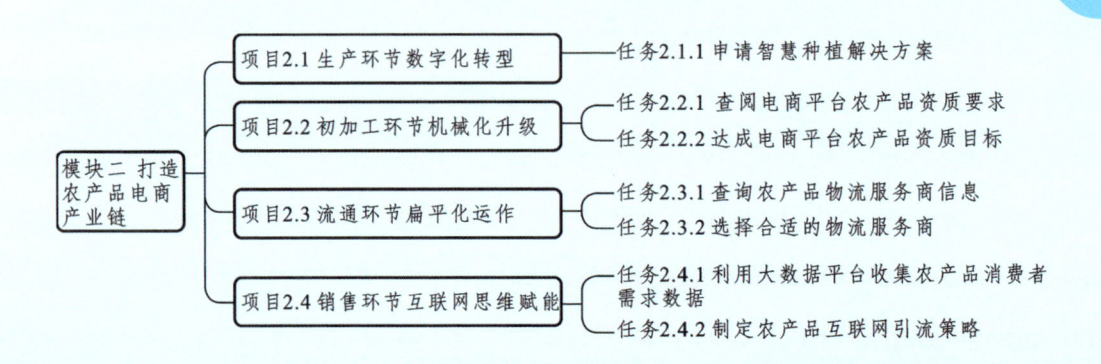

```
模块二 打造   ├── 项目2.1 生产环节数字化转型 ── 任务2.1.1 申请智慧种植解决方案
农产品电商   ├── 项目2.2 初加工环节机械化升级 ┬── 任务2.2.1 查阅电商平台农产品资质要求
产业链      │                         └── 任务2.2.2 达成电商平台农产品资质目标
            ├── 项目2.3 流通环节扁平化运作 ┬── 任务2.3.1 查询农产品物流服务商信息
            │                         └── 任务2.3.2 选择合适的物流服务商
            └── 项目2.4 销售环节互联网思维赋能 ┬── 任务2.4.1 利用大数据平台收集农产品消费者需求数据
                                           └── 任务2.4.2 制定农产品互联网引流策略
```

项目 2.1　生产环节数字化转型

项目描述

农业生产数字化转型是农产品电商一体化的重要基础和支持手段，它是指利用现代信息技术和智能化手段，对传统农业生产方式进行改造和升级，以实现农业生产的自动化、精准化、高效化和可持续化。数字化转型包括多个方面，如物联网、大数据、人工智能等技术的应用，可以帮助农民更好地了解农业生产环境和作物生长状况，提高农业生产效率和管理水平，同时也可以为农产品销售和农业产业升级提供支持。本项目主要围绕农产品电子商务链式体系中生产环节的数字化展开，即农业生产物联网的应用、大数据的应用等，帮助农民优化农业生产计划和管理，提高农业生产效率和管理水平，促进农业产业的升级和转型，实现与农产品电商平台信息对接，提高农产品电商的市场信任度和销售转化率。

项目目标

1. 知识目标

（1）了解物联网技术和大数据技术的概念。
（2）掌握物联网技术在农业生产中的应用，以及与农产品电商平台的信息整合。
（3）掌握大数据技术在农业生产中的应用，包括种植前选种、土壤改良、灾情防治、农产品品质溯源、农产品精准营销等。

2. 能力目标

（1）能够独立登录云平台，熟练操作，找到并浏览智慧种植解决方案的相关页面。
（2）能够根据要求，准确、完整地填写合作申请信息，包括生产经营主体的相关资料，确保信息的真实性和有效性。

3. 素质目标

（1）培养创新思维和创新能力，能够积极探索和应用新技术提高电商效率。
（2）培养团队合作和沟通能力，能够与技术人员和其他相关人员进行合作。
（3）培养职业道德和社会责任感，能够为农业生产的可持续发展做出贡献。

项目情景

数字养殖更精准，"牛背"驮起幸福路[1]

崔同学是山东高青县唐坊镇人，他家原本只有一头黄牛，两年前，看到高青黑牛品牌越

---

[1] 人民政协报：《数字乡村　未来已来》，2023 年 2 月 20 日，http://dzb.rmzxb.com/rmzxbPaper/pc/con/202302/20/content_38373.html。

做越大，他也开始搞起了黑牛养殖。他与某养殖园签订合作协议后，体验到了全新的养殖方式。

小牛一出生就会被植入芯片、戴上"颈圈"，每头牛耳朵上都打上了二维码，养殖区24小时监控，通过"黑牛管家"平台可以监测每一头牛的生长状况。崔同学需要做的就是根据每天的监控提醒，到点给牛投饲料。饲料也是该养殖园根据每头牛的生长周期确定的相应配比，只要把数据传输出去，就会得到对应的饲料，让饲养过程全程标准化、可视化、可追溯。

数字化技术正助力农民养牛方式转型升级。全链路数字化牛肉产业集群就是通过养殖业的数字化建设，实现"肉牛特色产业园+全产业链+全国冷鲜供应链+高端牛肉品牌"四位一体的全程数字化管理，从而实现了对销售市场的精准把握，大大降低了市场价格波动带给养殖户的养殖风险，提高了养殖户的积极性。农民们通过土地流转和合作社的智能化管理，实现了收入增加和村集体增收。通过数字平台开展面向小农户的基础培训，培育懂数字的"新农人"。这种数字化转型不仅提高了农业生产效率，还带动了农民就业增收，助力乡村振兴。

思考：在其他农产品的种养生产环节中，又该如何实现数字化呢？

思政园地

崔同学通过数字化养殖方式的改造，顺利地加入了产业集群，不仅降低了养殖风险，还提高了收入。可见，数字化技术的应用可以帮助农民更加精准地管理农业生产，提高资源利用效率，减少环境污染，实现农业可持续发展。唐坊镇的数字化养牛模式并非只出现在个例中，而是整个山东省农业产业升级的一个缩影。推动产业链融合发展，需要农民积极转变生产观念，主动改变生产方式。数字化技术不仅可以帮助农民提高生产效率，降低成本，同时也可以提高农产品的品质和安全性。这有助于提升农业产业的发展水平，加快乡村振兴的发展进程。

知识储备

一、物联网技术应用和电子商务平台的信息整合

（一）物联网技术的概念

物联网技术是一种通过信息传感设备如射频识别、红外感应器、全球定位系统、激光扫描器等，按照约定的协议，对任何物品进行信息交换和通信，以实现智能化识别、定位、跟踪、监控和管理的一种网络技术。通过物联网技术，可以实现智能化识别、定位、跟踪、监控和管理物品。通过布置各类传感器和设备，实现对农业生产环境和作物生长状况的实时监测和数据采集。这些数据可以通过物联网平台进行处理和分析，帮助农民实时监测和控制农业生产环境，提高农业生产的效率和品质，如种植计划、施肥方案、病虫害防治等。

物联网技术的基本原理是通过射频识别（RFID）、传感器、嵌入式系统、云计算等信息技术，将物体与互联网连接起来，实现物体信息交换和远程控制。物联网技术可以实现物品的

智能化识别、定位、跟踪、监控和管理,提高生产效率、降低成本、减少资源浪费,为农业生产带来便利。物联网技术的主要特点包括:

1. 物体连接

物联网技术将物体与网络连接起来,实现了信息的共享和交换。

2. 实时监控

物联网技术可以实时收集物体的状态和环境信息,实现远程监控和管理。

3. 智能控制

物联网技术可以通过智能控制算法对物体进行自动化控制和调节,提高生产效率和管理水平。

4. 高效协同

物联网技术可以实现多个物体之间的协同工作,提高工作效率和资源利用率。

(二)物联网技术在农业生产中的应用场景

1. 智能温室

通过布置各类传感器,如温度传感器、湿度传感器、光照传感器等,实现对温室环境参数的实时监测和数据采集。根据采集到的数据,可以精准控制温室内的环境因素,为农作物提供最佳的生长环境(如图 2-1-1 所示)。

图 2-1-1 草莓智能温室大棚

2. 智能灌溉

利用物联网技术,通过无线传感器网络对农田进行实时监测,获取土壤水分、温度、养分等参数,根据农作物生长需求和土壤状况自动调整灌溉时间和水量,从而保证农作物得到充足的水分供给,提高水资源利用效率(如图 2-1-2 所示)。

图 2-1-2　农田智能灌溉

3. 智能养殖

在养殖业中，物联网技术同样具有广泛的应用前景。通过安装智能养殖系统，可以实现对养殖环境的实时监测和自动控制，包括自动喂食、自动清理粪便、自动调节温度湿度等，提高养殖效益（如图 2-1-3 所示）。

图 2-1-3　智能养殖场

（三）物联网技术应用的挑战

物联网技术在实际的推广和应用中存在着一些挑战和问题：

1. 技术门槛高

虽然物联网技术具有广泛的应用前景，但其技术门槛较高，需要一定的专业知识和技能才能掌握和应用。因此，农民朋友们需要加强学习，提高技术应用能力。

2. 数据安全问题

物联网技术的应用涉及大量的数据采集和分析，因此数据安全问题是一个需要重视的问题。农民需要采取有效的安全措施和技术手段，保障农业生产数据的安全性和可靠性。

3. 投资成本高

应用物联网技术需要一定的投资成本，如购买传感器、建设网络系统等。因此，需要充分考虑投资成本和经济效益的关系，选择适合的物联网应用方案。

尽管物联网技术的应用存在一些挑战和问题，但随着技术的不断进步和应用场景的不断拓展，相信这些问题会逐步得到解决。

（四）农产品的物联网平台和电子商务平台的信息整合

通过物联网技术支持的农产品电子商务，需要将两类平台的信息整合在一起。比如，从物联网平台收集的农作物生长的图片信息和视频信息主要用于果园和农产品的宣传，而电子商务平台则需要数字信息来进行科学分析和控制作物生长。因此，物联网平台需要将信息分离后传递给电子商务平台（如图 2-1-4 所示）。

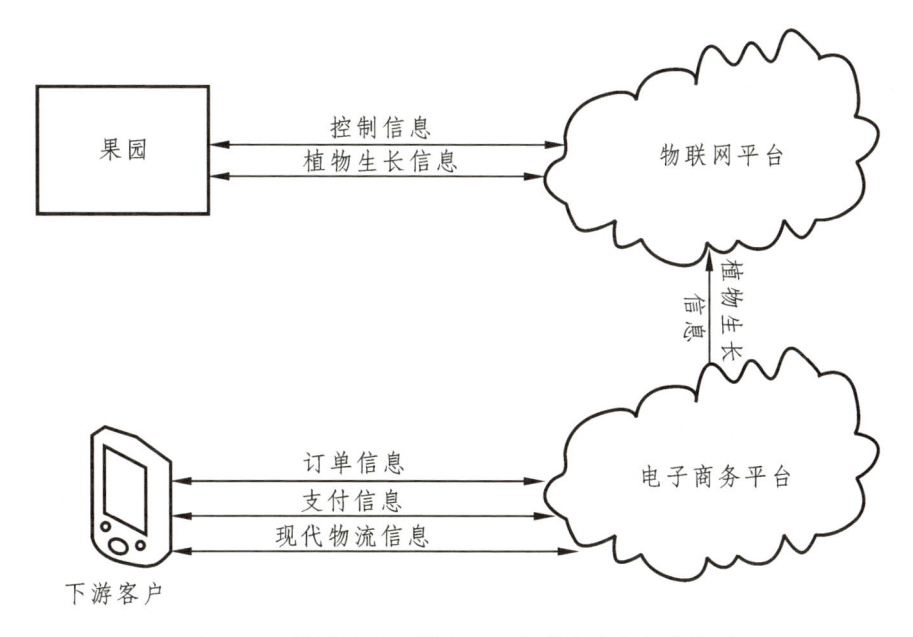

图 2-1-4 果园物联网平台与电商平台信息整合模型

在电子商务平台上，这些信息会被转化为网络营销信息，并通过电商平台进行农产品营销、物流和支付信息的整合，这样能够提高种植基地的管理效率。

为了增强信息的安全性和提高信息的传递效率，物联网平台和农产品电商平台都会建立数据库，并在各自的平台内进行信息管理。两个平台之间共享的数据信息或访问控制，可以通过专门的接口和指定的数据格式建立访问通道并授予访问权限，这样就能实现信息在不同平台间的数据传输和信息整合。

二、大数据技术的应用和与电子商务的融合

大数据技术是一种处理海量数据、提取有价值信息的技术，对推进智慧农业的发展具有较为重要的作用。通过在农业生产中采集、处理、分析与农作物种植、生长相关的海量数据，以更加直观的方式观测农作物生长和变化的趋势，实现农作物各个种植环节的精细化管理，同时根据对农作物销售数据的分析，掌握市场需求的动态变化，合理地制订农业生产计划，做到精准种植。

（一）大数据技术的应用

1. 种植前选种

随着互联网和电子商务的快速发展以及在农村地区的普及，很多农村种植合作社、种植农户开始利用互联网检索、查询农产品销售的市场行情，学习农作物选种知识，并通过电商平台购买种植种子。

借助大数据技术，通过对所在地区的气候条件、水质、土壤环境、种植的农作物种类、受灾与病虫害的相关信息、农产品的销售价格、市场对不同农产品的需求情况等历史数据的采集，然后作预处理及分析，为农民精准推荐种植农作物的种类、种植量、种植时间，匹配种植土壤等信息。与此同时，还可以对市场上现阶段推广的农作物种子进行检测，开展发芽率实验等，通过分析实验数据来进一步确定农作物种子是否进行了杀虫、除霉等处理以及种子的活力如何。相比普通种子，高活力种子的出苗率高，对外界不良环境的抵御能力强，种植后农作物的产量、质量较高。利用大数据技术可以为农民选购适宜种植的农作物种类及良种提供有效帮助。

2. 土壤改良

建立数字土壤数据库，用于存储不同地区土壤的类型、土壤的肥力、水分状况等信息，通过整合、分析上述的土壤数据，并依据不同农作物吸收养分的规律，帮助农民对土壤进行精准施肥，合理灌溉，科学配比土壤养分。

同时，可以开发移动端的土壤改良智能化平台。广大农民能够利用该平台的 App 快速查询农田土壤的相关信息，输入种植农作物信息，就能获得农田平衡施肥的推荐信息，可以在推荐信息的基础上自行设定土壤施肥的各项参数，通过无线网络将最终确定的施肥参数传输到施肥机械的芯片中，由施肥机械自动完成农田土壤的智能化、精准化施肥，减少因盲目施肥造成的浪费及不良后果，增加土壤的有机质，提高土壤肥力。

3. 灾情防治

建立大数据实时监测平台（如图 2-1-5 所示），利用无人机、摄像机等实时拍摄农作物生长环境与情况。通过平台可以观察无人机的工作位置与状态，例如采用圆圈图形表示无人机，用不同颜色区分无人机的工作状态，红色代表等待状态，绿色代表作业状态。实现足不出户，就能够将无人机采集到的信息实时传输至平台的数据库中，通过对实时数据和历史大数据的处理与分析，有效识别农作物病虫害，向农民提供病虫害的相关知识信息及防治措施，并以可视化方式提供病虫害发生发展的形势图。

通过分析气象数据、土壤质量数据和作物生长数据，可以预测天气变化和作物生长情况，

从而调整种植计划和农业生产策略，提高产量和效益。通过分析历史天气数据，可以预测未来的天气情况，例如温度、降雨量等。

图 2-1-5　农业农村大数据平台

4. 农产品品质溯源

为了保证农产品的生产质量，可以利用大数据技术追踪农产品从农田到消费者的全过程。将 RFID 电子标签贴在农产品上，或为每件农产品生成对应的二维码。通过扫描 RFID 标签，在农产品种植、质量检测、加工、储存、运输、消费等各个质量安全的关键环节上不断添加、更新数据，进行全程追踪。利用传感器或农事信息采集系统实时采集并上传追踪的信息，构建安全溯源平台数据库。消费者能够通过上网、短信、扫描二维条码等方式追溯农产品的相关信息，全面了解所购买农产品的质量。农民或商家能够实时、准确地掌握农产品的生长、质量情况及整个供应链上农产品的流向等信息，确保农产品生产、流通等多个环节安全可靠。

5. 农产品精准营销

大数据可以分析市场，包括农产品价格、市场需求量、消费者行为等，可以了解当前的市场需求和价格趋势，例如在预计市场需求量增加的情况下，可以增加种植面积和产量；大数据可以分析不同地区、不同人群的消费习惯和偏好，例如南方人喜欢甜食，北方人喜欢咸食等，可以帮助农民更好地了解不同地区、不同人群的需求和偏好；大数据还可以结合电子商务和物流数据，帮助农民了解当前的市场趋势和未来市场的发展方向，从而更加科学合理地制订销售计划和农业生产计划，调整种植策略。

（二）大数据技术与农产品电子商务的融合

数据成为农产品电子商务的重要战略性资源和技术研究方向，大数据与农产品电子商务的深度融合应用有望成为农产品电子商务发展的加速器。

1. 优化农产品电子商务产业链

农产品电子商务一头连接田间地头的农产品，另一头连接城乡消费者。大数据使农产品电子商务产业链各环节的数据合理有序运载，打通了农产品电子商务产业链的数据通道，改善了信息不对称的现状，促进农产品生产要素之间的流动，并使得农产品电子商务以市场手段合理优化农产品生产要素的配置方式。

2. 实现农产品电子商务宏观预测

运用大数据技术，发挥大数据在指导农产品市场预测、调控方面的作用，可以及时准确地预判农产品电子商务未来市场的发展趋势，从而更好地提升农产品宏观调控和科学决策能力，推进农业供给侧结构性改革。

3. 做好消费洞察

大数据技术可以帮助农民更好地了解消费者的行为，比如，了解消费者的购物目的、购物态度、购物评价、购物行为以及决策过程。通过这些信息，可以建立更加敏捷的农产品电子商务消费者行为决策模型，更好地满足消费者的需求。

同时，大数据技术还可以结合物联网和区块链等技术，实现农产品的追溯。这样可以加强生产者与消费者之间的互动，建立良好的消费信任关系，增加消费者黏性，塑造品牌形象，有助于提高农产品的品牌溢价，为农民带来更多的收益。

任务 2.1.1　申请智慧种植解决方案

【任务目的】

了解农产品智慧种植的意义，提高对农产品数字化生产转型的重视程度。

【任务准备】

- 环境准备：电脑、手机等设备；相关互联网平台，如京东云平台等。
- 资料准备：生产经营主体相关资料等。

【任务实施】

1. 工作流程

登录京东云平台→选择"行业解决方案"→点击"农业—智慧种植"→进入"智慧种植解决方案"页面，查看"方案展示""场景故事"等→点击"快速合作"，填写相关信息→点击"提交"。

2. 操作说明

操作步骤一：在电脑端登录京东云平台（https://www.jdcloud.com/，见图 2-1-6）。

图 2-1-6　京东云首页

操作步骤二：选择"解决方案"下拉列表中的"行业解决方案"，点击"农业-智慧种植"（见图 2-1-7）。

图 2-1-7　京东云行业解决方案选择

操作步骤三：进入"智慧种植解决方案"页面（见图 2-1-8），查看"方案展示"（见图 2-1-9）"场景故事"（见图 2-1-10）等。

图 2-1-8　京东云智慧种植解决方案页面

073

方案展示

图 2-1-9　智慧种植解决方案展示

场景故事

图 2-1-10　智慧种植解决方案场景故事

操作步骤四：点击"快速合作"，填写相关信息，点击"提交"（见图 2-1-11）。

图 2-1-11　快速合作信息填写

【任务评价要点】

(1)能够登录京东云智慧种植解决方案页面,了解"方案展示""场景故事"等信息。
(2)能够填写相关信息,申请京东云智慧种植解决方案。

拓展与思考

在农业生产数字化转型过程中,如何实现农业生产数字化与农产品电商平台信息对接,提高农产品电商的市场信任度和销售转化率?

项目评价

一、知识测试

1. 单项选择题（请将正确选项填在括号内）

（1）以下哪一项不是大数据技术在种植前选种中的应用？（　　）

A. 采集历史数据并进行分析，为农民推荐种植的农作物种类、种植量、种植时间，以及匹配种植土壤等信息。

B. 检测市场上推广的农作物种子，分析其活力、抵御不良环境的能力等。

C. 查询农产品的销售市场行情，学习农作物选种知识，并通过电商平台购买种植种子。

D. 对农作物种植、生长相关的海量数据进行处理、分析，以更加直观的方式观测农作物生长和变化的趋势。

答案：D

（2）如果要了解不同地区、不同人群对农产品的消费习惯和偏好，应该使用哪项技术？（　　）

A. 大数据分析　　　B. 电子商务数据

C. 物联网数据　　　D. 农事信息采集系统

答案：A

（3）下列哪一项不是大数据在农产品电子商务中的应用？（　　）

A. 优化资源配置　　　B. 加强生产者与消费者之间的互动

C. 实现农产品的追溯　　　D. 建立消费者行为决策模型

答案：C

2. 多项选择题（请将正确选项填在括号内）

（1）物联网技术的主要特点包括（　　）

A. 物体连接　　B. 实时监控

C. 智能控制　　D. 高效协同

答案：ABCD

（2）以下哪些是物联网技术在农业生产中的应用场景？（　　）

A. 智能温室　　B. 智能灌溉

C. 智能养殖　　D. 智能照明

答案：ABC

（3）以下哪些是大数据技术在农业生产中的应用？（　　）

A. 通过电商平台购买种植种子。

B. 对农作物种植、生长相关的海量数据进行处理、分析，以更加直观的方式观测农作物生长和变化的趋势。

C. 检测市场上推广的农作物种子，分析其活力、抵御不良环境的能力等。

D. 采集、分析农产品销售数据，掌握市场需求的动态变化，合理地制订农业生产计划。

答案：BCD

3. 判断题（正确的在题后括号内写 A，错误的写 B）

（1）物联网技术和电子商务平台信息整合可以实现农业生产的智能化和精准化。（　　）

答案：A

（2）物联网平台和电子商务平台需要建立各自的数据库以增强信息的安全性和提高信息的传递效率。（　　）

答案：A

（3）通过大数据技术，可以精准推荐种植农作物的种类、种植量、种植时间，匹配种植土壤等信息。（　　）

答案：A

二、项目测评（技能评价+素质评价）

表 2-1-1　本项目测评表

任务名称	评价内容	分值	评价分数		
			自评	互评	师评
任务 2.1.1 申请智慧种植解决方案	能够登录京东云智慧种植解决方案页面，了解"方案展示""场景故事"等信息	50			
	能够填写相关信息，申请京东云智慧种植解决方案	50			
	合计	100			

项目 2.2　初加工环节机械化升级

项目描述

电商平台根据法律规定对经营的农产品品质和规格等都有明确的要求,这使得农产品要实现有效网销,需要通过初加工环节来满足平台要求,而初加工机械化升级是提高农产品品质规格等属性的有效手段。农业农村部发布的《关于加快推进农产品初加工机械化高质量发展的意见》(农机发〔2023〕1号),加大了对农产品初加工薄弱环节的扶持力度,因此划归初加工范畴的加工行业将有可能获得一系列优惠政策支持。本项目主要围绕农产品初加工机械化升级和电商平台农产品资质要求展开。

项目目标

1. 知识目标

(1)了解农产品初加工环节和初加工机械化的基本概念。
(2)理解农产品初加工环节机械化升级的优势。
(3)掌握农产品初加工环节机械化升级的相关技术和设备。
(4)明确电商平台对农产品资质的要求。

2. 能力目标

(1)能够查阅电商平台农产品资质要求。
(2)能够根据电商平台农产品资质要求,制定初加工机械化升级目标。

3. 素质目标

(1)培养农民的创新创业精神,提高他们对农产品初加工环节机械化升级的认识和热情。
(2)加强农民的质量安全意识,遵守国家和平台规范要求。

项目情景

保山澳鑫电子商务有限公司:筑巢引凤归[1]

保山澳鑫电子商务有限公司是一家新型农业企业,通过"园区+合作社+基地+农户+互联网"的运营模式,将当地生产的蔬菜销往省内外,在帮助当地农民群众增收致富、助力乡村振兴的同时,探索出以"互联网+"模式实现产业转型的发展之路。公司现如今已成为产、学、

---

[1] 云南网财经:《【专精特新中小企业风采】保山澳鑫电子商务有限公司:筑巢引凤归》,2022年4月21日,http://finance.yunnan.cn/system/2022/04/21/032038528.shtml。

研、合科技示范平台,打造出绿色农产品种植、加工、网络销售一体化的农产品全周期服务链平台。先后发起成立了6家专业合作社、1家合作联社,以"政府+公司+合作社+基地+农户"五方联动的模式运营。

走进公司的生产车间,到处都弥漫着豌豆的芳香,一条采用机械化生产施甸特产豌豆片的生产线正在马不停蹄地作业,这套设备每天可以生产600多斤豌豆片,生产能力是普通作坊的10倍之多,并且成品的品质和卖相俱佳。它的出现还彻底地打破了施甸豌豆片只能用手工制作的现状,大幅度降低了制作成本。

为实现产品线上销售,澳鑫电子商务有限公司创始人杨嵘平带领公司打造了扶贫832网络销售平台、12316益农信息平台、B2C平台、B2B商家入驻平台。

通过技术改造和互联网平台建设,澳鑫公司帮助当地实现了传统农业生产方式的转型升级。在多年的努力下,公司获得了"国家高新技术企业""国家科技型中小企业"等多项认定,获得8种农产品SC生产许可、10项专利、12个绿色食品、13项软件著作权、24项企业标准、45类型商标。

施甸县水长乡艾家凹易地扶贫搬迁安置点居民杨仕兰说:"原本只有一两亩地,一样种一点,收入也就几千块。现在在澳鑫公司上班,算下来七八十元一天,一年来三百多天左右,算下来(收入)有两万多元,比在家(老家)强得多。"

思考:借鉴保山澳鑫电子商务有限公司的方法,我们可以如何实现初加工环节的机械化升级?

思政园地

公司创始人杨嵘平表示:"看到我周边的群众因为企业的带动,他们日子一天一天好起来,看到他们脸上露出了笑容,我就特别开心了。在杨善洲老书记的精神引领下,我们将会把企业做得更好,让周边的群众也有更多的实惠,让大家过上幸福的生活。"澳鑫在自身发展的同时,始终秉承"得诸社会,还诸社会"的慈善理念,回馈社会。

公司通过科技示范种植和农产品全周期服务链平台的建设,打造了绿色农产品种植、加工、网络销售的一体化模式,可见科技创新对于农业发展的重要性。公司积极承担社会责任,为贫困户提供住房,参与教育、助残、敬老、赈灾等公益慈善活动,展现了企业的社会责任感和公民意识。我们应当关注科技在农业中的应用和创新,积极发挥创新意识和科技素养。同时我们也不难认识到,企业应当在追求经济效益的同时,积极履行社会责任,回馈社会。通过带动当地群众增收致富,为乡村振兴作出贡献。

知识储备

一、农产品初加工环节和初加工机械化的概念

农产品初加工环节是指对农产品进行初步的加工处理,以满足市场需求和消费者需求的过程。这个过程包括了对农产品的分类、清洗、分级、烘干、储存、包装等环节。

农产品初加工环节机械化是利用机械设备代替传统的手工操作，提高生产效率和产品质量。

农产品的分类

二、农产品初加工机械化升级的好处

随着农产品电商的快速发展，农产品初加工环节的机械化升级变得越来越重要。通过机械化的加工方式，可以提高农产品的品质、效率、标准化、创新性，满足市场需求，增加农民收入。

（一）提高农产品品质

机械化的加工方式可以对农产品进行统一、规范的加工处理，提高农产品品质管理的规范性。

（二）提高生产效率

机械化加工可以大幅提高生产效率，减少人力成本，降低农产品的生产成本。

（三）提高标准化水平

通过引入先进的加工技术和装备，可以实现农产品加工过程的自动化和标准化，减少人为操作差异，稳定产品质量。这有助于农产品电商建立统一的产品标准和品牌形象，提高消费者对产品的信任和满意度。

（四）创新产品

机械化的加工方式可以开发出更多具有创新性和差异化的农产品，满足电商市场的发展需求。

（五）拓展市场

通过机械化的加工方式，可以提升农产品的附加值，增加产品的利润空间，满足消费者的多样化需求，扩大农产品的市场占有率，提高农产品电商的盈利能力。

三、农产品初加工环节机械化升级的技术与装备

农产品初加工环节机械化升级能降低农产品产后损失；鲜活农产品干制加工后，有利于长期贮藏，方便运输流通；果蔬进行拣选后再分级包装，能够满足电商市场的不同需求。

（一）粮食类初加工

对于粮食类产品，目前初加工机械化水平已经比较高了。在粮食清选环节，有风筛清选机、重力清选机和色选机等设备。这些机器可以清除杂质，保证粮食的品质。在干燥环节，可以使用烘干机和先进的压缩空气冷冻式干燥机，让粮食保持干燥，防止霉变。在储存环节，有保温仓、标准粮仓和冷库等设施，确保粮食可以安全、长时间地储存。在脱出环节，有碾米加工成套设备、砻谷机和碾米机等机械，帮助粮食快速、高效地脱壳。在破碎环节，可以使用铁辊机和砂辊机等设备，破碎粮食颗粒。此外，还有其他环节的机器，如离心通风机、抛光机、斗式提升机、防堵关风机和包装机等。

那么，对于粮食类初加工，生产经营者还需要哪些技术和装备呢？在清选环节，需要更多的色选机来精确地分选各种米类产品。在脱出环节，需要更高效的碾米机来提升大米加工

的效率。在储存环节，需要标准粮仓、恒温粮仓和冷库等设施来确保粮食的质量。部分经营主体还提出需要大米外观检查仪和食味值检查仪等设备来检查成品米的品质。在包装环节，需要用于米砖真空包装的包装机，让产品更加美观。

（二）水果初加工

目前水果初加工机械化水平还比较低。虽然有一些分级和冷藏环节的机械，但是这些机械的效果并不好，不能准确地区分优劣果品。而且这些机械的购买成本也比较高，没有购机补贴。水果的储藏要求比较高，部分经营主体会自己建造冷藏室，但是清洗、打蜡、干燥等环节仍然没有机械化的设备。

那么，对于水果初加工，生产经营者还需要哪些技术和装备呢？首先，需要一种能够准确区分果品等级的水果分级机，这样可以减少人工分选的工作量。其次，需要更多的冷藏库来储藏水果，保证其新鲜度和品质。

（三）蔬菜初加工

虽然蔬菜初加工机械化起步比较晚，但是现在有一些自动化程度较高的设备，比如洗菜机、多功能切菜机等。这些设备可以快速、高效地清洗和切割蔬菜。此外，还有一些自动化包装设备和保鲜库等设施。

但是随着市场对净菜、预制菜的需求量逐渐提升，各经营主体对各个环节的机械需求量也会随之提升。特别是自动化较高的切、配、洗生产流水线，包装机和冷库等设备的需求量会更高。因此，我们需要不断地探索和创新，开发出更加高效、精准的机械设备来满足市场的需求。

四、电商平台对农产品资质的要求

电商平台对要经营的农产品品质和规格等都有明确的要求，因此农产品电商对选品标准会综合考虑品质优良、规格标准、市场需求、价格合理、适合电商销售、具有特色、产地可靠、品牌知名度高、可持续生产、信息透明等多方面因素，以确保选出的农产品具有市场竞争力并能够满足消费者的需求。

（一）品质优良

所选农产品首先应符合《中华人民共和国农产品质量安全法》和食品安全标准，包括无农药残留、无重金属超标等要求，确保产品的安全性和卫生质量，最好具备高品质、高营养、无公害、绿色环保等优点，能够满足消费者对健康饮食的需求。电商平台在日常会对产品进行质量检测和监督，确保上架的农产品质量合格。

（二）规格标准

所选农产品应按照统一的规格标准进行生产和销售，确保规格一致性和可比性。规格标准包括产品的重量、尺寸、包装等方面，以满足消费者的购买需求和运输要求。

（三）符合市场需求

所选农产品应符合当前市场需求和消费者喜好，能够满足不同年龄、性别、地域、消费层次等群体的需求。

（四）价格合理

所选农产品价格要合理，既不能太高，也不能太低。太高会使得消费者望而却步，太低则可能意味着产品品质的降低。

（五）适合电商销售

所选农产品应具备方便运输、保质期长、不易损坏等特点。例如，生鲜类农产品需要具备冷链物流等配套措施。

（六）具有特色

平台应尽量选择具有特色的农产品，能够吸引消费者的注意，提高产品的竞争力和附加值。

（七）产地可靠

所选农产品应具备可靠的产地，能够提供可信的品质保证和生产背景信息。这有助于提高消费者对产品的信任度和购买意愿。

（八）品牌知名度高

农产品电商应优先选择具有品牌认证的产品进行销售，例如绿色食品认证、有机食品认证等。这些认证可以证明产品的品质和来源，提高消费者的购买信心和满意度。

（九）可持续生产

选品时平台应考虑农产品的可持续生产能力，选择具有长期发展前景的品种，有助于保证供应链的稳定性和可持续性。

（十）信息透明

电商平台要求农产品生产经营者提供详细的产品信息，包括产地、生产日期、保质期等，以及生产经营组织的营业执照、生产许可证等，确保消费者对产品和生产经营者有充分的了解和选择权。同时，平台会建立用户评价系统，鼓励消费者对产品进行评价和分享，提高信息透明度。

任务 2.2.1　查阅电商平台农产品资质要求

【任务目的】

- 重视电商平台对农产品的资质规范要求。
- 能够查阅电商平台农产品资质要求。

【任务准备】

- 环境准备：电脑、手机，相关的农产品，相关电商平台，如淘宝、京东等。
- 资料准备：电商平台商品属性信息等。

【任务实施】

1. 工作流程

查询京东平台商品资质要求：根据网址登录平台→进入京东商家帮助中心→点击商品管理→点击商品资质管理→查询农产品资质要求。

查询淘宝平台商品资质要求：根据网址登录平台→进入淘宝规则页面→点击行业市场→点击市场规范→查询相关行业管理规范要求。

查询淘宝平台商品品质规范要求：点击商品管理→点击商品品质规范→查询商品品质管理规范、生鲜食品品质抽检规范等要求。

查询淘宝网食品发布及资质要求：根据网址登录平台→进入手机端淘宝规则→查询食品发布及资质要求。

2. 操作说明

操作步骤一：查询京东平台商品资质。

查询地址：京东商家帮助中心/商品管理/商品资质管理（见图2-2-1，https://helpcenter.jd.com/issue/issueList?label1Ids=40963）。

图2-2-1　京东商家帮助中心商品资质管理页面

操作步骤二：进入淘宝平台规则页面，点击行业市场-行业规范（见图2-2-2），可查看《淘宝网水果行业管理规范》（见图2-2-3）、《淘宝网食品行业管理规范》《淘宝网种子种苗行业管理规范》等。

图2-2-2　淘宝平台行业市场规范

083

图 2-2-3 淘宝网水果行业管理规范

查询地址为 https://rulechannel.taobao.com/#/rules?cId=1135

操作步骤三：进入淘宝平台规则页面，点击商品管理-商品品质规范，可查看《淘宝网商品品质管理规范》《淘宝网生鲜食品品质抽检规范》等相关文件（见图 2-2-4、2-2-5）。

查询地址为 https://rulechannel.taobao.com/#/rules?cId=1139

图 2-2-4 淘宝平台规则

图 2-2-5 淘宝网生鲜食品品质抽检规范

084

操作步骤四：也可以在手机端对食品发布及资质要求进行查询（见图 2-2-6）。

查询地址为 https://market.m.taobao.com/app/qn/toutiao-new/index-pc.html?spm=a213gs.26037848.0.0.f9a448312xIOfz#/detail/10678228?_k=huwkln

图 2-2-6　淘宝网食品发布及资质查询

【任务评价要点】

（1）能够查阅京东平台商品资质的具体要求。
（2）能够查阅淘宝平台行业规范的具体要求。
（3）能够查阅淘宝平台商品品质规范的具体要求。
（4）能够查阅淘宝平台食品发布及资质的具体要求。

任务 2.2.2　达成电商平台农产品资质目标

【任务目的】

能够通过分析农产品属性，制定初加工机械化升级方案，以达成电商平台农产品资质目标。

【任务准备】

- 环境准备：手机、电脑，相关的农产品，淘宝等电商平台。
- 资料获取：电商平台农产品资质要求，农产品信息等。

【任务实施】

1. 工作流程

分析农产品属性信息→确定机械化升级的方案→选择初加工机械化设备。

2. 操作说明

操作步骤一：填写表 2-2-1，分析农产品属性，以"四川眉山爱媛果冻橙"为例。（填写范例见二维码附表 4）

农产品属性登记表

085

表 2-2-1 农产品属性登记表

产品名称		产品品种	
产品型号		包装方式	
净含量		单果重量	
品牌		产地	
供应商名		热卖时期	
生鲜储存温度		保质期	
果径大小分级		是否有机/无公害	
售卖方式		配送频次	

操作步骤二：根据电商平台生鲜食品品质抽检标准（见表 2-2-2）、农产品特性分析情况和农产品初加工现状，参考表 2-2-3，确定机械化升级的目标。以"四川眉山某家庭农场生产的爱媛果冻橙"为例。

表 2-2-2 淘宝网生鲜食品品质抽检标准（柑橘）

	项目	标准要求	参考标准	违规处理
坏果数/率	收货时严重枯水、水肿变质或腐烂的水果数量/比例	1. 整箱果个数≤4，坏果个数＜1，缺陷果个数＜1，且坏果个数+缺陷果个数＜1； 2. 10≥整箱果个数≥5，坏果个数 ≤1，缺陷果个数≤1，且坏果个数+缺陷果个数≤1； 3. 整箱果个数＞10，坏果个数≤10%，缺陷果个数≤10%，且坏果个数+缺陷果个数≤10%。 同为缺陷果和坏果只计数一次	GB/T 12947-2008 鲜柑橘、NY/T 1190-2006 柑橘等级规格 GB/T 12947-2008 鲜柑橘、NY/T 1190-2006 柑橘等级规格	抽检不合格，依《淘宝网市场管理与违规处理规范》中"描述或品质不符"，按"情节一般"进行处理
缺陷果数/率	收货时不符合果形或果面要求的水果数量/比例，其中： 1. 果形要求：果形正常，具该品种(系)特征，无明显畸形； 2. 果面要求：果面较光洁，允许单果有轻微的霉伤、日灼、干疤、油斑、网纹、病虫斑、药过等缺陷，但单果斑点不超过 6 个。小果型品种每个斑点直径≤2.0 mm；其他果型品种每个斑点直径≤3.0 mm			
规格	单果重	按重量比计，可有≤10%的果品不满足单果重要求		
	果径	按重量比计，可有≤10%的果品不满足大小要求		
净盒量		净含量短缺量≤5%	/	

表 2-2-3　机械化升级方案分析表

平台检验标准要求			是否达到要求（是/否）	机械化升级方案
坏果数/率	收货时严重枯水、水肿变质或腐烂的水果数量/比例	1. 整箱果个数≤4，坏果个数＜1，缺陷果个数＜1，且坏果个数+缺陷果个数＜1； 2. 10≥整箱果个数≥5，坏果个数≤1，缺陷果个数≤1，且坏果个数+缺陷果个数≤1； 3. 整箱果个数＜10，坏果个数≤10%，缺陷果个数≤10%，且坏果个数+缺陷果个数≤10%。 同为缺陷果和坏果只计数一次		提高坏果、缺陷果分拣效率，如选择智能分选设备
缺陷果数/率	收货时不符合果形或果面要求的水果数量/比例，其中，1. 果形要求：果形正常，具该品种(系)特征，无明显畸形； 2. 果面要求：果面较光洁。允许单果有轻微的雹伤、日灼、干疤、油斑、网纹、病虫斑、药迹等缺陷。但单果斑点不超过 6 个，小果型品种每个斑点直径≤2.0mm；其他果型品种每个斑点直径≤3.0mm			
规格	单果重	按重量比计，可有≤10%的果品不满足单果重要求		提高单果重量稳定性，如选择电子果实重量分级机
	果径	按重量比计，可有≤10%的果品不满足大小要求		提高果径大小标准化率，如选择果实尺寸分级机
净含量		净含量短缺量≤5%		

操作步骤三：根据初加工机械化升级方案，选择设备。

【任务评价要点】

（1）能根据参考表格，分析农产品特性，至少能填写 10 个指标信息。

（2）能制定机械化升级方案，至少满足 2 个指标。

拓展与思考

农产品初加工机械化升级对农业生产，以及通过电商平台销售农产品，提高农产品品质和标准化程度有何影响？

项目评价

一、知识测试

1. 单项选择题（请将正确选项填在括号内）

（1）《中华人民共和国农产品质量安全法》对农产品初加工环节主要提出了什么要求？（   ）

A. 提高生产效率　　　　　B. 规范农产品加工过程

C. 降低农产品的生产成本　D. 改善经营环境

答案：B

（2）农产品初加工机械化升级有哪些好处？（   ）

A. 提高农产品的品质　　　B. 提高生产效率

C. 提高标准化水平　　　　D. 以上都是

答案：D

（3）电商平台如何确保上架的农产品质量合格？（   ）

A. 通过销售者的描述　　　B. 通过消费者的评价

C. 通过质量检测和监督　　D. 通过生产者的自我声明

答案：C

2. 多项选择题（请将正确选项填在括号内）

（1）农产品初加工环节包括（   ）环节。

A. 分类　　　　　　　　　B. 清洗

C. 分级　　　　　　　　　D. 烘干

E. 储存　　　　　　　　　F. 包装

答案：ABCDEF

（2）具有哪些特点的农产品更适合在电商平台上销售？（   ）

A. 方便运输　　　　　　　B. 保质期长

C. 不易损坏　　　　　　　D. 高价格

答案：ABC

（3）以下属于粮食类初加工设备的有（   ）。

A. 风筛清选机　　　　　　B. 重力清选机

C. 烘干机　　　　　　　　D. 色选机

E. 碾米机　　　　　　　　F. 米砖真空包装机

答案：ABCDEF

3. 判断题（正确的在题后括号内写 A，错误的写 B）

（1）农产品初加工机械化升级有助于提高农产品的品质和效率。（   ）

答案：A

（2）目前粮食类初加工机械化水平还比较低。（　　）

答案：B

（3）电商平台在选择农产品时，只需要考虑产品的质量和价格，其他因素都不重要。（　　）

答案：B

二、项目测评（技能评价+素质评价）

表 2-2-4　本项目测评表

任务名称	评价内容	分值	评价分数 自评	评价分数 互评	评价分数 师评
任务 2.2.1 查阅电商平台农产品资质要求	能够查阅京东平台商品资质的具体要求	15			
	能够查阅淘宝平台行业规范的具体要求	15			
	能够查阅淘宝平台商品品质规范的具体要求	15			
	能够查阅淘宝平台食品发布及资质的具体要求	15			
任务 2.2.2 达成电商平台农产品资质目标	能根据参考表格，分析农产品特性，至少能填写 10 个指标信息	25			
	能制定机械化升级方案，至少满足 2 个指标	15			
合计		100			

项目 2.3　流通环节扁平化运作

项目描述

随着我国电子商务的发展，当前我国农产品流通已经形成了区域化生产、全国性消费的格局。农产品流通效率的提高意味着农产品能够更快地到达消费者手中，满足市场需求，提高销售额。近期，交通运输部办公厅会同发展改革委办公厅、财政部办公厅、农业农村部办公厅印发《关于进一步提升鲜活农产品运输"绿色通道"政策服务水平的通知》，该政策对于农产品稳供保价、畅通循环、降低流通成本、增加农民收入、构建全国统一大市场都具有重要作用。本项目主要围绕农产品流通扁平化运作方式、提升物流配送服务等主要内容展开。

项目目标

1. 知识目标

（1）了解农产品流通扁平化、扁平化运作模式的基本概念。
（2）掌握农产品流通扁平化运作方法。
（3）掌握提升物流配送服务的方法。

2. 能力目标

（1）能够选择合适的物流公司和配送方式。
（2）能够优化配送路线、减少运输成本。

3. 素质目标

（1）培养创新精神，能够不断探索新的方法和技巧，提高农产品流通效率。
（2）树立绿色发展理念，能够为提高农产品流通效率贡献自己的力量。

项目情景

打造"流通助理"队伍　助力山乡巨变[1]

2021年3月，习近平总书记到福建考察南平市时强调，要坚持绿色发展方向，强化品牌意识，优化营销流通环境，打牢乡村振兴的产业基础。[2]南平市不断把选派"流通助理"工作

---

[1] 大武夷新闻网：《南平市商务局：打造"流通助理"队伍　助力山乡巨变》，2023 年 12 月 12 日，https://www.greatwuyi.com/info/content/2023-12/12/content_1500360.html。
[2] 南平市人民政府网：《奋进在春风里（综述）｜福建南平：振兴路上 茶香四溢》，2024 年 3 月 22 日，https://www.np.gov.cn/cms/html/npszf/2024-03-22/1866148017.html。

做深做实，着力提升农货流通"组织化"。依托流通助理引导和帮助农民建立行业协会、专业合作社等新型流通中介组织，通过把分散的农户组织起来，结成利益共同体。通过牵头组建专业合作社，实施"集体+公司+农户"三变改革，提高农业生产的规模化、标准化和集约化水平，市场竞争力显著增强。

南平市始终将"积极引导农民大力拓展市场，把农产品卖出去、卖出好价钱"作为流通助理开展工作的主要目标任务之一，鼓励流通助理通过产销对接、招商引荐、品牌建设等方式，搭建流通平台，更好解决农产品终端销售问题。通过构建产销联络平台，畅通市场信息，促进了农产品流通和农村市场化进程。如建阳区流通助理引导30多家合作社（农户）与万商惠购超市签约合作，设立超市"助农专区"，直采蔬菜水果品类达130余种，涵盖带动11个乡镇、30多家种植户，交易金额超800万元。通过构建招商引荐平台，拓宽农货销售渠道。如流通助理通过驻沪招商专员引进上海明康汇生态农业集团，与南平市多个县（市、区）签订战略合作协议和产品采购协议，帮助南平优质"土特产"走出山区。通过构建区域公用品牌平台，不断提升农货产值。流通助理们帮助农户注册商标、申请认证，协助创建"武夷山水""建字号""南武夷""政和我意""樵夫家园"等区域公用品牌120多个。通过构建农货实体销售平台，持续补齐县域商业基础设施短板，有效解决农产品销售难题。

利用电子商务进农村示范县等项目载体，南平市鼓励流通助理积极搭建网销平台、培育新农人，系统推进农村电子商务服务体系建设。通过搭建网销数字化平台，缩短流通服务的"最后一米"。如，延平区流通助理探索搭建线上商城、区块链认养流通平台，对接26家农业基地，助推农产品销售金额达6165万元。

思考：南平市是如何实现农产品流通环节扁平化运作的？

思政园地

南平市通过引导农民建立行业协会、专业合作社等新型流通中介组织，提高农业生产的规模化、标准化和集约化水平，奠定了绿色发展和乡村振兴的产业基础。

南平市流通助理们探索搭建线上商城、区块链认养流通平台等新模式，缩短流通服务的"最后一米"，为农产品流通注入新的活力，体现了创新精神在农产品流通中的重要性。

知识储备

一、农产品流通扁平化和扁平化运作模式的概念

农产品流通简单讲是指农产品从生产到销售整个流程的物质化，包括农产品的收购、运输、储存、销售等一系列环节。农产品流通扁平化是指减少农产品流通的中间环节，使供应链更加直接和高效。具体来说，就是通过优化供应链，减少中间商环节，降低成本，提高农产品流通的效率和效益。同时，通过与电商平台的合作，建立直销渠道，为消费者提供更加方便和优质的服务。这种模式有助于促进农业的发展和升级，推动电商行业的创新和发展。

农产品流通扁平化运作模式是一种将供应链各主体融合在一起，集中信息、技术和商业应用环境，以消费者体验为中心，重新构建供应链运作方式的模式。在这个模式中，供应链的各个环节，包括生产、营销和管理，都被整合在一起，以提高整个链条的运作效率。

对于生产环节，这种模式主要基于体验式消费。这意味着农民可以通过社群媒体等媒介，直接与消费者对接，了解消费者的需求和反馈，然后根据这些信息来调整和优化农产品的生产。

在营销环节，这种模式注重场景化消费。这意味着农民可以为消费者提供一个与农产品相关的特定场景，让消费者更好地理解和体验农产品的价值。这可以帮助农民更好地将产品推销给消费者，促进供需的有效对接。

在管理环节，这种模式以供应链各主体的融合发展为基础。农民可以与其他主体合作，共同管理农产品供应链。这种合作方式以消费者的期望为驱动力，让每个主体都更加关注消费者的需求和体验，从而实现流通供应链各主体的综合化管理。

总的来说，农产品流通扁平化运作模式的核心是供应链各主体的合作和消费者的体验。这种模式不仅关注产品的生产和价格，更关注如何更好地满足消费者的需求和期望。通过优化生产、营销和管理环节，这种模式可以帮助农民提高农产品的价值，增强供应链各主体的合作能力，最终实现更好的经济效益。

二、采用"互联网+"方式重塑扁平化农产品流通运作模式

通过采用"互联网+"方案、拓展销售渠道、建立产销直供体系和提供完善的售后服务支持，生产经营者可以使农产品流通更加高效和扁平化，为农民带来更多的收益和便利。

（一）优化供应链

在农产品供应链中，采用"互联网+"方案可以更好地连接供应商、物流公司等主体的合作关系，如建立数字化平台，将供应商、物流公司等主体连接在一起，使各方能够实时共享信息、协同工作；将农产品的采购、仓储、物流等环节进行数据共享，使各方可以更好地了解供应链的运作情况，提高供应链的透明度，减少信息不对称，增强各方的信任和合作；利用大数据分析技术，对农产品销售数据进行实时监控和分析，为供应商和物流公司提供决策支持；引入第三方监管机构对供应链进行监管，提高供应链的透明度和公信力。通过实施"互联网+"方案，可以减少冗余环节，提高流通效率，确保农产品的采购、仓储、物流等环节高效运作。这意味着生产经营者可以更快速、更直接地让农产品从农田到达消费者手中。

（二）线上借助电商平台、线下提升用户体验，建立一体化运营体系

传统线上零售商正在积极拓展农产品线下消费终端。线上通过电商平台发布产品信息，吸引消费者关注，处理订单，完成交易。此外，可以利用平台的数据分析功能，对销售数据进行监控和分析，为运营决策提供支持。线下则通过不断优化服务，提升消费者的购物体验来增加市场份额和供应链议价能力。这样，可以拓展销售渠道，进一步推动农产品流通供应链的扁平化。

（三）依托智慧物流体系，提供高效的物流配送服务

与物流公司合作，借助智慧物流体系，可以组建一个产销一体化的供应模式。依托物流公司高效的物流网络，提供快速的配送服务。确保农产品能够及时送达消费者手中，提高客户满意度。同时，注重物流配送的准确性和安全性，避免货物损失和延误。

（四）提供完善的售后服务支持

通过设立客服中心、提供售后服务热线等方式，为消费者提供及时的帮助和支持。解决消费者在购买过程中遇到的问题，提高客户满意度和忠诚度。

三、提高物流配送服务能力的方法

提高物流配送服务能力需要从了解物流配送服务、提升农产品品质、选择合适的物流服务商、建立良好的合作关系、掌握农产品包装技能以及了解市场动态和客户需求等方面入手。这些措施可以帮助农民更好地完成农产品的配送工作，提高市场竞争力和客户满意度。

（一）了解物流配送服务

物流配送在《物流术语》中的定义为："在经济合理区域范围内，根据客户要求，对物品进行拣选、加工、包装、分割、组配等作业，并按时送达指定地点的物流活动。"简单地说，就是根据客户的需求，对农产品进行必要的处理和包装，然后按时送达到客户手中。

（二）提升农产品品质

农产品品质是物流配送服务的基础。农民需要注重农产品的品质管理，包括农产品的采摘、加工、包装等环节。通过提升农产品品质，可以减少在物流过程中农产品的损坏和变质，提高客户满意度。提升农产品品质以提高物流配送服务需要从多个方面入手，包括优化品种选择、标准化种植、科学施肥、病虫害防治、严格采摘标准、引入质量检测等。

具体地讲，选用优质种子，即选择抗病性强、产量高、品质优良的种子，从源头上保证农产品的品质；标准化种植，即制定并执行农作物的种植标准，包括施肥、浇水、除草等环节，确保农产品生长环境的一致性，提高整体品质；科学施肥，即根据农作物的生长需求，科学施肥，避免过量施肥导致农产品品质下降；病虫害防治，即采取有效的病虫害防治措施，减少农药的使用，降低农药残留，提高农产品的安全性；严格采摘标准，即制定农产品的采摘标准，确保农产品在最佳的成熟度时被采摘，提高产品质量；引入质量检测，即在农产品采摘后，进行质量检测，如农药残留、重金属含量等，确保农产品符合食品安全标准。

（三）选择合适的物流服务商

目前，能够提供农产品物流服务的公司包括京东物流、顺丰速运、中通快递、中国邮政等。这些公司通常提供专门的农产品物流服务，包括冷链运输、农产品包装等。（见图2-3-1、2-3-2）

选择合适的农产品物流服务商需要考虑服务质量和效率、成本和价格、适应性和灵活性、可靠性和稳定性、信息化管理和数据共享以及可持续发展和社会责任等多个方面。通过综合

比较和分析这些因素,可以找到适合自己农业生产的物流服务商,实现农产品流通的扁平化,提高农产品的品质和市场竞争力。

（1）选择服务质量和效率高的物流服务商，能够保证农产品的快速、安全、准确地送达目的地。在选择物流服务商时，可以通过了解物流服务商的信誉、客户评价等信息，或者与其进行沟通了解其服务内容和标准。

（2）选择价格合理、成本较低的物流服务商，可以降低农产品的流通成本，提高收益。需要比较不同物流服务商的价格和成本，同时考虑农产品的特性、数量、运输距离和时间等因素，选择性价比高的物流服务商。

图 2-3-1　京东物流生鲜特快

图 2-3-2　京东物流增值服务

（3）选择适应性强、灵活性好的物流服务商，能够满足农民的多样化需求。例如，有些物流服务商可以提供定制化的服务，如特定时间的配送、特殊包装等，这些服务可以提高农产品的附加值和市场竞争力。

（4）选择可靠性高、稳定性好的物流服务商，可以保证农产品的流通渠道畅通。需要了解物流服务商的历史表现、运输能力和稳定性等方面的信息，以确保农产品能够按时送达目的地。

（5）选择具备信息化管理能力和数据共享的物流服务商，可以更好地跟踪农产品运输和配送的情况，减少信息不对称带来的风险。同时，也可以通过数据共享更好地了解市场需求和农产品销售情况，调整农业生产和管理策略。

（6）在选择物流服务商时，可以考虑其可持续发展和社会责任的情况。一些物流服务商可能会采用环保材料和节能设备，减少对环境的影响；同时也会关注员工福利和社区发展等问题。这些因素可以反映物流服务商的综合素质和社会责任感，也是选择合适物流服务商的重要考虑因素之一。

（四）与农产品物流服务商建立良好的合作关系

在确定合作关系后，需要与物流服务商签订合同，明确双方的责任和义务。合同中应包括农产品的种类、数量、运输方式、时间要求、价格、赔偿等条款，以确保双方的权益得到保障。在合作过程中，双方需要建立信任和互惠关系。农民可以提供稳定的农产品供应，而物流服务商则需要提供及时、准确的农产品运输和配送服务。双方可以在合作中相互支持、共同发展，以确保农产品在运输过程中的安全和及时送达。

（五）掌握农产品包装技术

农产品包装是物流配送的重要环节，需要掌握正确的包装技术，如选择合适的包装方式和材料、确定包装大小和形状、保证农产品安全等，以达到电商物流的要求（见表2-3-1、表2-3-2）。农产品具有易腐烂、易变质的特点，需要掌握保鲜技术，如冷藏、保鲜袋、保鲜剂等，以保证农产品在运输过程中的新鲜度和品质（见表2-3-3）。

表 2-3-1　农产品包装方式及作用

包装方式	作用
真空包装	将农产品放入真空袋中，排出空气，以延长保质期
气调包装	调节包装内的气体比例，如氧气、二氧化碳等，以减缓农产品的呼吸作用，从而延长保质期
防潮包装	将农产品放入防潮包装袋中，以保护农产品不受水分影响
防霉包装	在农产品表面涂覆防霉剂，以防止霉菌生长
防虫包装	在包装材料中添加驱虫剂，以防止害虫侵蚀农产品
普通包装	将农产品放入纸箱、编织袋等包装材料中，以保护农产品不受外界环境影响
缓冲包装	在农产品与外部环境之间设置缓冲材料，以减轻外部压力对农产品的影响
可降解包装	使用可降解材料制作包装，以减少对环境的影响

表 2-3-2　主要农产品推荐电商包装技术

蔬菜名称	适宜外包装方式	适宜内包装方式
番茄	塑料筐、塑料箱、纸质包装箱、泡沫箱	纸质包装盒、泡沫箱、托盘+保鲜膜包装、托盘+网套衬+保鲜膜、槽型塑料盒、托盘+网套+保鲜膜、保鲜袋
甜玉米	保鲜袋、网袋、薄膜袋、保鲜膜、专用微波膜、气调包装等	纸箱、塑料箱、泡沫箱、塑料网袋和塑料袋
草莓	塑料盒、纸质包装箱、泡沫箱	纸盒+海绵、塑料盒+网套、塑料盒+薄膜
大型西瓜	塑料筐、塑料箱、纸质包装箱、泡沫箱等	纸盒+泡沫+充气柱、纸盒+充气柱、纸盒+网套、纸盒+泡沫+网套包装

表 2-3-3　蔬菜、甜玉米、草莓、西甜瓜等农产品保鲜技术标准

产品	保鲜温度及安全保鲜时间			
	5±2 ℃	10±2 ℃	15±2 ℃	20±2 ℃
红熟番茄	30 天	15 天	11 天	7 天
绿熟番茄	4 天（冷害）	26 天	15 天	9 天
甜玉米	21 天	6 天	3 天	2 天
草莓	8 天	5 天	3 天	2 天
西瓜		12 天	20 天	13 天

（六）了解市场动态和客户需求

了解市场动态和客户需求是提高物流配送服务能力的关键。农民可以通过多种方式了解市场信息和客户需求，如建立销售网络和渠道、参加展览会和交易会、建立客户反馈机制、关注行业资讯和媒体报道以及加入行业协会和组织等。通过不断学习和改进服务，可以提高物流配送服务能力，增加农产品销售量和市场份额。具体方法有：

（1）建立销售网络和渠道：建立多种销售网络和渠道，如线上销售平台、批发市场、超市等，从平台客户信息反馈、渠道商以及市场销售信息反馈中了解市场信息和客户需求。通过与销售渠道的紧密合作，提高信息获取意识，及时获取市场信息和客户需求，为提高物流配送服务能力提供有力支持。

（2）参加农产品展览会和交易会：参加各种农产品展览会和交易会，与来自各地的农产品供应商、采购商和行业专家交流，了解最新的市场动态和客户需求。通过展示自己的农产品和物流配送服务，可以吸引更多的客户和业务机会。

（3）建立客户反馈机制：通过收集平台客户评价、建立客户社群收集信息、开展客户满意度调查、与客户谈话等方式，建立客户反馈机制，及时收集客户的意见和建议，了解客户对物流配送服务的满意度和需求。通过分析客户反馈信息，发现自身服务中的不足和问题，并及时改进和优化服务。

（4）关注行业资讯和媒体报道：通过关注行业公众号、官方网站、媒体报道等，了解最新的市场趋势、政策法规和行业动态。通过阅读相关媒体报道和分析市场趋势，可以更好地把握市场需求和客户需求，为提高物流配送服务能力提供有力支持。

（5）加入行业协会和组织：通过加入相关的行业协会和组织，与其他业内人士交流经验和技术，获取更多的行业信息和资源。通过与同行业的合作和交流，可以拓展业务范围和提高物流配送服务能力。

任务 2.3.1　查询农产品物流服务商信息

【任务目的】

- 了解农产品物流服务商的基本信息。
- 掌握查询物流服务商的方法和技巧。

【任务准备】

- 环境准备：电脑、手机，相关的物流服务商网站，如京东物流、顺丰物流、中国邮政等。
- 资料准备：相关农产品信息等。

【任务实施】

1. 工作流程

（1）查询京东物流农产品配送服务：根据网址登录平台→进入京东物流官网→点击"关于京东物流"，查看基本信息→点击"服务与产品"，查看仓配服务、快递服务、冷链服务等信息→点击"服务支持"，查看快递服务、查询服务、商家服务等信息。

（2）查询顺丰速运农产品配送服务：根据网址登录平台→进入顺丰速运官网→点击"关于我们"，查看基本信息→点击"物流服务"，查看即时配、快递服务、冷运服务、增值服务等信息→点击"服务支持"，查看寄件、服务查询、顺丰企业平台等信息。

（3）查询中国邮政农产品配送服务：根据网址登录平台→进入中国邮政官网→点击"关于我们"，查看基本信息→点击"产品服务"，点击"包裹快递"，查看产品介绍、服务与支持等信息→点击"速递物流"，查看产品服务、服务支持等信息。

2. 操作说明

（1）操作步骤一：查询京东物流。查询地址：https://www.jdl.com/（见图 2-3-3）。

图 2-3-3　京东物流官网

097

操作步骤二：点击"关于京东物流"，查看基本信息，如企业介绍等，见图2-3-4。

图 2-3-4　京东物流企业介绍等信息查询

操作步骤三：点击"服务与产品"，查看仓配服务、快递服务、冷链服务等信息，见图2-3-5。

图 2-3-5　京东物流服务信息查询

操作步骤四：点击"服务支持"，查看快递服务、查询服务、商家服务等信息，见图2-3-6。

图 2-3-6　京东快递服务、查询服务、商家服务信息查询

（2）操作步骤一：查询顺丰速运，查询地址：https://www.sf-express.com/chn/sc（见图2-3-7）。

图 2-3-7　顺丰速运官网

098

操作步骤二：点击"关于我们"，查看基本信息，如关于顺丰等，见图2-3-8。

图 2-3-8　顺丰速运企业介绍等信息查询

操作步骤三：点击"物流服务"，查看即时配、快递服务、冷运服务、增值服务等信息，见图2-3-9。

图 2-3-9　顺丰速运物流服务信息查询

操作步骤四：点击"服务支持"，查看寄件、服务查询、顺丰企业平台等信息，如图2-3-10。

图 2-3-10　顺丰速运寄查件、服务查询、企业服务平台等信息查询

（3）操作步骤一：查询中国邮政。

查询地址：http://www.chinapost.com.cn/（见图2-3-11）。

图 2-3-11　中国邮政官网

操作步骤二：点击"关于我们"，查看基本信息，如公司简介等，见图2-3-12。

图 2-3-12　中国邮政企业介绍等信息查询

操作步骤三：点击"产品服务"，点击"包裹寄递"，查看产品介绍、服务与支持等信息，见图2-3-13、2-3-14、2-3-15。

图 2-3-13　中国邮政包裹寄递查询

图 2-3-14　中国邮政快递包裹信息查询

图 2-3-15　中国邮政服务与支持信息查询

操作步骤四：点击"速递物流"，查看产品服务、服务支持等信息，见图 2-3-16、2-3-17。

图 2-3-16　中国邮政速递物流产品服务信息查询

101

图 2-3-17　中国邮政速递物流服务支持信息查询

【任务评价要点】

（1）能够查阅京东物流、顺丰速运和中国邮政的服务范围。
（2）能够查阅京东物流、顺丰速运和中国邮政的包装类型及收费标准。
（3）能够对京东物流、顺丰速运和中国邮政进行快递查询。
（4）能够查阅京东物流、顺丰速运和中国邮政的其他增值服务等。

任务 2.3.2　选择合适的物流服务商

【任务目的】

能够根据服务质量和效率、价格、信誉等方面要求，选择合适的物流服务商。

【任务准备】

- 环境准备：电脑、手机，相关的物流服务商网站，如京东物流、顺丰速运、中国邮政等。
- 资料准备：相关农产品信息等。

【任务实施】

1. 工作流程

查询物流服务商网站信息→填写分析表→确定物流服务商。

2. 操作说明

以"四川眉山爱媛果冻橙从四川眉山产地寄运到上海浦东区某消费者家中"为例，选择物流服务商。

操作步骤一：登录京东物流，输入相关寄送信息，查询物流服务信息，见图 2-3-18。

图 2-3-18　京东物流服务信息查询

登录顺丰速运，输入相关寄送信息，查询物流服务信息，见图 2-3-19。

图 2-3-19　顺丰速运服务信息查询

登录中国邮政，输入相关寄送信息，查询物流服务信息，见图 2-3-20。

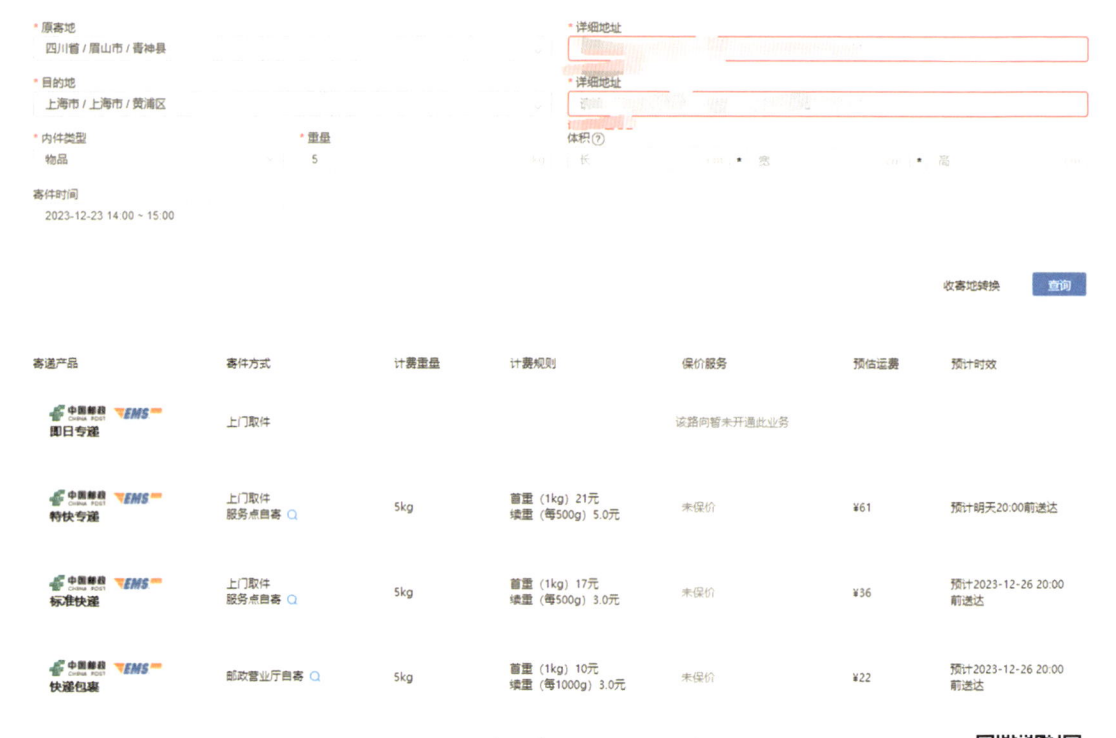

寄递产品	寄件方式	计费重量	计费规则	保价服务	预估运费	预计时效
中国邮政 EMS 即日专递	上门取件			该路向暂未开通此业务		
中国邮政 EMS 特快专递	上门取件 服务点自寄	5kg	首重 (1kg) 21元 续重 (每500g) 5.0元	未保价	¥61	预计明天20:00前送达
中国邮政 EMS 标准快递	上门取件 服务点自寄	5kg	首重 (1kg) 17元 续重 (每500g) 3.0元	未保价	¥36	预计2023-12-26 20:00前送达
中国邮政 EMS 快递包裹	邮政营业厅自寄	5kg	首重 (1kg) 10元 续重 (每1000g) 3.0元	未保价	¥22	预计2023-12-26 20:00前送达

图 2-3-20　中国邮政服务信息查询

操作步骤二：查询物流服务商网站相关信息，并参考范例填写表 2-3-4。（填写范例见二维码附表 5）

物流服务商对比信息表

表 2-3-4　物流服务商对比信息表

服务商	产品类型	寄件方式	预计到达时间	预估价格（元）	计费重量	计费明细

操作步骤三：根据以上信息表和客户需求等因素，确定物流服务商。

【任务评价要点】

（1）能根据寄送信息，在物流服务商网站查询相应物流服务信息。

（2）能参考表 2-3-4，对比分析至少 2 家物流服务商，并确定合适的物流服务商。

拓展与思考

在当前我国农产品区域化生产、全国性消费的流通格局下，农产品电商可以采取哪些手段形成扁平化运作模式？

项目评价

一、知识测试

1. 单项选择题（请将正确选项填在括号内）

（1）农产品流通扁平化运作模式中，哪一环节主要基于体验式消费？（　　）

A. 生产　　　　　　　　　B. 营销
C. 管理　　　　　　　　　D. 配送

答案：B

（2）农产品流通扁平化运作模式的核心是（　　）。

A. 生产环节基于体验式消费
B. 营销环节注重场景化消费
C. 管理环节实现共同管理
D. 供应链各主体的合作和消费者的体验

答案：D

（3）在物流配送中，农产品的包装主要起到（　　）作用。

A. 增加产品美观度
B. 保护农产品在运输过程中的安全
C. 提高农产品价格
D. 促进销售

答案：B

2. 多项选择题（请将正确选项填在括号内）

（1）下列哪些属于农产品流通扁平化运作模式的特点。（　　）

A. 减少中间环节　　　　　B. 提高流通效率
C. 增加信息不对称　　　　D. 增强各方的信任和合作
E. 优化生产、营销和管理环节

答案：ABDE

（2）在农产品流通中，哪些主体可以融合在一起。（　　）

A. 供应商　　　　　　　　B. 物流公司
C. 电商平台　　　　　　　D. 消费者
E. 农民

答案：ABCE

（3）在选择物流服务商时，需要考虑哪些因素？（　　）

A. 服务质量和效率　　　　B. 价格和成本
C. 适应性和灵活性　　　　D. 可靠性和稳定性
E. 信息化管理和数据共享

答案：ABCDE

3. 判断题（正确的在题后括号内写 A，错误的写 B）

（1）农产品流通扁平化是指减少农产品流通的中间环节，使供应链更加直接和高效。（   ）

答案：A

（2）"互联网+"方案可以更好地连接供应商、物流公司等主体的合作关系。（   ）

答案：A

（3）选择物流服务商时，价格是唯一重要的考虑因素。（   ）

答案：B

二、项目测评（技能评价+素质评价）

表 2-3-5　本项目测评表

任务名称	评价内容	分值	自评	互评	师评
任务 2.3.1 查询农产品物流服务商信息	能够查阅京东物流、顺丰速运和中国邮政的服务范围	15			
	能够查阅京东物流、顺丰速运和中国邮政的包装类型及收费标准	15			
	能够对京东物流、顺丰速运和中国邮政进行快递查询	15			
	能够查阅京东物流、顺丰速运和中国邮政的其他增值服务等	15			
任务 2.3.2 选择合适的物流服务商	能根据寄送信息，在物流服务商网站查询相应物流服务信息	15			
	能参考表 2-3-4，对比分析至少 2 家物流服务商，并确定合适的物流服务商	25			
合计		100			

（表头"评价分数"跨"自评 互评 师评"三列）

项目 2.4　销售环节互联网思维赋能

项目描述

随着互联网技术的快速发展，传统的农产品销售模式正在经历深刻的变革。在这个过程中，互联网思维起到了关键的赋能作用，为农产品销售带来了无限可能。本章节将深入探讨如何运用互联网思维赋能农产品销售环节。本项目主要围绕树立互联网思维、用互联网思维策划农产品营销等主要内容展开。

项目目标

1. 知识目标

（1）了解互联网思维的基本概念和特点。
（2）掌握互联网思维在农产品销售中的应用策略。

2. 能力目标

（1）能够运用大数据平台了解农产品互联网市场信息。
（2）能够运用互联网思维制定农产品引流策略。

3. 素质目标

（1）培养互联网思维意识，能够灵活运用互联网思维解决农产品销售问题。
（2）提高市场敏感度和商业洞察力，使其能够快速适应农产品市场的变化。
（3）强化用户意识，提升服务水平，增强用户满意度。

项目情景

广东农业元宇宙虚拟人来了[①]

近来，广东率先实现农业元宇宙"破冰"，在广东省农业农村厅指导下，南方农村报推出了首个农业虚拟人物"小柑妹"（如图 2-4-1），并探索构建一个农业元宇宙，让真实世界的信息在虚拟世界得到补充，打造真人与虚拟人的互动场景。在 50 秒短视频中，"小柑妹"溜进了广东德庆贡柑园，与德庆新农人陈慧在贡柑园里互动，还带陈慧走进了虚拟世界。

[①] 南方网：《首个农业元宇宙虚拟人是广东妹！她带着什么基因？》，2022 年 1 月 12 日，https://country.southcn.com/xczx/052db9d4d6.shtml。

图 2-4-1　虚拟人"小柑妹"

视频中的"小柑妹"长相清秀，一双大眼睛中瞳孔分明，盘着头，头上别着柑橘样式的发卡，声音甜美。她在虚拟与现实世界中来回穿梭，与陈慧在贡柑园中实现了超时空互动，如图 2-4-2。

图 2-4-2　"小柑妹"身份信息

虚拟人作为元宇宙重要的赛道，能够为元宇宙带来丰富的内容和沉浸式的体验。服务型虚拟人是目前在传统领域应用较多的虚拟人，即通过打造特定应用场景的虚拟人，以此提升用户的业务体验。"小柑妹"将以虚拟管家的身份，为消费者提供贡柑认养后的远程智慧管理服务，赋能农场主的贡柑园数字化管理。

广东迈出了农业元宇宙开发的第一步。通过构建农业元宇宙，丰富人类与虚拟世界的互动方式，有机会实现元宇宙的多场景体验。广东省农业农村厅相关负责人表示，元宇宙有潜力帮助整个农业提升效率，加速农业现代化。

思考：如何运用互联网思维创新赋能农产品销售环节？

思政园地

广东农业元宇宙虚拟人的探索和实践通过引入新技术和新模式，打破传统农业的限制，体现了创新思维。农业元宇宙虚拟人的应用涉及多个领域，如虚拟现实技术、人工智能、农业管理等，这是跨界融合的典范，互联网赋能需要多学科多领域的综合运用，共同推动农业现代化发展。

但在虚拟人应用于农业的探索实践中，需要注意考虑个人隐私的保护、避免数据滥用、保障信息安全等问题。

知识储备

一、互联网思维的概念

互联网思维是人们立足于互联网去思考和解决问题的思维。它是互联网发展和应用实践在人们思想上的反映，这种反映经过沉积内化而成为人们思考和解决问题的认识方式或思维结构。

（一）互联网思维是一种什么样的思维

第一，互联网思维是一种高度重视互联网的思维。倡导互联网思维，就是倡导人们重视互联网：认真学习互联网知识，努力掌握互联网特点，充分了解互联网作用，清晰认识互联网对生产生活带来的变革，改变对互联网漠不关心、一无所知、不求甚解的态度。

第二，互联网思维是一种力求适应互联网的思维。机关推行无纸化办公，参观采取网上申请，购物在网上进行，研究项目通过网上招标……所有这些，只有适应，才有可能；如不适应，一切可能都关上了大门。在互联网时代，每一个人都要学会适应互联网；如果不适应，自己的工作舞台、生活空间、自身的意义和价值，只能萎缩，难以拓展。

互联网进入大规模应用时期以来，几乎对所有传统行业和管理模式都形成了巨大冲击：金融业、商业、制造业、物流业、出版业、医疗业、教育行业、垄断行业……使不少行业和企业陷入困境，同时，互联网应用本身存在着诸如假冒伪劣、信息垄断、侵犯隐私、宣传过头等问题。于是，批评、谴责、要求限制互联网的声音也此起彼伏。这些声音所反映的互联网的问题值得重视，但对互联网的义愤和要求限制的心态,折射的恰恰是对互联网的不适应，需要通过强化互联网思维去加以改变。

第三，互联网思维是一种利用互联网的思维。它驱使人们积极主动地思考如何利用互联网作为新型工具服务于自己的创造性劳动。是不是借助互联网，在一定意义上成了传统管理与智慧管理、传统产业与新兴产业、传统销售与现代销售、传统金融与现代金融的分水岭。

第四,互联网思维是一种大数据思维。数据是对客观世界的测量和记录。在互联网时代，数据就是资源、财富、竞争力。收集数据、积累数据、分析数据，据大数据思考，靠大数据决策，用大数据立业，就是大数据思维。众包、众筹、共享经济，都是大数据思维的产物。办理一笔贷款，传统银行的考察、论证、决策，要花几个月乃至更多时间，而基于淘宝卖家的营销数据,互联网银行就可以知道商家的利润率,从而对有能力偿还的商家果断提供贷款,快速一秒到账,而且坏账率非常低,这是传统银行无法做到的。

(二)互联网思维怎么思维

一是按互联网特点和规律思维。开放、平等、互动、协作、共享,目前被公认是互联网最重要的几个特点。互联网思维就是要按照互联网的特点和规律思维。比如,互联网是开放的,开放就是互联互通;互联网是平等的,因此,互联网思维就要遵循平等要求,只有与网民、网上客户平等地交流共商,才能赢得他们的关注和使用兴趣;互联网的特点是互动,因此,互联网思维就要把如何实现最优互动、确保信息对称,作为考虑问题的重点之一;互联网的特点是共享,因此,互联网思维就要让"共享"二字在思维中深深扎根。

二是按互联网用户需求思维。努力适合互联网客户需求,这是一切互联网和"互联网+"行为的不二原则。因此,"用户至上"的理念在互联网思维中更加居于核心位置。互联网客户喜欢方便简单快捷,互联网思维就要把简单方便快捷作为追求,努力降低使用或购买门槛;互联网客户比任何其他客户都更担心假冒伪劣,互联网思维就要把货真价实作为永恒的信条……互联网客户的需求是不断变化的,互联网思维就要跟踪这种变化,随时把握甚至超前预见这种变化。

三是按行业规范和产品质量标准思维。尽管互联网使一些产品由滞销产品变畅销产品,由小众产品变大众产品,但不能由此结论说"在互联网条件下,再次的产品也不愁没有销路"。质量是一切产品的生命,互联网思维一定是讲究产品质量的思维。现在网购中出现大量的产品质量问题,平台、电商和生产厂家都要引以为戒,否则会毁了网购的声誉,败坏这个产业。

(三)互联网思维的底线是什么

所谓底线,就是不能跨越、必须坚守的起码界限。互联网思维必须坚守的底线如下:

第一,"内容为王"的底线。丰富多彩的形式可以大大增强产品的吸引力,但如果只是讲究形式,忽视内容,就会渐渐招致冷落或厌倦,只有内容的魅力是无穷的。我们下的功夫首先要在内容上,要力求形式和内容的统一。

第二,社会责任的底线。文化的作用不仅是娱乐,文化承担着感染、熏陶、教化、引领人的责任和优化社会风气的责任,互联网文化产业始终要把社会效益放在第一位,在坚守社会效益的前提下追求经济效益。否则,既坑害了社会,也损害了自己。社会责任思维是互联网思维的必备因子。

第三,诚实守信的底线。货真价实、童叟无欺、信守合同……都是诚实守信的具体内涵,互联网思维必须坚守。离开了诚实守信的底线,互联网品牌无异于自毁生路。

无论互联网未来多么发达,作用多么神奇,互联网只是工具,只是载体,只是环境,互联网所提供的一切产品和服务,都要遵循前互联网时代人类世代积累起来的商业精神文明的积极成果。这就是互联网思维的底线。

二、互联网思维在农产品销售中的应用策略

互联网思维包括用户思维、简约思维、极致思维、迭代思维、流量思维、跨界思维、平

台思维、大数据思维、社会化思维九大思维。这些思维方式在农产品销售中的应用多种多样，这些思维转化为策略可以有效地提升农产品销售效果，促进农业产业的发展。互联网思维转换的策略如下：

（一）免费策略

所谓免费策略，是在农产品销售中，通过提供免费的产品或服务来吸引和满足消费者需求，进而实现一定的商业目标。免费策略的核心在于：第一，提供优质的免费产品或服务；第二，产品或服务受大多数消费者喜爱。由于趋利心理驱使，免费的产品或服务对消费者往往具有较强的吸引力，人们似乎很喜欢免费的东西。通过免费提供有价值的产品或服务，可以吸引消费者关注，同时培养和维护消费者对产品或服务的兴趣。因此，免费即是引流。比如，某网店销售某地特产，开展前100单购买者免费抽盲盒活动，即随机送新品试吃装，以吸引更多消费者参与和关注。除此之外，免费策略在农产品销售中的应用场景还有：

（1）免费体验：提供农产品的免费试吃或试用，让消费者了解产品的口感和品质，进而产生购买意愿。这种策略适用于能够提供小规模免费样品的农产品，如蜂蜜、果酱等。

（2）免费信息发布：利用社交媒体平台免费发布农产品的相关信息，如生产过程、产地特色等，提高消费者对产品的认知度。同时，可以借助网络营销手段，如社交媒体推广等，提高农产品的曝光率。

（3）免费赠品或折扣：通过提供免费赠品或折扣来吸引消费者购买农产品。例如，购买某种农产品可以免费获得其他相关产品或服务，或者在一段时间内享受折扣优惠。

（4）免费配送服务：提供农产品的免费配送服务，降低消费者的购买成本。这可以通过与物流公司合作或自建物流体系来实现。

（5）免费售后服务：提供农产品的免费售后服务，增强消费者对产品的信任感。例如，提供农产品的退换货服务、质量问题处理服务等。

免费策略往往起到抛砖引玉的作用，在农产品销售中，可以配合关联营销策略使用，更好地达到引流和盈利的双重目标。

（二）关联营销

所谓关联营销，在这里指的是销售农产品的商家基于不同商品或服务之间的相关性，通过某种形式的暗示或推荐，引导消费者在一次购买活动中同时购买两种或多种商品或服务。就像超市销售牙膏和牙刷一样，面对购买牙膏的消费者，销售人员会同时推荐牙刷，面对购买牙刷的消费者，销售人员会同时推荐牙膏。因为在日常生活中，牙膏和牙刷就是一对关联产品。从销售数据来看，牙膏的销售可以带动牙刷的销售，牙刷的销售也可以带动牙膏的销售。有了关联关系，倘若牙膏做促销活动，引流消费者，那么势必会同时提高牙刷的销量；同理，用牙刷做促销活动，也会提高牙膏的销量。因此，在农产品销售中，如果在销售水果时，推荐与水果搭配的食品或保健品，如蜂蜜、酸奶等，这样便可以增加消费者的购买种类和数量。

若将免费策略和关联营销同时使用，则可以采用一种免费体验或赠送优质产品，同时搭配另一关联产品进行销售组合，形成优惠套餐的方式，这样既可以吸引流量，又可以保障利润，达到商业目的。

使用关联营销策略时，需要注意以下几点：

（1）相关性：选择的关联商品或服务应与农产品本身具有一定的相关性，这样才能提高消费者的购买意愿。

（2）互补性：关联商品或服务应能与农产品形成互补关系，满足消费者的一站式购物需求。

（3）互惠性：关联营销应能实现双方的互惠互利，这样才能建立长期稳定的合作关系。

（4）合理性：关联营销策略的实施应考虑到成本和效益，不能盲目追求关联而忽视了企业的盈利目标。

（5）合法性：确保关联营销策略的合法性，避免违反相关法律法规的规定。

（三）增值服务

增值服务是指企业为消费者提供超出基本产品或服务的附加价值的一种方式。比如海底捞为女性消费者免费提供美甲服务。这种策略有助于提高消费者满意度，提升互联网用户的留存率（留存指的就是"有多少用户留下来了"）。

在农产品销售中，增值服务的应用可以有：

（1）个性化定制服务：根据消费者的需求和偏好提供定制化的产品或服务。例如，提供定制的农产品包装设计（见图2-4-3），满足消费者对品质、口感和包装等方面的个性化需求。

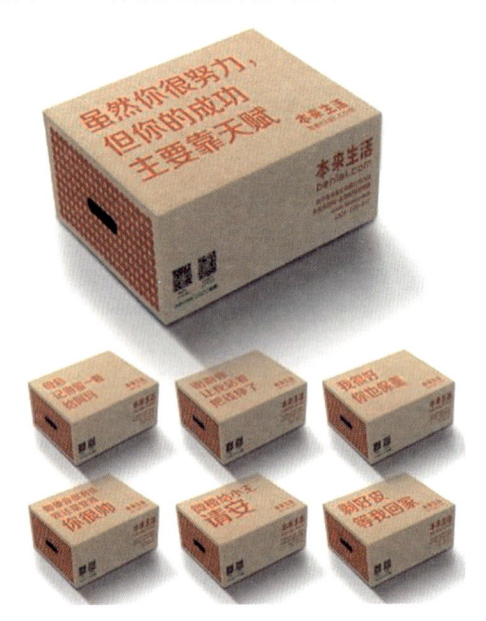

图 2-4-3　褚橙的个性化包装

（2）农产品溯源服务：建立农产品溯源体系，提供农产品的生产、加工和销售全过程的信息，让消费者了解产品的来源和品质。这可以通过建立农产品追溯平台或利用区块链技术实现。

（3）农产品配送服务：提供农产品的配送服务，确保产品能够及时、安全地送达消费者手中。这可以通过自建物流体系或与物流公司合作来实现。

在使用增值服务策略时，需要注意：了解并分析消费者的需求和偏好，提供真正符合消费者需求的增值服务，确保提供的增值服务能够达到消费者的期望，并保持服务质量的一致性。

（四）会员体系

这里所讨论的会员体系，是指互联网会员体系，而非传统线下会员体系。它是指通过一系列的运营规则和专属权益，来提升用户对平台的忠诚度、将互联网用户一步步培养为产品的忠实粉丝的过程。比如一些互联网平台，采取会员按期充值的方式，让会员获取平台的专属权益，以获取平台忠实用户。具体来说，互联网会员体系包括会员等级、会员特权、会员优惠等方面的设置，以吸引互联网用户持续参与活动并消费。

在农产品销售中，会员体系的应用方式有：

（1）会员等级与特权：根据用户的消费额、活跃度等指标划分不同的会员等级，不同等级享有不同的特权和优惠。例如，高等级会员可以享受免费配送、优先购买特定农产品等特权。

（2）会员积分兑换：用户可以通过消费获得积分，积分可用于兑换农产品或者抵扣部分购物金额。这样可以激励用户增加购买量或参与更多活动。

（3）会员活动与专属优惠：定期为会员提供专属的优惠活动或节日礼物，如生日优惠、节日特惠等，以增加用户的忠诚度和参与度。

（4）会员社区与互动：建立会员社区，让会员之间可以交流购物心得、分享农产品使用技巧等，增加用户的黏性和互动性。同时，可以在社区中发布农产品信息和促销活动，提高销售量。

（5）会员定制服务：根据会员的需求和偏好，为其提供定制化的农产品推荐和服务。这可以通过建立会员档案、分析购买记录等方式实现。

（五）用户原创内容

用户原创内容指的是用户在网站或其他开放性介质上贡献原创内容。这种内容形式可以在社交媒体、微博、论坛等平台上呈现。用户原创内容可以是文字、图片、视频、音频等形式，由用户自愿创作并分享。比如某用户带孩子到亲子农场进行采摘体验，在朋友圈发布了采摘过程的图片，并附上文字表达了自己的感受，引来了不少朋友的"围观"。毫无疑问，这也是一种巧妙的引流方式。如果想让用户主动帮忙做产品或服务推荐，应该搭配增值服务策略，即请用户带上农场定位，通过让用户截图以换赠礼物。

在农产品销售中，用户原创内容可以发挥引流的重要作用，以下是一些具体的应用方式：

（1）用户评价和推荐：鼓励用户在购买农产品后撰写评价或分享使用心得，为其他潜在消费者提供参考。这可以通过建立用户评价专区或社交媒体平台上的分享功能来实现。用户原创内容可以帮助消费者了解产品的真实使用体验，从而做出更明智的购买决策。

（2）内容营销：鼓励用户分享农产品相关的内容，比如烹饪过程、农产品种植故事等，利用用户的口碑效应扩大产品曝光度和知名度。例如，通过征集农产品相关的短视频、图片或故事，让用户自主创作并分享，增加产品的曝光度。

（3）农产品推荐：利用用户的原创内容作为农产品推荐的依据，根据用户的兴趣和需求进行个性化推荐。例如，根据用户的购买历史和浏览记录，为其推荐相关的农产品或搭配套餐。

需要注意的是，使用用户原创内容时，需要确保内容的真实性和公正性，避免虚假宣传或误导消费者。同时，要尊重用户的权益和隐私，避免侵犯其合法权益。

(六)平台战略

平台战略是指连接两个以上的特定群体,为他们提供互动交流机制,满足所有群体的需求,并从中盈利的商业模式。比如,某种植类家庭农场开展亲子采摘会员活动,苦于无法为客户提供午餐消费,因此,该农场与附近的一家餐馆合作,将自己的客户引流到餐馆吃饭,同时餐馆老板也将自己的客人引流到家庭农场参与采摘活动,这便形成了互利互惠的平台战略,双方都获得了盈利。平台战略的核心在于打造一个完善的、成长潜能强大的"生态圈",让平台连接的任意一方的成长都能带动另一方的成长。

在农产品销售中,平台战略的应用方式包括:

(1)整合农业资源:通过平台战略,整合农业资源,提供农业全产业链的服务。例如,利用某合作社或资源平台,为合作经营主体提供农业技术咨询、农产品加工、农产品检测认证等服务,帮助农产品生产者提高产品质量和附加值。

(2)打造农产品品牌:通过平台战略,打造农产品品牌,提升农产品的知名度和美誉度。例如,组织农产品评选、举办农产品文化节等活动,吸引消费者关注和购买。

(3)促进农业科技创新:通过平台战略,促进农业科技创新和成果转化。例如,联合政府、行业协会、科研单位、学校等建立农业科技园区、引进农业科技企业、举办农业科技论坛等活动,推动农业科技创新和成果的推广应用。

平台战略的实施需要具备一定的资源、技术和组织能力,需要充分考虑市场需求、竞争环境和技术发展趋势等因素。同时,平台战略的成功也需要不断创新和完善,以适应市场的变化和挑战。

(七)众筹

众筹是一种通过向群众募资以支持发起的个人或组织的行为。一般而言,众筹通过互联网上的平台连接起赞助者和提案者,具有低门槛、多样性、依靠大众力量、注重创意的特征。

在农产品销售中,众筹的具体应用方式包括:

(1)农产品众筹项目:发起人通过众筹平台发布农产品众筹项目,吸引消费者关注并支持。消费者可以在众筹平台上选择自己感兴趣的农产品,通过预付款的方式支持项目的实施。在项目成功后,消费者可以获得相应的农产品回报。

(2)众筹农场:通过众筹的方式租用农场土地,让消费者成为农场主,共同参与农场的种植和管理。消费者可以获得自己投资的农产品的回报,同时也可以体验农业生产的乐趣。

(3)预售+众筹模式:农产品生产者可以通过众筹平台进行预售,并通过众筹方式筹集生产资金。消费者可以通过预付款的方式购买农产品,并获得一定的优惠或赠品。这种方式可以降低生产成本和风险,同时也可以促进农产品的销售和推广。

(八)软文推广

软文推广是一种通过撰写软文来吸引潜在消费者,并引导他们对企业或产品产生兴趣的推广方式。简单地说,这也是引流方式的一种。与硬性广告相比,软文更加注重情感和价值,而非直接推销。比如"人间自有真情在,白送馒头二十年",该软文打造的卖点是"白送馒头",用"真情"吸引潜在消费者来馒头店吃免费馒头。

在农产品销售中，软文推广的具体应用方式包括：

（1）撰写品牌故事：讲述农产品品牌的历史、创始人故事、生产过程等，让消费者对品牌产生情感共鸣，提高品牌的知名度和美誉度。

（2）分享农产品知识：撰写有关农产品种植、加工、营养等方面的知识性文章，提高消费者对农产品的认识和了解，增加其对产品的信任感。

（3）展示产品特点：通过软文详细介绍农产品的产地、品种、口感、营养价值等特点，引导消费者产生购买欲望。

（4）讲述消费体验：分享消费者的农产品购买经历、食用感受等，让潜在消费者对产品有更直观的了解，激发其购买欲望。

（5）发起话题讨论：通过在社交媒体上发起与农产品相关的话题讨论，吸引潜在消费者参与，提高产品的曝光率和知名度。

（6）利用热门事件和流行词：结合当前热门的新闻事件、节日或流行词汇，撰写与之相关的软文，吸引读者的注意力。

（7）合作推广：与知名博主、意见领袖等合作，邀请他们体验产品并撰写软文，借助他们的粉丝基础扩大产品曝光度。

（8）撰写带货文案：在软文中明确指出购买方式、促销活动等信息，引导读者完成购买行为。

软文推广的成功需要保证软文的质量和价值，以及与目标受众的匹配度。同时，需要持续监测推广效果，根据数据反馈进行调整和优化。

（九）差异化服务

差异化服务是指在农产品开发与推广上，努力提供多种服务场景，对消费者的不同需求提供的个性化服务与资费选择，这是一种精准营销策略（即市场细分的营销策略）。比如根据消费者追求的消费环境舒适度进行差异化消费场景打造，或根据不同年龄段消费者对农产品需求的不同，开发不同类型或不同卖点的农产品。差异化服务的关键在于对细分市场需求有着正确的把握，这是培养用户忠诚度的重要途径。

在农产品销售中，差异化服务的应用方式包括：

（1）产品差异化：通过改进产品的性能、品质、外观等特点，使其与竞争对手的产品区别开来，提高消费者对产品的认可度和满意度。例如，提供有机农产品、绿色农产品等特色产品。

（2）价格差异化：根据产品的差异化特点，设置不同的价格，以吸引不同层次、不同需求的消费者。例如，提供不同包装、规格和品牌的农产品，以满足不同消费者的需求和预算。

（3）渠道差异化：通过与不同的渠道商合作，将产品输送到不同的市场，提高产品的销量和知名度。例如，利用电商平台、线下超市、农产品市场等不同的销售渠道，以满足不同消费者的购买习惯和需求。

（4）服务差异化：提供优质、高效的售前、售后服务，提高顾客的忠实度和满意度。例如，提供定制化的农产品配送服务、售后咨询服务等。

（十）流量变现

流量变现是指将互联网聚集的流量通过某种方式转化为现金收益。比如某些社交媒体账号通过制作短视频吸引了大量关注和流量。当这些流量积累到一定程度时，广告商开始注意到这个账号，并委托其进行广告推广。通过发布与广告相关的内容，这个账号获得了广告收入，从而实现了将流量转化为广告收益的目标。这一过程就是所谓的流量变现。需要注意的是，流量变现并不是一蹴而就的过程。账号所有者需要持续不断地提升内容质量并与粉丝互动，以保持流量的稳定增长。

在农产品销售中，流量变现的具体应用方式包括：

（1）建立农产品电商平台：通过建立农产品电商平台，将农产品的流量转化为销售量。在平台上，可以展示农产品的品种、品质、价格等信息，吸引消费者购买，从而实现流量变现。

（2）利用社交媒体平台：通过在社交媒体平台上发布农产品的推广内容，吸引潜在消费者的关注。在积累了一定的流量后，可以通过推广农产品、举办促销活动等方式实现流量变现。

（3）开展农产品众筹项目：通过众筹平台发布农产品众筹项目，吸引投资者关注并投资。在众筹项目成功后，可以获得相应的资金回报，从而实现流量变现。

（4）利用广告投放：在农产品销售过程中，可以利用广告投放来吸引潜在消费者。例如，在搜索引擎、社交媒体平台等渠道投放农产品广告，吸引目标受众点击并购买，从而实现流量变现。

（5）建立农产品品牌：通过建立农产品品牌，提高农产品的知名度和美誉度。在品牌建立过程中，可以利用品牌的影响力进行流量变现，例如举办品牌推广活动、推出品牌联名产品等。

流量变现是一种有效的商业模式，它需要具备一定的流量基础和变现能力。因此，在农产品销售中，需要注重产品质量、品牌建设、营销策略等方面的工作，以提高流量基础和变现能力。

任务 2.4.1　利用大数据平台收集农产品消费者需求数据

【任务目的】

- 了解农产品消费者需求数据的收集渠道。
- 培养利用大数据平台进行农产品消费者需求数据收集的能力。
- 提高数据收集和分析意识，促进农产品销售。

【任务准备】

- 环境准备：电脑、手机，相关大数据平台或工具，如千牛卖家中心、生意参谋等。
- 资料准备：相关农产品信息等。

【任务实施】

1. 工作流程

（1）使用淘宝店铺提供的商家后台收集消费者数据：登录淘宝店铺千牛卖家中心→点击"交易"→选择"订单管理"中的"评价管理"，查看消费者评价→收集评价数据。

（2）使用第三方数据工具"生意参谋"提供的电商平台数据收集消费者数据：登录"生意参谋"→用淘宝店铺账号授权登录"生意参谋"→点击"客户"，查看客户数据→点击"交易"，查看交易数据→点击"市场"，查看市场数据。

2. 操作说明

（1）使用淘宝收集数据：

操作步骤一：登录淘宝店铺千牛卖家中心，见图 2-4-4。

图 2-4-4　千牛卖家中心首页

操作步骤二：点击"交易"，选择"订单管理"中的"评价管理"，查看消费者评价，见图 2-4-5。

图 2-4-5　千牛卖家中心评价管理

（2）使用"生意参谋"收集数据：

操作步骤一：登录"生意参谋"，用淘宝店铺账号授权，进入首页，见图 2-4-6。
生意参谋网址：https://sycm.taobao.com/portal/home.htm。

图 2-4-6　生意参谋首页

操作步骤二：点击"客户"，查看客户数据，见图 2-4-7。

图 2-4-7　生意参谋客户数据收集

操作步骤三：点击"交易"，查看交易数据，见图 2-4-8。

图 2-4-8　生意参谋交易数据收集

操作步骤四：点击"市场"，查看市场数据，见图 2-4-9。

图 2-4-9　生意参谋市场数据收集

【任务评价要点】

（1）能够收集淘宝店铺后台消费者的评价数据。
（2）能够收集生意参谋客户数据。
（3）能够收集生意参谋交易数据。
（4）能够收集生意参谋市场数据。

任务 2.4.2　制定农产品互联网引流策略

【任务目的】

- 了解农产品互联网引流的重要性。
- 培养制定农产品互联网引流策略的能力。
- 提高在农产品销售中运用互联网引流的效果和效益。

【任务准备】

- 环境准备：电脑、手机，相关互联网站，如百度等。
- 资料准备：相关互联网引流策略等。

【任务实施】

1. 工作流程

分析目标消费群→分组讨论，制定引流策略→分享引流策略。

2. 操作说明

操作步骤一：根据任务一消费者需求数据收集，分析目标消费群。
操作步骤二：选取农产品，小组讨论制定引流策略，参考范例，填写引流策略分析表 2-4-1。（填写范例见二维码附表 6）

引流策略分析表

表 2-4-1　引流策略分析表

引流策略	引流方式	目标消费群	引流时间	引流目的

操作步骤三：根据小组制定的引流策略，请小组代表分享交流引流，进一步优化策略。

【任务评价要点】

（1）能根据消费者需求数据确定 1~2 类消费者群体。

（2）能参考表 2-4-1，制定 2~3 个引流策略。

（3）能清楚表述策略内容。

拓展与思考

在实施"互联网+"农产品出村进城工程背景下，可以采取哪些"互联网+"销售策略推动农业产业升级？

项目评价

一、知识测试

1. 单项选择题（请将正确选项填在括号内）

（1）互联网思维应该如何思维？（　　）。

A. 按照互联网特点和规律思维

B. 按照个人喜好和需求思维

C. 按照传统行业规范和要求思维

D. 按照客户要求进行思维

答案：A

（2）互联网思维的底线不包括（　　）。

A. "内容为王"的底线

B. 社会责任的底线

C. 诚实守信的底线

D. 追求利润的底线

答案：D

（3）互联网思维中的免费策略的主要目的是（　　）。

A. 增加产品销量

B. 吸引消费者关注

C. 提高品牌知名度

D. 降低生产成本

答案：B

2. 多项选择题（请将正确选项填在括号内）

（1）在农产品销售中，关联营销的作用有（　　）。

A. 提高农产品的销量

B. 增加消费者购买种类和数量

C. 提升消费者的购买意愿

D. 提高企业的利润水平

答案：ABCD

（2）下列哪些属于平台战略的应用方式（　　）。

A. 整合农业资源

B. 打造农产品品牌

C. 促进农业科技创新

D. 提供农业全产业链的服务

答案：ABC

（3）在农产品销售中，软文推广的具体应用方式包括（　　）。

A. 撰写品牌故事

B. 分享农产品知识

C. 展示产品特点

D. 讲述消费体验

答案：ABCD

3. 判断题（正确的在题后括号内写 A，错误的写 B）

（1）在互联网思维中，用户的需求是不断变化的，因此应跟踪这种变化，随时把握甚至超前预见这种变化。（　　）

答案：A

（2）在使用增值服务策略时，企业需要了解并分析消费者的需求和偏好，提供真正符合消费者需求的增值服务，确保提供的增值服务能够达到消费者的期望，并保持服务质量的一致性。（　　）

答案：A

（3）在农产品销售中，众筹的应用方式只有预售+众筹模式。（　　）

答案：B

二、项目测评（技能评价+素质评价）

表 2-4-2　本项目测评表

任务名称	评价内容	分值	评价分数 自评	评价分数 互评	评价分数 师评
任务 2.4.1 利用大数据平台收集农产品消费者需求数据	能够收集淘宝店铺后台消费者的评价数据	10			
	能够收集生意参谋客户数据	10			
	能够收集生意参谋交易数据	10			
	能够收集生意参谋市场数据	10			
任务 2.4.2 制定农产品互联网引流策略	能根据消费者需求数据确定 1～2 类消费者群体	20			
	能参考表 2-4-1，制定 2～3 个引流策略	25			
	能清楚表达策略内容	15			
合计		100			

模块三

农产品电商化开发

> 根据农业农村部印发的《"十四五"全国农业农村信息化发展规划》(以下简称《规划》),到 2025 年我国农产品年网络零售额将超过 8 000 亿元。可以看出,未来我国农产品电商行业发展前景一片大好。但近两年全国农产品线上零售额增长速度明显下滑,"商品化程度低""退货率高""品质缺乏保障"等痛点问题逐渐显现。
>
> 本模块旨在帮助农民解决三大问题:
> (1) 如何将农品变为商品?
> (2) 如何将农品变为电商产品?
> (3) 如何为农品选择合适的销售类目?
>
> 本模块将要学习 3 个项目、5 个任务:

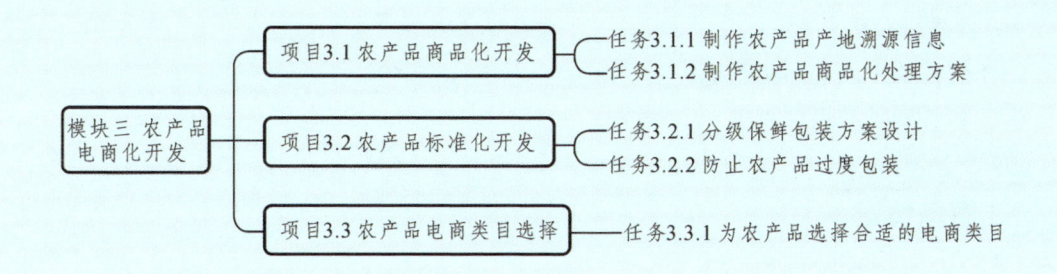

```
                    ┌─ 项目3.1 农产品商品化开发 ──┬─ 任务3.1.1 制作农产品产地溯源信息
                    │                              └─ 任务3.1.2 制作农产品商品化处理方案
模块三 农产品 ──────┤
电商化开发          ├─ 项目3.2 农产品标准化开发 ──┬─ 任务3.2.1 分级保鲜包装方案设计
                    │                              └─ 任务3.2.2 防止农产品过度包装
                    │
                    └─ 项目3.3 农产品电商类目选择 ─── 任务3.3.1 为农产品选择合适的电商类目
```

项目 3.1　农产品商品化开发

项目描述

从经济学层面看来，当农民生产的农产品卖出去了就实现了农产品的商品化，从该观点来说我国农产品商品化率并不低，但是从市场或者供应链角度来说，我国大多数农产品是以原始形态或者初级农产品的形态进入农产品流通市场进行售卖的，其特点是农产品加工率低，农产品附加价值不高，农民收入得不到保障。想要解决好我国农民收入问题，就必须改变传统农业的经验思维、非标思维、低值思维，用"商品"该有的内涵来看待农产品，因此，进行农产品商品化开发显得至关重要。本项目主要围绕将农产品转变为在市场流通的商品所需要经过的必要环节而展开。

项目目标

1. 知识目标

（1）认识农产品商品化。
（2）熟悉农产品商品化的内涵。
（3）掌握农产品商品化处理流程。
（4）掌握农产品溯源方法。

2. 能力目标

（1）能制作农产品产地溯源信息。
（2）能提出农产品商品化方案。

3. 素质目标

（1）提高农产品商品化意识。
（2）培养农产品增值思维。

项目情景

电商助力羊肚菌加工销售

近年来，黔西从强化电商产品孵化、优化物流、拓展农产品网销、打造电商品牌等方面着手，积极推动黔货出山。通过"服务中心+产品加工+生产基地"模式，整合县内资源，形成品牌培育、生产加工、包装、网络销售为一体的农产品网货加工中心。

2021年，黔西羊肚菌种植获得丰收，为了帮助种植户销售羊肚菌，加工中心为种植户提供羊肚菌烘干服务，提供统一的羊肚菌包装，同时研发了羊肚菌系列产品，通过京东、天猫、淘宝、拼多多等线上进行销售，取得了良好的经济效益和社会效益。

思考：农产品如何实现电商化开发，以适应线上平台销售？

思政园地

黔西县在推动羊肚菌加工销售的过程中，充分展现了创新驱动发展的理念。通过"服务中心+产品加工+生产基地"的模式，黔西县不仅整合了县内资源，而且形成了集品牌培育、生产加工、包装、网络销售于一体的完整产业链。这种创新模式不仅提高了羊肚菌的加工效率，而且拓宽了销售渠道，为当地经济发展注入了新的活力。

知识储备

一、农产品商品化的概念

（一）什么是商品

商品是指为了交换而产生的能够满足人们消费需要的劳动产品。商品包括有形商品和无形商品两类。有形商品是物质形态的劳动产品；无形商品是非物质形态的劳动产品，如服务行业提供的服务、科技工作者的科技成果、各种有偿信息等。

（二）什么是农产品商品化

从经济学角度来看，农产品商品化是指农民将生产的农产品卖出去，但从市场角度来说，农产品商品化更强调农产品通过加工，使其成为更具竞争力和附加值的商品化产品，从而提高农民收入。农产品商品化过程包括农产品加工、销售、营销等环节，品种、品级及品质是影响农产品商品化的重要因素。

二、农产品商品化的构成

商品化后的农产品具备商品和农产品的基本性质，商品化后的农产品由核心部分、有形部分、无形部分三方面构成，如表 3-1-1。

表 3-1-1　商品化农产品构成内容

核心部分	有形部分	无形部分
获取人体所需的该农产品对应的营养物质	农产品质量	售后服务
	农产品命名	质量保证
	农产品的商标	物流服务
	农产品包装	广告宣传
	农产品溯源码	信息咨询

获取人体所需的与该农产品对应的营养物质是农产品作为商品最核心的内容和价值所在，同时商品化的农产品还具有有形和无形两部分。

有形部分主要包括产品的质量、品种与命名、商标、包装及农产品溯源码等内容。

（一）农产品质量

农产品质量是指农产品在使用时能成功地满足用户需要的程度。农产品质量控制的好坏是农产品商品化成功与否的关键。农产品商品化过程中参与人员的质量意识及技术、商品的设计、农业投入品、农产品生产、农产品检验、流通环节等都对农产品的质量水平产生至关重要的影响。

PDCA 循环法是质量管理中运用较为广泛的一种方法，P 是指 Plan（计划）、D 是指 Do（实施）、C 是指 Check（检查）、A 是指 Action（措施）。通过 PDCA 循环法，无论是农产品生产流通端还是政府部门都能对农产品质量管理进行更好的管理。

（二）农产品命名

产品名称是农产品商品化中的重要组成部分，也是消费者购买商品和识别商品的重要标识。农产品命名的方式有很多，例如，以商品主要效用、主要成分、外形、产地、相关人名等命名。一个好的产品名称是农产品商品化和品牌化的关键。

（三）农产品商标

商标是商品生产者或经营者把自己生产或经营的商品与其他企业生产或经营的同类商品显著区分开来，而使用在一定商品、商品包装和其他宣传品上的专用标记。商标经商标局登记注册并予以公布后，禁止他人使用，享有专有权，并受到法律保护。

（四）农产品包装

农产品包装是农产品商品化的重要组成部分。一方面，农产品的包装使农产品在运输、贮藏及销售各环节避免损失和损耗，并使农产品在流通各环节变得便利。另一方面，农产品的包装还能够传递信息，起到促进销售的目的。

商品化农产品的包装应包含农产品的名称、品牌、商标、产地、规格、生产者名称、生产日期、消费期限、成分含量、注意事项等具体内容。

（五）农产品溯源码

农产品溯源指消费者查询所购买产品的源头，比如可以追溯农产品的种植信息、加工信息、生产信息以及所使用的肥料及农药信息。商家记录下农产品供应链各环节的信息并将信息嵌入二维码中，批量生成二维码，实现"一物一码"（即每个农产品的二维码都是独立的），并张贴在所需销售的农产品上或者包装上，当消费者购买到具有溯源标签的农产品时，扫描标签就可以立即追溯到相关信息。

无形部分是农产品消费者在购买农产品本身时所获得的全部附加服务和利益，包括商家提供的售后服务、质量保证、物流服务、广告宣传及信息咨询服务等内容。

三、农产品商品化处理过程

农产品的商品化是维持农产品原有价值及提高农产品品质的重要过程。农产品的商品化处理包括农产品采收、清洗、打蜡涂抹、分级、加工、包装、贮藏等过程。农产品的商品化处理有利于降低农产品的损耗，提高农产品的品质，增加农产品附加价值。尤其是在农产品电商化时代，农产品的商品化处理环节是必不可少的。

农产品分级

任务 3.1.1 制作农产品产地溯源信息

【任务目的】

制作农产品产地溯源信息，提高农产品信息透明度，提升消费者对产品的信赖度。

【任务准备】

- 环境准备：手机、电脑。
- 资料获取：农产品产地信息，草料二维码平台等相关网站。

【任务实施】

1. 工作流程

采集农产品产地信息→溯源系统上传农产品产地信息→生成产地信息溯源二维码。

2. 操作说明

操作步骤一：采集农产品产地信息。

需要采集的农产品产地信息包括以下内容：

（1）农产品产地环境检测报告：土壤及水质检测报告。

（2）农产品生产过程记录：施肥信息记录、除虫信息记录、灌溉信息记录、疏花疏果信息记录、采摘记录。

（3）采后商品化处理记录：分级标准及分级过程记录、农产品打包信息记录。

操作步骤二：登录草料二维码平台录入产地信息。

（1）新建品类：进入后台，选择"溯源码"，点击"品类目录"，进入品类管理页面。选择"新建品类"，见图3-1-1。

图 3-1-1 草料二维码平台

127

（2）编辑品类信息：在品类信息编辑页，可编辑产品的品类名称和介绍信息，"品类名称"只显示在后台列表中，方便管理，"品类信息"则显示的是二维码的内容，需要实时输入，见图 3-1-2。

图 3-1-2　编辑品类信息

品类添加完毕后，可以在列表页对添加好的品类进行编辑、预览、删除等操作。

操作步骤三：生成产地信息溯源二维码。对于生成的二维码，在印刷之前，需要先通过添加新批次的形式，获取需要印刷的二维码数据。获取数据后下载 Excel 数据表即可打印出二维码。

【任务评价要点】

（1）信息采集完整，包含农产品品种选择、栽培、灌溉、施肥、除虫等各个环节。
（2）信息录入准确，未出现明显录入错误。
（3）二维码生成操作方式准确无误。

任务 3.1.2　制作农产品商品化处理方案

【任务目的】

制定农产品商品化处理方案，提高农产品附加价值和流通效率。

【任务准备】

- 环境准备：手机、电脑。
- 资料获取：农产品商品化处理相关流程。

【任务实施】

1. 工作流程

农产品的采收→清洗→打蜡涂膜→分级→包装→贮藏。

2. 操作说明

操作步骤一：农产品采收。

过早或过晚都不利于水果最佳品质采收，要根据销售渠道和销售方式合理选择采收方式和采收时间，就地销售产品、需长途运输产品、有呼吸高峰的果蔬产品，在生理成熟或呼吸跃变前采收，根据实际情况合理采用人工采收或机械采收，采收过程中避免一切机械损伤。

操作步骤二：农产品清洗。

通过清洗可除去表面带有的大量泥土污物，改善商品外观，提高商品价值，及减少表面病原微生物的作用。

清洗可采用浸泡、冲洗、喷淋等方式水洗或用干毛刷等清除果蔬表面污物，减少病菌和农药残留，使之清洁，达到商品要求和卫生标准，提高商品价值。

清洗过程中要做到：

（1）洗涤水要干净卫生。

（2）可加入适量杀菌剂如次氯酸钙、漂白粉等。

（3）水洗后要及时进行干燥处理。

操作步骤三：打蜡涂膜。

通过打蜡涂膜可以使农产品形成一层薄膜，起到增进果品表面光泽，抑制果实的气体交换，降低呼吸强度的作用，从而减少养分消耗，延缓衰老，减少水分蒸发，防止果皮皱缩，提高了保鲜效果，并抑制病原菌浸染从而减轻腐烂的作用，进而提高了商品价值。

打蜡涂膜过程中要做到：

（1）材料安全、无毒。

（2）涂被厚度均匀、适量。

（3）成本可控，材料易得。

打蜡涂膜处理只是果蔬贮藏的一种辅助措施，只能在短期贮藏、运输或上市前处理，以改善产品的外观品质，但涂料处理后，若长期贮藏，会导致果实产生异味。

操作步骤四：分级。

农产品分级是指以农产品的质量要求和特性为依据，将相同用途及消费人群但不同质量的农产品进行分等和定级，是提高和稳定农产品质量、实现农产品优质优价、满足消费者不同产品需要的基础。

操作步骤五：包装。

包装是农产品商品化、标准化及保证安全运输和贮藏的重要措施。合理的包装可使农产品在运输中保持良好的状态，减少机械伤、病害蔓延和水分蒸发，避免腐烂变质，提高商品化程度和卫生质量。农产品的包装方式、包装材料多种多样，要根据农产品的具体特性选用合适的包装材料及包装方式进行包装。

操作步骤六：贮藏。

农产品贮藏是指商品在生产、流通领域中的暂时停泊和存放过程，以满足商品流通和再生产过程的需要。由于农产品的易腐烂和易损耗的性质，农产品贮藏根据产品特性采用合适的贮藏方式，常用的农产品贮藏方式有气调贮藏、冷链贮藏、减压贮藏、辐照贮藏等方式。

【任务评价要点】

（1）认识到农产品商品化处理过程的完整性，应该包括：农产品的采收、清洗、打蜡涂膜、分级、包装、贮藏。

（2）认识到农产品商品化处理过程中各个环节的合理性。

拓展与思考

消费者除了对农产品溯源信息的有无十分重视外，也非常重视农产品溯源信息的真实性。近年来，以区块链技术为载体的农产品溯源受到广泛关注，请思考区块链技术在农产品溯源中运用的优势是什么？

项目评价

一、知识测试

1. 单项选择题（请将正确选项填在括号内）

（1）商品化农产品包括核心部分、有形部分和无形部分三部分内容，以下属于有形部分的是（　　）。

A. 信息咨询　　B. 售后服务　　C. 物流服务　　D. 包装

答案：D

（2）PDCA 循环法是一种重要的质量管理方法，近年来在农产品质量管理中也逐渐被采用，其中 P 指的是（　　）。

A. 计划　　B. 执行　　C. 检查　　D. 行动

答案：A

（3）无形部分是农产品消费者在购买农产品本身时所获得的全部附加服务和利益，包括商家提供的（　　）、质量保证、物流服务、广告宣传及信息咨询服务等内容。

A. 售后服务　　B. 实际产品　　C. 产品包装物　　D. 产品赠品

答案：A

2. 多项选择题（请将正确选项填在括号内）

（1）以下属于商品化农产品有形部分的是（　　）。

A. 农产品的质量安全
B. 农产品的包装
C. 农产品的标识
D. 农产品产地溯源信息

答案：ABCD

（2）农产品包装的作用包括哪些？（　　）。

A. 使农产品在运输中保持良好的状态
B. 减少机械伤、病害蔓延和水分蒸发
C. 避免腐烂变质
D. 提高商品率和卫生质量

答案：ABCD

（3）常用的农产品贮藏方式有（　　）。

A. 气调贮藏　　B. 冷链贮藏　　C. 减压贮藏　　D. 辐照贮藏等方式

答案：ABCD

3. 判断题（正确的在题后括号内写 A，错误的写 B）

（1）农产品商品化过程中，农产品分级分等能使农产品附加值增加，提高农户收入。（　　）

答案：A

（2）农产品产地溯源码非"一物一码"制度。（　　）

答案：B

（3）农产品贮藏过程中使用冷链技术会极大提高成本，因此不应采用冷链技术。（ ）
答案：B

二、项目测评（技能评价+素质评价）

表 3-1-2　本项目测评表

任务名称	评价内容	分值	评价分数 自评	评价分数 互评	评价分数 师评
任务 3.1.1 制作农产品产地溯源信息	信息采集完整，包含农产品品种选择、栽培、灌溉、施肥、除虫等各个环节	30			
	信息录入准确，未出现明显录入错误	10			
	二维码生成操作方式准确无误	10			
任务 3.1.2 制作农产品商品化处理方案	认识到农产品商品化处理过程的完整性，应该包括：农产品的采收、清洗、打蜡涂膜、分级、包装、贮藏	40			
	认识到农产品商品化处理过程中各个环节的合理性	10			
合计		100			

项目 3.2 农产品标准化开发

项目描述

近年来农产品电子商务快速发展的同时,农产品电商化过程由于各环节标准的缺乏,导致农产品电子商务发展受阻。本项目围绕农产品标准化认知、农产品电商包装标准、防止生鲜农产品过度包装标准,帮助农民解决农产品标准化缺乏的问题。

项目目标

1. 知识目标

(1)认识农产品标准化。
(2)熟悉生鲜农产品电商包装标准。
(3)掌握防止生鲜农产品过度包装标准。

2. 能力目标

(1)能合理选择包装材料,设计分级保鲜包装方案。
(2)能合理选择生鲜电商农产品包装方式,避免过度包装。

3. 素质目标

(1)培养绿色可持续发展观。
(2)培养社会责任的担当精神。

项目情景

某有机蔬菜品牌的建立与推广

某地区拥有丰富的有机农业资源,但长期以来缺乏标准化、品牌化的农产品,导致市场竞争力不足。为了改变这一现状,当地政府与企业合作,推动有机蔬菜的标准化开发。

根据国内外有机农业标准,结合当地实际情况,当地制定了有机蔬菜的种植、生产、加工和包装标准,确保产品符合环保、安全、健康的要求。在种植方面,他们选择合适的土地,建立有机蔬菜种植基地,采用有机肥料,禁止使用化学农药,确保蔬菜生长环境无污染。为了确保生产过程符合标准,政府组织农户进行有机种植技术培训,提高他们的种植水平,同时,加强基地的日常监管。按照标准对蔬菜进行加工、清洗、分类和包装,确保产品品质,并且使用环保材料进行包装,减少对环境的影响。在销售方面,通过线上线下渠道宣传有机蔬菜的优势和特点,与电商平台合作,拓宽销售渠道。同时,举办有机农业论坛等活动,提高品牌知名度。

经过几年的努力，该地区的有机蔬菜产业取得了显著成果。标准化生产的蔬菜品质得到了市场认可，销售量逐年攀升。农户收入增加，激发了更多人投身于有机农业的积极性。同时，该地区的有机农业品牌知名度提升，吸引了外地游客前来参观和采购。

思考：其他农产品该如何进行标准化开发呢？

思政园地

在案例中，企业与政府合作，根据国内外有机农业标准，结合实际情况，制定有机蔬菜的种植、生产、加工和包装标准，该标准的制定对于保证农产品品质起到了重要作用，同时也强调了科学思维在决策中的作用。该地区为了强调有机种植方式，禁止使用化学农药和肥料，确保蔬菜生长环境无污染，可见对环保的重视，以及对可持续发展的追求，传达了企业和政府对于社会责任的担当。

知识储备

一、农产品标准化的概念

农产品标准化是指通过对产地环境控制、农业生产资料投入、农产品生产中间过程和农产品加工、流通、销售及农产品溯源信息采集等农业产前、产中、产后全过程进行规范化、标准化运作，从而最大限度地保障农产品的品质和质量安全。农产品标准化覆盖农产品生产、溯源、物流和销售的每一个环节。

二、认识生鲜农产品包装

（一）农产品包装的含义及作用

包装是指为在流通过程中保护产品，方便储运，促进销售，按一定的技术方法所用的容器、材料和辅助物等的总体名称。农产品包装是对即将进入或已经进入流通领域的农产品或农产品加工品采用一定的容器或材料加以保护和装饰。

农产品包装是标准化、商品化，保证安全运输和贮藏的重要手段。合理的包装可使果蔬产品在运输中保持良好的状态，减少机械伤、病害蔓延和水分蒸发，避免腐烂变质，提高商品率和卫生质量。

（二）常用电商农产品包装材料

在生鲜农产品的物流运输过程中，包装材料的好坏和包装的严密性极大地决定了农产品到达消费者手中时的质量程度。常见商品包装材料如表 3-2-1 所示。

表 3-2-1 常见商品包装材料

纸包装材料	塑料包装材料	金属包装材料	玻璃包装材料	复合类软包装材料
瓦楞纸、箱板纸	中空板	镀锡薄板（马口铁）	玻璃瓶、玻璃罐	软包装
金银箔纸	打包带	PTP 铝箔		镀铝膜
防油纸	撕裂膜			BOPP（双向拉伸聚丙烯薄膜）
玻璃纸	缠绕膜			
铝箔纸	封箱胶带			

常见生鲜电商保鲜包装材料如表 3-2-2 所示。

表 3-2-2 常见生鲜电商保鲜包装材料

保鲜包装材料	特点
功能型保鲜膜	防止水分蒸发，便于控制气体
乙烯吸附薄膜	除去有害气体乙烯
防露薄膜	采用聚乙烯、聚丙烯、聚苯乙烯等材料的内表面，吸收过剩的水分，适度维持包装内湿度
抗菌性薄膜	将具有抗菌性的银沸石融入薄膜，起到抗菌作用
选择性透过薄膜	在合成树脂中加入有机硅材料，使氧气湿度透入包装内，避免缺氧腐烂
保鲜瓦楞纸箱	主要用于商品运输包装过程中
能隔热的瓦楞纸箱	具有良好的隔热性，防止流通途中农产品自身温度升高
能控制气体成分的瓦楞纸箱	具有气体阻隔性，防止蔬菜水果水分蒸发

总的来说，生鲜电商农产品包装材料要求主要有以下几点：
（1）保证包装材质清洁、无毒、无污染、无异味。
（2）具有防潮性、抗压性。
（3）可重复、可回收利用、可降解。

三、生鲜电商常用保鲜耗材

根据不同蔬菜品种保鲜要求特点不同，合理使用蓄冷板、冰袋等冷媒，采取先进先出原则出库，避免有气味排斥的产品一同贮存配送。生鲜电商常见保鲜耗材及其特点如表 3-2-3 所示。

表 3-2-3 生鲜电商常见保鲜耗材及其特点

保鲜耗材	特点
保鲜片材	防湿，防露，吸收乙烯，抗菌。常用吸水性树脂、无纺布、薄纸等
保鲜剂	高锰酸钾等氧化剂，活性炭与抗污粉末等气体吸附剂
蓄冷剂	生物冰袋
冰袋	注水冰袋

（一）不同类型电商农产品包装方式

1. 易腐烂变质、易损耗农产品

- 泡沫箱+纸箱、塑料筐、编织袋；
- 塑料筐+纸箱，并且放入蓄冷或制冷剂。

2. 液体瓶装农产品及其制成品

- 单瓶包装使用气泡柱或气泡膜包装，放入箱内，箱内保证无空隙；
- 整箱要求有减震包装材料或者模型材料包装产品。

3. 常规农产品

- 大于等于5 kg的采用防水蛇皮袋或纸箱包装；
- 小于等于5 kg的采用气泡袋或纸箱包装。

无论以上哪种包装都应做好封口处理。

（二）电商蔬菜包装标识要求

- 应包括销售者名称、地址、联系电话、包装日期、产地、品牌名称、净含量；
- 应包含产品内容描述，主要包括产品名称、品种、等级规格、贮藏条件；
- 应包含认证标识，并且标注清楚认证标识的认证有效期及国际认证证书编号；
- 应有符合国家标准要求的产品追溯码。

（三）生鲜电商商品"包装属性"填写方式

以淘宝网在食品行业相关类目下发布商品为例，要求农产品线上销售商品发布环节，必须如实填写商品的"包装方式"属性，按照包装方式属性不同将其分为经过加工的食品及食用农产品两类，该两类的包装方式属性填写规则如表3-2-4及表3-2-5所示。

1. 销售经过加工的食品

表3-2-4　加工食品包装方式

经过加工的食品	包装方式
包装的食品	包装/袋装/盒装/桶装
散装的食品	散装
小作坊制售的食品	小作坊制售

2. 销售食用农产品

表3-2-5　食用农产品包装方式

食用农产品	包装方式
食用农产品（例：苹果、土豆）	食用农产品

食用农产品是指在农业活动中直接获得的以及经过分拣、去皮、剥壳、干燥、粉碎、清洗、切割、冷冻、打蜡、分级、包装等加工但未改变其基本自然性状和化学性质的，供人食用的植物、动物、微生物及其产品。

以在淘宝店铺发布新鲜苹果为例，在选择包装方式时，只能在下拉菜单中选择"食用农产品"，而不能选择包装或散装的包装方式（如图 3-2-1 所示）。

图 3-2-1　淘宝店铺后台选择新鲜苹果的包装方式

过度包装

任务 3.2.1　分级保鲜包装方案设计

【任务目的】

熟悉行业标准和规范，掌握农产品电商分级保鲜包装的基本方法和流程。

【任务准备】

- 环境准备：手机、电脑。
- 资料获取：百度等相关网站。

【任务实施】

1. 工作流程

以西红柿为例：确定西红柿分级标准→根据分级标准拣选西红柿→确定西红柿内包装方式→确定西红柿外包装方式。

2. 操作说明

操作步骤一：以西红柿为例，确定西红柿分级标准，见表 3-2-6。

表 3-2-6　西红柿分级标准

等级	具体内容
一等	（1）具有同一品种的特征，果形、色泽良好，果面光滑、清洁、新鲜、硬实、无异味，成熟度适宜，整齐度较高； （2）无烂果、过熟、日伤、褪色斑、疤痕、雹伤、冻伤、皱缩、空腔、畸形果、裂果、病虫害及机械伤
二等	（1）具有相似的品种特征，果形、色泽较好，果面较光滑、清洁、新鲜、硬实、无异味，成熟度适宜，整齐度尚高； （2）无烂果、过熟、日伤、褪色斑、疤痕、雹伤、冻伤、皱缩、空腔、畸形果、裂果、病虫害及机械伤
三等	（1）具有相似的品种特征，果形、色泽尚好，果面清洁，较新鲜、无异味，不软，成熟度适宜； （2）无烂果、过熟、严重日伤、大疤痕、严重畸形果、严重裂果、严重病虫害及机械伤

操作步骤二：根据分级标准拣选西红柿。
（1）看外观：拣选西红柿时，首先要看其外观是否完整。
（2）看果蒂：西红柿的果蒂是判断其新鲜度的一个重要指标。
（3）看颜色：好的西红柿应该呈现出鲜亮的颜色，一般呈红色、橙色或黄色。
（4）看重量：拣选西红柿时，可以比较一下重量。同样大小的西红柿，较重的可能水分更充足，口感更好。
（5）捏硬度：好的西红柿应该是有一定的弹性和硬度的。
（6）闻气味：好的西红柿应该有一种清香的气味。
操作步骤三：确定内包装方式。
西红柿内包装方式多样，常用的有以下几种：纸质包装盒、泡沫箱、托盘+保鲜膜、托盘+网套衬+保鲜膜、槽形塑料盒、托盘+网套+保鲜膜、保鲜袋等。
以托盘+保鲜膜包装为例：
准备工具和材料：托盘、保鲜膜、快速封口带。
包装步骤如表 3-2-7 所示：

表 3-2-7　西红柿内包装操作步骤

步骤	操作
1	将西红柿摆放在托盘上，确保西红柿之间有适当的间隙，以便包裹
2	取适量保鲜膜，将其折叠成适合托盘大小的块状，然后覆盖在西红柿上
3	使用快速封口带将保鲜膜固定在托盘上，确保封口牢固
4	检查保鲜膜是否牢固地固定在托盘上，确保西红柿不会在运输过程中移动或滑动

操作步骤四：确定外包装方式。
西红柿常用外包装方式有：塑料筐、塑料箱、纸质包装箱、泡沫箱。
以泡沫箱包装为例，具体操作如表 3-2-8 所示：

表 3-2-8　西红柿外包装操作步骤

步骤	操作
1	检查：准备好需要打包的西红柿和泡沫箱。确保泡沫箱的尺寸适合西红柿的大小，并且箱子没有破损或者变形
2	清洁：在将西红柿放入泡沫箱之前，确保西红柿表面干净无尘。如果西红柿有灰尘或污垢，可以使用柔软的布或刷子轻轻清洁
3	垫底：在泡沫箱的底部放置一层泡沫垫，以提供额外的缓冲和保护。确保垫子平整并覆盖整个底部
4	包裹：将西红柿用泡沫薄膜或气泡膜包裹起来，以提供更多的保护。确保物品被完全包裹，并且没有露出来的部分
5	整理：将包裹好的西红柿放入泡沫箱中。如果有多个西红柿需要打包，可以使用隔板或分隔层将它们分开，以防止相互碰撞
6	填充空隙：在西红柿之间和周围填充泡沫颗粒或泡沫板，以填充空隙并提供额外的缓冲。确保西红柿被牢固地固定在箱子中，以防止在运输过程中的移动
7	盖上盖子：将泡沫箱的盖子盖好，并确保盖子牢固地锁定在箱子上。如果有需要，可以使用胶带或绳子将盖子固定在箱子上，以确保盖子不会意外打开
8	标记：在泡沫箱的外部标记清楚西红柿的名称、数量和其他重要信息。这样可以帮助运输人员正确处理和存放箱子

【任务评价要点】

（1）能确定一种农产品的分级标准。
（2）能根据分级标准拣选农产品。
（3）能确定农产品内包装方式。
（4）能确定农产品外包装方式。

任务 3.2.2　防止农产品过度包装

【任务目的】

熟悉限制农产品过度包装的要求，提高包装设计能力，培养环保意识。

【任务准备】

- 环境准备：手机、电脑。
- 资料获取：百度等相关网站。

【任务实施】

1. 工作流程

认识《限制商品过度包装要求　生鲜食用农产品》国家强制标准→明确防止农产品过度包装标准。

2. 操作说明

操作步骤一：认识《限制商品过度包装要求 生鲜食用农产品》国家强制标准。

《限制商品过度包装要求 生鲜食用农产品》（GB 43284—2023）明确了蔬菜（含食用菌）、水果、畜禽肉、水产品和蛋五大类生鲜食用农产品是否过度包装的技术指标和判定方法。其中过度包装定义为：包装空隙、包装层数或包装成本超过标准规定要求。

过度包装主要技术指标

操作步骤二：根据 2023 年 9 月市场监管总局（国家标准委）发布的《限制商品过度包装要求 生鲜食用农产品》（2024 年 4 月 1 日起实施）强制性国家标准（见表3-2-9）进行农产品包装。

表 3-2-9 防止过度包装技术标准

防止过度包装技术标准			
\	包装空隙率要求	层数要求	成本要求
蔬菜类	（1）总质量小于等于 1 kg，包装空隙率不超过 25%； （2）总质量大于 1 kg，包装空隙率不超过 20%	不超过 3 层	（1）售价低于 100 元的畜禽肉、水产品、蛋及所有的蔬菜、水果，成本/售价不能超过 20%； （2）售价 100 元以上的草莓、樱桃、杨梅、枇杷，畜禽肉，水产品和蛋，成本/售价不能超过 15%； （3）生鲜食品不使用贵金属、红木等贵重材料包装
水果	（1）总质量小于等于 1 kg，包装空隙率不超过 20%； （2）总质量小于 1 kg 小于等于 3 kg，包装空隙率不超过 15%； （3）总质量小于等于 1 kg，包装空隙率不超过 25%	不超过 4 层	^
畜禽肉	（1）总质量小于等于 1 kg，包装空隙率不超过 20%； （2）总质量小于 1 kg 小于等于 3 kg，包装空隙率不超过 15%； （3）总质量大于 3 kg，包装空隙率不超过 10%	^	^
水产品	（1）总质量小于等于 1 kg，包装空隙率不超过 25%； （2）总质量大于 1 kg，包装空隙率不超过 20%	^	^
蛋	（1）总质量小于等于 3 kg，包装空隙率不超过 20%； （2）总质量大于 3 kg，包装空隙率不超过 15%	不超过 3 层	^

【任务评价要点】

（1）能根据《限制商品过度包装要求 生鲜食用农产品》主要技术指标判断某一农产品是否过度包装。

（2）能针对一类农产品制定防止过度包装技术标准。

拓展与思考

"绿水青山就是金山银山"是中国绿色农业发展的写照。绿色的、生态的，就是高效益的、可持续发展的。在中国绿色农业发展政策背景下，如何开发农产品分级保鲜包装？

项目评价

一、知识测试

1. 单项选择题（请将正确选项填在括号内）

（1）以下不属于农产品包装保鲜耗材的是（　　）。
A. 保鲜片材料　　B. 周转筐　　C. 蓄冷剂　　D. 冰袋
答案：B

（2）电商农产品包装标识应包含产品内容描述，主要包括产品名称、品种、等级规格、（　　）。
A. 贮藏条件　　B. 食用方法　　C. 食用期限　　D. 价格
答案：A

（3）生鲜水果包装层数不能超过（　　）。
A. 4层　　B. 5层　　C. 6层　　D. 8层
答案：A

2. 多项选择题（请将正确选项填在括号内）

（1）以下属于农产品全程冷链重点问题的是（　　）。
A. 保证包装材质清洁、无毒、无污染、无异味
B. 具有防潮性、抗压性
C. 符合《限制商品过度包装要求　生鲜食品农产品》
D. 可重复使用、可回收再利用
答案：ABCD

（2）生鲜食品不使用（　　）等贵重材料进行包装。
A. 重金属　　B. 红木　　C. 塑料托盘　　D. 纸壳
答案：AB

（3）过度包装定义为（　　）超过标准规定要求。
A. 包装空隙　　B. 包装层数　　C. 包装重量　　D. 包装成本
答案：ABD

3. 判断题（正确的在题后括号内写A，错误的写B）

（1）农产品全程冷链实施过程中冷链成本控制是重要的问题，但冷链断链问题几乎不会发生。（　　）
答案：B

（2）《限制商品过度包装要求　生鲜食品农产品》不是国家强制标准，企业并非一定要遵守。（　　）
答案：B

（3）对于畜禽肉总质量小于等于1kg，包装空隙率不超过20%。（　　）
答案：A

二、项目测评（技能评价+素质评价）

表 3-2-10　本项目测评表

任务名称	评价内容	分值	评价分数 自评	评价分数 互评	评价分数 师评
任务 3.2.1 分级保鲜包装方案设计	能确定一种农产品的分级标准	20			
	能根据分级标准拣选农产品	10			
	能确定农产品内包装方式	15			
	能确定农产品外包装方式	15			
任务 3.2.2 防止农产品过度包装	能根据《限制商品过度包装要求 生鲜食用农产品》主要技术指标判断某一农产品是否过度包装	10			
	能针对一类农产品制定防止过度包装技术标准	30			
合计		100			

项目 3.3　农产品电商类目选择

项目描述

不同的农产品类目对应着不同的市场需求、不同的竞争程度和不同的利润空间,选择具有市场需求、竞争相对较小、具有较高利润空间的农产品类目,有助于电商企业更好地满足消费者的需求,降低营销成本,提高销售额,打造自己的品牌。本项目主要围绕如何合理选择电商类目展开,帮助农民制定出科学合理的类目策略。

项目目标

1. 知识目标

(1)了解农产品电商类目分类。
(2)了解农产品电商类目趋势及选择因素。

2. 能力目标

能选择合适的农产品电商类目。

3. 素质目标

(1)培养敏锐的市场意识。
(2)培养团队竞争意识和创新能力。

项目情景

地方特色农产品电商崛起之路

某农产品电商团队在深入市场调研后,敏锐地捕捉到淘宝平台上地方特色农产品的市场空缺与潜在需求。他们观察到,尽管淘宝上农产品类目繁多,但真正聚焦于地方特色的农产品店铺却并不多见。这为他们提供了一个独特的商业机会。该电商团队决定以地方特色农产品为切入点,在淘宝平台上开设一家专门销售这类产品的店铺。他们深知,要想在竞争激烈的电商市场中脱颖而出,必须有自己的特色和优势。

为了打造独一无二的地方特色农产品品牌,该电商团队从源头抓起,深入各地农村,与当地农户建立紧密的合作关系。他们精心挑选具有地域特色、品质优良的农产品,如某地的特产水果、某地的珍稀药材等,确保产品的独特性和品质。在产品包装方面,该团队也下足了功夫。他们设计了富有地方特色的包装,不仅美观大方,还能有效保护产品的新鲜度和完整性。同时,他们还在包装上添加了详细的产品说明和故事背景,让消费者在品尝美食的同时，也能感受到浓郁的地方文化。在营销策略上，该电商团队充分利用淘宝平台的各种推广工具，如直通车、淘宝客等，提高店铺的曝光率和点击率。他们还定期举办各种促销活动，如满减、折扣、赠品等，吸引消费者的眼球，刺激购买欲望。此外，该团队还非常重视客户服务和售后支持。他们建立了完善的客户服务体系，为消费者提供及时、专业的咨询和解答。对于任何产品质量问题或投诉，他们都会积极处理，确保消费者的权益得到保障。

通过这些努力，该农产品电商团队的淘宝店铺很快就在市场上树立了良好的口碑和形象。他们的地方特色农产品受到了广大消费者的喜爱和追捧，销售业绩实现了快速增长。同时，他们也带动了当地农业产业的发展，为农民增收致富作出了积极贡献。

思考：该电商团队是如何在繁多的农产品类目中，选择出合适的类目，获得独特的商业机会的呢？

思政园地

农产品电商团队在选择类目时，充分调研市场需求，了解消费者的购买习惯和需求变化，选择那些具有市场潜力的农产品。同时，团队还关注到消费者利益，确保所售产品的质量、安全和价格合理，维护消费者的合法权益。农产品电商领域充满竞争和机遇，团队在选择类目和经营过程中，应具备创新创业精神，勇于尝试新产品、新模式，不断学习和掌握新知识、新技能，提升团队的竞争力和创新能力。

知识储备

一、农产品电商类目的概念

电商商品类目，就是电商平台根据商品的种类、用途、材质等方面进行分类的一种方式。电商商品目录是站内搜索的基础，是为了提高商品搜索的效率而实行的一种分类方式，也是平台用户寻找商品的主要途径之一。没有商品类目作为基础，电商站内的搜索可以说是一盘散沙，无从下手。一般来说，电商商品类目分类分为一级目录和二级目录两种。

农产品电商类目，则是根据农产品产业来源、物理性质、生产方式或用途等进行分类的一种方式。联合国统计署设立的《主要产品分类》，根据农产品的物理属性、用途及产业源等大部分进行了分类，0 大部类指的是未加工或粗加工产品；2 大部类中的（21）肉、鱼、水果、蔬菜、油脂类目全部指加工品。具体类目如表 3-3-1 所示。

表 3-3-1　主要产品分类——农产品

部门	类	组	级	次级
0	农业、林业和水产品	17	66	83
	01 农业、园艺和商品园艺产品	9	37	44
	02 活动物和畜产品	2	11	21
	03 林业和伐木业制品	3	10	10
	04 鱼类和其他水产品	3	8	8

续表

部门	类	组	级	次级
2	食品、饮料和烟草；纺织品、服装和皮革制品	44	185	239
	21 肉类、鱼类、水果、蔬菜和油脂	8	34	47
	22 乳制品	2	11	11
	23 磨谷制品、淀粉和淀粉制品；其他食品	8	30	39
	24 饮料	4	9	11
	25 烟草制品	1	2	2
	26 纱和线；机织织物和簇绒织物	8	53	53
	27 纺织制成品，服装除外	4	18	29
	28 针织物或钩编织物；服装	3	11	30
	29 皮革和皮革制品；鞋类	6	17	17

在此基础上，电商平台综合消费习惯、品牌、加工程度、工艺、产地等特点，形成各自的农产品电商类目。例如，京东电商平台的生鲜商品按大类分为水果、蔬菜蛋品、水产、肉类及冷饮冻食。拼多多的生鲜商品大类也大体相同。而主打 B2B 模式的惠农网平台对农产品按水果、蔬菜、禽畜肉蛋、水产、农副加工、粮油米面、种子种苗、苗木花草进行大类划分（如图 3-3-1 所示）。

图 3-3-1　农产品电商类目

二、农产品电商类目趋势

京东平台的农产品类目具有典型性（如图 3-3-2、3-3-3 所示）。除了传统的按产业源分类以外，还可以按以下特点划分：

热销水果 >	苹果	葡萄/提子	奇异果/猕猴桃	橙子	梨	蓝莓	柠檬	百香果	美国橙	火龙果	椰青	更多
	西柚	水果礼盒										
时令水果 >	柚子	冬枣	车厘子/樱桃	水蜜桃	杏	李子	香瓜	哈密瓜	西瓜	枇杷	杨梅	草莓	橘柑
	石榴	无花果	柿子	甘蔗	金桔	鲜槟榔							
热带鲜果 >	芒果	菠萝/凤梨	榴莲	香蕉	百香果	山竹	木瓜	释迦	龙眼	牛油果	菠萝蜜	椰子	火龙果
	莲雾	番石榴/芭乐	龙宫果	火参果	杨桃	红毛丹							
知名品牌 >	佳沛	都乐	佳农	怡颗莓	宏辉果蔬	新奇士	爱奇果	珍享	展卉				
地标水果 >	山东网纹瓜	百色芒果	洛川苹果	新疆哈密瓜	阿克苏苹果	烟台红富士	蒙自石榴	沾化冬枣
	西峡猕猴桃	美国车厘子	台湾凤梨	进口水果	东北姑娘果	琯溪蜜柚	四川丑橘	赣南脐橙
新奇特 >	红心猕猴桃	丑苹果	黄心西瓜	蛇皮果	鲜核桃	软籽石榴	秋月梨	有机水果	鲜果礼盒

图 3-3-2　京东平台水果类目

叶菜类 >	生菜	菜心	西兰花	菠菜	上海青	油菜	芥蓝	白菜	甘蓝/卷心菜	芹菜	韭菜	茼蒿	香菜	茴香
	芝麻菜	更多												
根茎类 >	山药	萝卜	地瓜/红薯	土豆/洋芋	芋头	莲藕	百合	芦笋	更多
鲜菌菇 >	香菇	松茸	鸡枞菌	牛肝菌	杏鲍菇	木耳/银耳	黑松露菌	平菇	更多
茄果瓜类 >	玉米	黄瓜	西红柿	南瓜	茄子	四季豆	苦瓜	豇豆	更多
葱姜蒜椒 >	葱	姜	蒜	椒	香料
半加工菜 >	泡菜	豆制品	沙拉菜	酸菜	方便火锅
蛋类 >	鸡蛋	鸭蛋	鸽子蛋	鹅蛋	鹌鹑蛋	松花蛋/皮蛋	喜蛋	咸蛋	咸蛋黄	更多
地标产品 >	建水烧豆腐	温县铁棍山药	桥头地瓜	板栗红薯	六鳌红薯	高邮咸鸭蛋	白洋淀咸鸭蛋	辛集烤鸭蛋
	霍山鲜百合	兰州百合						
新奇特 >	水培蔬菜	富硒地瓜	乌鸡蛋	野鸡蛋	鸡胚蛋	香椿芽	荠菜	薄荷	紫苏	冰草	山野菜	有机蔬菜

图 3-3-3　京东平台蔬菜类目

（一）按是否属于时令农产品

中国人历来追求"不时不食"，有着在不同季节食用当季新鲜蔬菜水果的习惯，时令性农产品一直备受中国消费者青睐。

（二）按是否属于地标农产品

农产品地理标志是对来源于农业的初级产品，即在农业活动中获得的植物、动物、微生物及其产品，授予的地理标志。地标水果也成为蔬果消费的特征之一。消费者在选购水果时经常认准地区性的特产，比如脐橙要买赣州的，石榴要买云南的，香梨认准新疆库尔勒……在消费者心中，地标农产品和绿色、安全、原产地等品质概念画上等号。地标农产品是农产品上行的新增长点。根据京东发布的《2018—2022 地标农产品上行趋势报告》，地标农产品消费金额年均增长 36%，高于农产品整体增速 4 个百分点；地标生鲜农产品消费金额年均增长 41%，高于生鲜农产品整体增速 7 个百分点。

（三）按是否属于新奇特农产品

新奇特，是在市场和消费者需求中催生出来的新名词。可以理解为：设计新锐，不同寻常，并超出一般的产品或事物。常规水果诸如苹果、香蕉这种贯穿一年四季的"钉子户"无法引起大家的尝鲜兴趣，一些高颜值、拥有新奇外表和奇特口感的小众水果俘获了一批忠实粉丝。

（四）按是否属于"健康"农产品

随着消费者健康理念的提升，越来越多的人开始关注食品中的糖含量，在此之外如何减少血糖上升、实现健康目标也成为了更高的追求。带有"低糖低脂"标签的农产品也成为电商新宠儿，比如山药、百香果、紫甘蓝等。健康、绿色、高品质商品越来越受到消费者青睐。根据《2022鲜食玉米消费趋势白皮书》显示，鲜食玉米的销售在食用玉米中的占比不断提升，80%的消费者选择在线上电商渠道网购。

三、农产品电商类目选择因素及意义

正确地选择并设置农产品电商类目，一是方便用户搜索，方便顾客更精准地去找到自己需要购买的产品；二是有助于店铺排名；三是可以增加商品曝光量，提高销量。

如何选择农产品电商类目呢？考虑的因素主要有：

（一）消费者需求变化趋势

随着消费者的需求变化，部分品类迎来新机遇。因此，选择合适的类目需要紧紧围绕用户需求。例如，消费者可能不会选择从网上购买普通土豆，但会购买富硒土豆，因为消费者是奔着营养去的。

（二）便于保鲜储运的农产品

农产品电商避不开快递运输，新鲜农产品在密封的快递箱中经过长途运输后，可能新鲜度大打折扣。如果采用冷链运输，成本将大大增加。因此，对于普通农产品来说，应选择便于常温保鲜和储运的商品，例如五谷杂粮、干货、红薯等较适合电商。

（三）保存/供应时间长的农产品

相对于传统销售，电商从新店新品开始，需要投入很多精力和资金。如果农产品上市周期短，利润收割期短，利润相比前期投入所剩无几。因此，保存时间长、供应周期长的产品更适合做电商。

（四）货源数量及质量保障

从事农产品电商经营，有些经营者有自己的种植基地，有些则没有。无论有无种植基地，需要注意到，选品应考虑到货源是否能够满足需求。即便是一件代发模式，也一定要对农产品货源进行考察。

任务 3.3.1　为农产品选择合适的电商类目

【任务目的】

熟悉品类数据查看途径，掌握基本品类数据分析方法，从而能够根据品类数据为农产品选择合适的电商类目。

【任务准备】
- 环境准备：手机、电脑。
- 资料获取：百度等相关网站。

【任务实施】

1. 工作流程

登录数据分析平台→查看品类数据→通过品类数据详情查看销售方式。

2. 操作说明

操作步骤一：进入有米有数平台，进入一级品类表，选择"食品"大类。（见图 3-3-4）

图 3-3-4　有米有数平台"食品"大类

操作步骤二：通过品类数据查看相关信息。

品类详情可以查看大品类的详细数据，包括品类基础数据、销量趋势、商品、达人数据。

操作步骤三：查看品类排行，了解主要推广方式。

如果想看大盘的品类带货趋势和排名，可以通过【品类排行】掌握最近时段品类市场情况、大盘现状。通过销量、销售额下方的百分比数据可以看出，这个品类主要是否通过直播来进行带货起量，从而了解这个品类下商品的主要推广方式。（见图 3-3-5）

图 3-3-5　有米有数平台"品类排行"

【任务评价要点】

（1）能登录品类数据查看平台。

（2）能通过品类数据查看相关信息。

（3）能查看品类排行，了解主要推广方式。

（4）能根据以上内容分析，为某农产品选择合适的类目。

拓展与思考

  在"电子商务进农村综合示范工作"通知系列政策背景下，在《国务院办公厅关于推进电子商务与快递物流协同发展的意见》《关于推动邮政业服务农村电子商务发展的指导意见》和《国务院办公厅关于加快农村寄递物流体系建设的意见》等电商物流体系的建设和服务相关政策的指导下，农产品电商团队在选择类目时还应考虑哪些要素，以确保所选类目符合国家政策、市场需求和消费者利益，以实现可持续发展和社会价值？

项目评价

一、知识测试

1. 单项选择题（请将正确选项填在括号内）

（1）农产品电商类目是根据农产品产业来源、（　　）、生产方式或用途等进行分类的一种方式。

A. 生物性质　　B. 物理性质　　C. 产品金额　　D. 产品产区

答案：B

（2）电商商品类目，就是电商平台根据商品的（　　）、用途、材质等方面进行分类的一种方式。

A. 颜色　　　　B. 种类　　　　C. 重量　　　　D. 大小

答案：B

（3）某消费者在购买农产品时，更倾向购买地区性的特产，那么该消费者应该认准农产品包装的标志是（　　）。

A. 绿色农产品　　B. 有机农产品　　C. 合格农产品　　D. 地理标志农产品

答案：D

2. 多项选择题（请将正确选项填在括号内）

（1）农产品类目电商新趋势包括（　　）。

A. 按是否属于时令农产品

B. 按是否属于新奇特农产品

C. 是否属于健康农产品

D. 按是否属于地标农产品

答案：ABCD

（2）农产品地理标志是对来源于农业的初级产品，即在农业活动中获得的（　　）授予的地理标志。

A. 植物　　　　B. 动物　　　　C. 微生物　　　　D. 矿物质

答案：ABCD

（3）选择农产品电商类目时考虑的因素主要有（　　）。

A. 消费者需求变化趋势

B. 保存/供应时间长的农产品

C. 便于保鲜储运的农产品

D. 货源数量及质量保障

答案：ABCD

3. 判断题（正确的在题后括号内写A，错误的写B）

（1）选择农产品电商类目时，应该考虑消费者需求、农产品储运特性、农产品货源情况等问题。（　　）

答案：A

（2）电商商品类目只能根据商品的种类进行分类。（　　）

答案：B

（3）电商商品目录是站内搜索的基础，是为了提高商品搜索的效率而实行的一种分类方式，也是平台用户寻找商品的主要途径之一。（　　）

答案：A

二、项目测评（技能评价+素质评价）

表 3-3-2　本项目测评表

任务名称	评价内容	分值	评价分数 自评	评价分数 互评	评价分数 师评
任务 3.3.1 为农产品选择合适的电商类目	能登录品类数据查看平台	10			
	能通过品类数据查看相关信息	15			
	能查看品类排行，了解主要推广方式	15			
	能根据以上内容分析，为某农产品选择合适的类目	60			
	合计	100			

模块四

农产品电商供应链管理

> 农产品营销不仅取决于农产品本身和品牌形象，支持农产品营销的供应链是其关键。农产品供应链连接农产品生产、运输、销售的上下游网络。当前大部分农产品生产经营者尚不具备农产品供应链思维和意识，对自身在农产品供应链中的定位不清晰，还停留在单打独斗的局面中，信息共享、网络组织、组织协同还没有形成，成为农产品销售的短板。
>
> 本模块旨在帮助农民解决三大问题：
> （1）如何进行网络零售农产品供应链管理？
> （2）如何进行直播电商农产品供应链管理？
> （3）如何进行平台电商农产品供应链管理？
>
> 本项目将要学习 3 个项目、6 个任务：

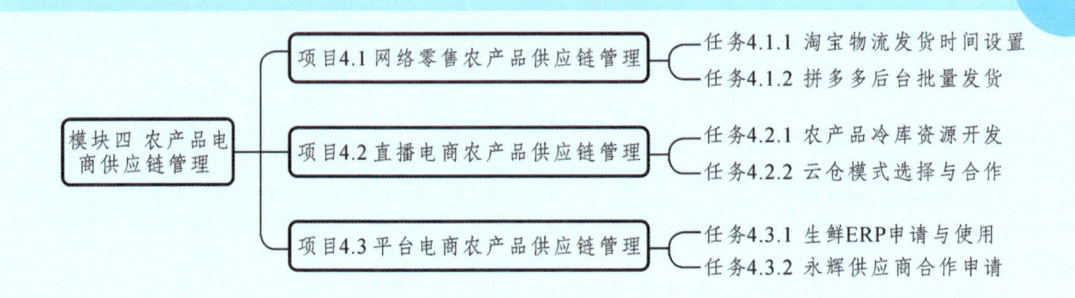

模块四 农产品电商供应链管理
- 项目4.1 网络零售农产品供应链管理
  - 任务4.1.1 淘宝物流发货时间设置
  - 任务4.1.2 拼多多后台批量发货
- 项目4.2 直播电商农产品供应链管理
  - 任务4.2.1 农产品冷库资源开发
  - 任务4.2.2 云仓模式选择与合作
- 项目4.3 平台电商农产品供应链管理
  - 任务4.3.1 生鲜ERP申请与使用
  - 任务4.3.2 永辉供应商合作申请

项目 4.1　网络零售农产品供应链管理

📚 项目描述

个体农户、专业大户、生产基地、家庭农场或农民合作社可以通过在平台申请开店成为入驻商家。消费者下单，商家可以通过自有物流体系配送或依靠第三方物流体系发货。本项目主要围绕经营农产品网店应如何做好物流履约，帮助农民关注物流履约指标，提高物流履约意识，提高服务水平。

📖 项目目标

1. 知识目标

（1）理解农产品电商供应链履约的意义。
（2）了解应该从哪些方面提高履约水平。
（3）掌握成本和体验的核心指标内容。

2. 能力目标

具备网店物流的基本操作能力，包括淘宝物流发货时间设置、拼多多批量发货等。

3. 素质目标

培养农民网店经营的服务意识，提高客户服务水平，提高店铺口碑。

🔍 项目情景

供应链助力网店农产品销售

小王是宁夏一家农民专业合作社的理事长，以宁夏特色农产品生产种植为主要经营业务。多年来，他带领合作社在京东、淘宝、拼多多等多个电商平台开通店铺。在保障商品品质的前提下，小王格外关注客户的履约体验，在控制库存成本的同时，努力提高履约水平。

思考：小王是如何以供应链为抓手，支撑销售目标达成的呢？

📖 思政园地

小王经营的平台店铺坚持以服务为导向，他认为把一件商品送到消费者手中，应保证把商品快速完好地交给消费者，给用户更好的体验，用户的体验好了，生态也自然会更健康。

正因为小王具有强烈的服务意识，在选择物流服务商、发货时效保障、物流履约方面投入很大精力，所以他的平台店铺口碑很好，客户复购率高。

知识储备

一、农产品网店运营履约服务

（一）如何理解农产品网店运营物流履约

对网店运营而言，消费者体验是其核心竞争力。履约水平是一个店铺服务质量的直接表现，好的履约服务能够大大提高消费者体验。

对消费者而言，从他们在平台下单的那一刻开始，消费者已经与平台店铺达成契约，契约中的内容即平台履约内容，包括订单上的信息，如发票、运费、时效、退换货等，意味着店铺经营者要开始根据契约规定履约了。

（二）提高农产品网店运营履约水平应该怎么做

从供应链层面，要做好履约，可从价格、时效、品质、售后4个方面着手。

第一，价格。在一般商业行为中，价格是吸引客户的第一要素（特殊行业除外）。因此，应在保证企业利润的同时，控制供应链各环节成本（包括商品本身的成本、管理成本、物流成本、损耗成本、退货成本等），为用户提供最优价格。

第二，时效。物流速度是用户体验的重要因素。以淘宝为例，2023年的新淘宝规则下，物流速度成为用户体验很重要的一个因素，如果物流速度不快，将会影响卖家的店铺信誉度和体验分。

第三，品质。从采购溯源，收货验收，到出库复核，全程保证商品的品质，保障消费者体验。

第四，售后。很多店铺重视正向履约，但售后跟不上。商品有任何质量问题，能够第一时间进行售后处理，比如无理由退货、先行赔付、上门取件等，都可以为客户提供极佳的售后服务体验。

当然，好的履约服务，必然会导致投入成本的增加，对于企业来讲，一边是服务和口碑，一边是成本和利润，两手都要抓，需要从内外部一起努力来达成降本增效，提升用户体验。

二、农产品网店运营供应链管理重点指标

（一）农产品网店运营供应链成本类指标

库存是资产，也是负债。持有适量库存意味着，可以用现有库存立即满足客户需求，减少销售损失，也意味着成本增加。因此，应该重点关注库存，可以通过库存指标进行监控和优化。

1. 库存周转率、库存周转天数

库存周转能够衡量库存的流动性，是货品效率的重要指标。

库存周转率=一定时期的销售件数/平均存货件数

库存周转天数=一定时期对应的天数/库存周转率

2. 订单库存满足率、库存可销售天数

订单库存满足率指当顾客发出某个订单需求时,库存系统中有该订单中的所有产品,能够立刻满足顾客需求的百分率。

库存可销售天数=可售库存/未来日均销量或(可售库存+在途库存)/未来日均销量

(二)农产品网店运营物流体验类指标

当客户下单后,店铺需要以合理的时间,从合理的地点,将正确的货物以合理的方式送到正确的收货人手中。因此,当出现发错货、发错地址、商品品质异常、送货延迟等问题时,客户体验受到严重影响,可能招致客诉,也需要及时补发或者退回重发,退换货成本也由卖家承担。淘宝店铺综合体验分中对物流体验的考核包括48小时揽收及时率、物流到货时长及物流差评率。

电商订单基本都有时效表达,每条线路都在消费者下单时呈现出预计或者承诺的时效,即"表达时效";而线路每天会收到一个"实际时效"。实际时效通常比表达时效更短,如果达不到表达时效,消费者体验会变差。

正常情况下,商品详情页面显示的承诺出库时效为24小时或48小时。一般地,出库时间越短,消费者体验越高。物流详情,是指消费者看到的物流信息更新。对于有些着急的订单,消费者可能每天都会看一下货物到哪里了,如果超过1天没有看到消息更新就着急了。一般来说,国内配送的更新日期可以是1天。

向服务者承诺或预计时效达成率=所有不同线路承诺或预计时效内签收的订单数/
所有线路的总订单数

出库及时率(24小时)=24小时内成功交接物流配送的订单数/消费者总订单数

物流详情停滞率=物流信息停滞超过×天订单数/总订单数

错发漏发率=错发漏发的件数/订单总件数

库存货损率=仓库内货物破损件数/总库存件数

货物破损投诉率=货损件数的投诉单数/销售的订单数

货品丢失投诉率=丢失件数的投诉单数/销售的订单数

任务 4.1.1 淘宝物流发货时间设置

【任务目的】

能够合理设置淘宝发货时间,提高客户物流履约服务水平。

【任务准备】

- 环境准备:电脑、网络。
- 资料获取:淘宝千牛工作平台。

【任务实施】

1. 工作流程

淘宝卖家设置物流发货时间：登录淘宝→进入卖家中心→物流管理→物流工具→运费模板→设置发货时间。

2. 操作说明

操作步骤一：进入淘宝千牛卖家中心（https://myseller.taobao.com/home.htm#/index），进入如下图4-1-1所示的界面。

图4-1-1 淘宝千牛卖家中心

操作步骤二：依次点击物流管理、物流工具、运费模板设置，选择合适的发货时间，点击保存，完成设置（见图4-1-2）。

图4-1-2 淘宝运费模板设置

【任务评价要点】

（1）进入淘宝千牛卖家中心。
（2）进入运费模板设置界面。
（3）设置物流发货时间。

任务 4.1.2　拼多多后台批量发货

【任务目的】

了解拼多多批量发货的流程，提高平台系统发货操作效率，节约时间。

【任务准备】

- 环境准备：手机、电脑、网络。
- 资料获取：拼多多后台、Excel。

【任务实施】

1. 工作流程

进入拼多多店铺后台设置→点击"发货中心"→下载发货模板→编辑导入模板→上传文件→点击"发货"完成批量发货设置。

2. 操作说明

操作步骤一：进入拼多多店铺后台，在发货管理模块，点击"发货中心"（见图 4-1-3），点击"下载发货模板"，将发货模板下载到电脑本地桌面。

图 4-1-3　拼多多发货管理界面

操作步骤二：打开 Excel 发货模板，填写对应的需要发货的订单号，填写快递公司及快递单号（见图 4-1-4），编辑完成后点击保存。

图 4-1-4　批量发货模板界面

操作步骤三：将文件拖拽到红色框所在区域后（见图 4-1-5），后台跳转到批量发货预览界面，核对信息无误后，点击右下角"发货"按钮，完成批量发货。

图 4-1-5　批量发货模板上传区域

【任务评价要点】

（1）进入拼多多后台发货界面。
（2）下载批量发货模板。
（3）编辑发货模板。
（4）确认发货。

拓展与思考

2018 年国务院办公厅印发《关于推进电子商务与快递物流协同发展的意见》，明确了六大政策来助力电商和快递协同发展。那么，根据意见，应如何立足当地物流资源，提高客户履约服务水平呢？

项目评价

一、知识测试

1. 单项选择题（请将正确选项填在括号内）

（1）以下不属于货品效率指标的有（　　）。

A. 库存周转率　　B. 库存周转天数　　C. 库存可销售天数　　D. 订单库存满足率

答案：D

（2）以下关于履约成本的说法错误的有（　　）。

A. 好的履约服务，会增加投入成本

B. 库存是资产，应该多囤货

C. 库存是资产，也是负债

D. 库存周转能够衡量库存的流动性

答案：B

（3）电商订单，基本都有时效表达，每条线路都在消费者下单时呈现出预计或者承诺的时效称为（　　）。

A. 表达时效　　B. 实际时效　　C. 承诺时效　　D. 预期时效

答案：A

2. 多项选择题（请将正确选项填在括号内）

（1）履约水平是一个店铺服务质量的直接表现，要做好履约，可以从哪些方面入手（　　）。

A. 价格　　B. 时效　　C. 品质　　D. 售后

答案：ABCD

（2）以下属于履约体验类指标的有（　　）。

A. 向服务者承诺或预计时效达成率

B. 出库及时率（24小时）

C. 物流详情停滞率

D. 库存货损率

答案：ABCD

（3）以下属于履约体验类指标的说法正确的有（　　）。

A. 向服务者承诺或预计时效达成率越高越好

B. 出库及时率越高越好

C. 出库时间越短，消费者体验越高

D. 库存货损率应尽可能降低

答案：ABCD

3. 判断题（正确的在题后括号内写 A，错误的写 B）

（1）实际时效如果超过表达时效，消费者体验会变差。（　　）

答案：B

（2）客户体验是制约生鲜电商用户量增长的关键。（　　）

答案：A

（3）当出现发错货、发错地址、商品品质异常、送货延迟等问题时，客户体验会受到严重影响。(　　)

答案：A

二、项目测评（技能评价+素质评价）

表 4-1-1 本项目测评表

任务名称	评价内容	分值	评价分数 自评	互评	师评
任务 4.1.1 淘宝物流发货时间设置	进入淘宝千牛卖家中心	10			
	进入运费模板设置界面	10			
	设置物流发货时间	10			
任务 4.1.2 拼多多后台批量发货	进入拼多多后台发货界面	10			
	下载批量发货模板	10			
	编辑发货模板	20			
	上传发货模板	20			
	确认发货	10			
合计		100			

项目 4.2　直播电商农产品供应链管理

项目描述

零售的三要素"人""货""场"模型中,"人""货"的交易本质是不变的,改变的只有"场"。在传统零售中,商品若要送到用户手中,都离不开商品的采购、存储、物流等供应链环节。从供应链视角来审视,直播电商的出现是企业借助互联网延伸的一种销售渠道,本项目梳理了直播电商供应链的特点,帮助农户从备货、资源整合、售后保障方面进行供应链管理,打造强有力的供应链。

项目目标

1. 知识目标

(1) 理解农产品直播电商供应链现状。
(2) 了解电商供应链资源整合路径。

2. 能力目标

能根据实际需求找到合适的冷库、云仓供应商资源并进行洽谈合作。

3. 素质目标

(1) 培养农民直播电商经营的服务意识,提高客户服务水平,提高店铺口碑。
(2) 培养农民社会责任感,积极帮助所在地区的农户,带领村民增收致富。

项目情景

供应链助力多元化农产品销售

小王是宁夏一家农民专业合作社的理事长,以宁夏特色农产品生产种植为主要经营业务。小王不仅入驻各大电商运营平台开展零售,还借助抖音等直播电商拓展销售渠道。不同渠道下的供应链管理模式,管理侧重点不尽相同。

思考:小王是如何进行直播电商农产品供应链管理的呢?

思政园地

小王所在的合作社积极寻求新的营销方式,尝试通过直播方式讲好农产品故事,拓展了销售渠道,吸引了大量消费者的关注和购买。同时积极帮助所在地区的农户,提供社会化服务，如统一采购物资，对接快递企业等，不忘初心，切实履行社会责任感，带领村民增收，走上致富之路。

知识储备

一、农产品直播电商供应链的特点

农产品直播有其自身的产业特点，从供应链角度，主要表现为两方面：

第一，低价营销策略不一定适用。一方面，生鲜农产品毛利本来就不高，商家为了保证利润，在农产品标准、包装、运输各环节控制成本，这也是消费者收到的商品质量欠佳的一个原因。另一方面，低价会给农产品带来一定的负面效应。例如，某地理标志产品板栗，由于网红低价带货，扰乱了正常的市场价格，使品牌的价值大打折扣。

第二，直播带货剧增的销售量考验产品的体验和供应链能力。大部分直播带货农产品是地方特色产品，通过直播，短时内需求量激增，很多地方出现临时组货、仓促打包的情况，对于产品和服务的稳定性带来了一定的挑战。

第三，生鲜产品的售后服务保障存在一定问题。主播对于售卖商品的质量无法保证，消费者购买到劣质商品的事件屡见不鲜。直播中只关注销量，但不涉及商品下单后的物流、产品质量等售后服务，消费者在直播中购买的商品遇到问题时，很难通过投诉渠道获得有效的解决方案。

据中国消费者协会调研、京东物流研究院的调研数据显示，高达60%的消费者因担心商品质量无保障，拒绝在直播间下单，如图4-2-1所示。

没有直播购物的原因

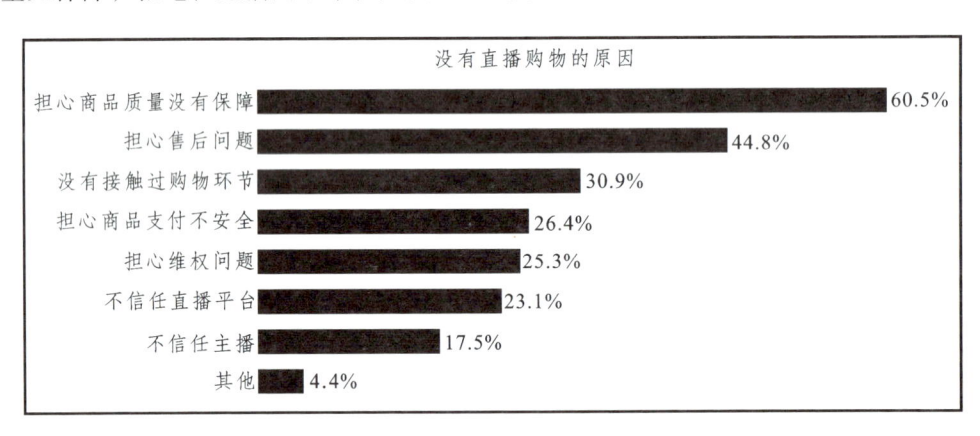

原因	比例
担心商品质量没有保障	60.5%
担心售后问题	44.8%
没有接触过购物环节	30.9%
担心商品支付不安全	26.4%
担心维权问题	25.3%
不信任直播平台	23.1%
不信任主播	17.5%
其他	4.4%

图 4-2-1　消费者没有直播购物的原因调研

东方甄选深入供应链

二、直播电商供应链管理的入手方向

（一）从备货和售后保障方面入手

直播带货模式不仅要关注前端销售问题，还要考虑后续的发货管理，需要对实际发货品质及过程进行有效监控。

1. 备货

一方面，可以提前进行商品的销量预测，借助历史销量推导未来的销量，按需备货，以免产生缺货。可能出现的损失表现为滞销原因导致的成本损失。另一方面，如若出现订单激增，超过现有库存，需要考虑是否有稳定的货源可以快速补充。此外，还可以结合可用库存设置上架量，上架量不大于库存，当下单数达到上架量时，商品无法再继续销售。这种情况下的损失表现为因备货不足错过销售机会。

2. 售后保障

一方面，根据销量预测，针对备货库存提前分拣打包，客户下单后可以实现快速出库。另一方面，及时关注商品下单后的物流、产品质量等售后服务，消费者在直播中购买的商品遇到问题时，第一时间处理投诉，并给出有效的解决方案。考虑到直播品的退货率更高，可以在直播后，安排专人处理逆向物流，提高客户满意度。此外，商家也可以选择和云仓合作进行管理发货，将仓储和发货交给云仓，通过云仓的专业化运作，提高发货效率、准确率和买家收货体验。

（二）从资源整合方面入手

2022年商务部、国家邮政局等八部门发布的《关于加快贯通县乡村电子商务体系和快递物流配送体系有关工作的通知》提到支持农产品产地发展"电子商务+产地仓+快递物流"仓配融合模式，提高农产品电商上行销售效率。

国家《"十四五"电子商务发展规划》中提出，支持产业链上下游企业基于电子商务平台加快订单、产能、物流、渠道等资源整合与数据共享，打通产业链协同的信息"堵点"，促进产业链、价值链、创新链联动发展，打造产业链协同共赢生态体系。

因此，实现小农户与现代农业发展有机衔接，其本质是要破解分散的小规模经营与社会化大生产之间的矛盾。地方政府、村社集体等主体可通过资源链接为小农户提供丰富的社会化服务。具体做法包括：

1. 搭建家门口的快递服务点

虽然小农户在农业生产方面有较强的种植经验和能力，但是其在对接物流企业、议价等方面却不擅长。而合作社等集体凭借谈判的技术、技巧及谈判能力，可以向快递企业争取合理价格，赢得自身合理利润。

2. 集体议价降低交易成本

农产品打包、运输环节中使用的包装材料，可以通过集体组织集中购买，获得阶梯折扣价，降低采购成本。

田村猕猴桃合作社的社会化服务

3. 提供冷库储藏服务

冷链设施建设对农民的电商运营起到很大的推动作用，能够提高农产品电商销售的附加值和质量，减少货物在运输过程中的损耗，提高农产品的供应链效率。集体组织可以整合冷库或产地仓等资源，向农户提供冷库储存服务，从而延长果品储存时间，为农户提供销售的机会。

任务 4.2.1　农产品冷库资源开发

【任务目的】

了解冷库资源开发渠道，整合冷库资源，提高仓储服务水平。

【任务准备】

- 环境准备：手机、电脑、网络。
- 资料获取：百度、物联云仓等相关网站。

【任务实施】

1. 工作流程

进入物联云仓官网（https://www.50yc.com/warehouse）→点击"找仓租仓"→选择仓库→联系看仓。

2. 操作说明

操作步骤一：进入物联云仓官网（https://www.50yc.com/warehouse），点击"找仓租仓"，打开界面如图 4-2-2 所示。

图 4-2-2　物联云仓找仓租仓界面

操作步骤二：根据实际需求，选择仓库位置、仓库标准、仓库类型、可租面积，筛选符合要求的仓库资源，点击进入了解详情，查看联系方式，如图 4-2-3 所示。

图 4-2-3　物联云仓找仓租仓界面

【任务评价要点】

（1）进入物联云仓找仓租仓界面。

（2）根据指定条件筛选合适的仓库资源。

（3）获取联系方式。

任务 4.2.2　云仓模式选择与合作

【任务目的】

了解云仓模式，整合仓库资源，提高仓储服务水平。

【任务准备】

- 环境准备：手机、电脑。
- 资料获取：百度等相关网站。

【任务实施】

1. 工作流程

百世云仓合作申请：登录百世云仓官网（www.bsyc.cn/h-col-111.html）→查看百世云仓产品及服务内容，了解百世云仓产品→通过在线咨询/微信咨询/服务热线形式沟通物流现状与分析→获得服务方案及报价。

2. 操作说明

操作步骤一：进入百世云仓官网（www.bsyc.cn/h-col-111.html），查看云仓产品及服务内容，如图 4-2-4 所示。

操作步骤二：在右侧选择联系方式，并点击取得联系，进行需求沟通，获取服务方案及报价，如图 4-2-5 所示。

百世云仓（Best Cloud OFC）应用**物流数据分析和网络化分仓**，仓库一站式托管、管理运输、快递资源，为品牌企业提供**仓配一体化**的一站式物流外包服务。

OFC: Order Fulfillment Center，即订单履行中心

▎百世云仓 服务内容

方案设计：	运营诊断、数据分析、订制解决方案、物流结构规划、运作流程设计、系统设定、仓库选择规划、库内设施改造、库内设备配置
仓储管理：	入仓管理、收货清点、商品质检、库存管理、循环盘点、货品拣选、多品包装、出仓验货、包裹发运、退货处理
配送管理：	干线运输、区域配送、门店配送、分仓调拨、快递配送、平台入仓、智能筛单、线路优化、包裹跟踪、承运商管理、赔付机制
系统支持：	订单管理系统、分仓监控系统、仓储管理系统、配送管理系统、前端订单抓取工具、移动物流工具、ERP系统对接
一站客服：	主动客服、入仓指导、服务协助、快件跟踪、异常处理
增值服务：	仓单质押贷款、货物保险购买、包材设计集采、贴标及换包装、产品组合加工、其他定制服务

图 4-2-4　百世云仓服务内容

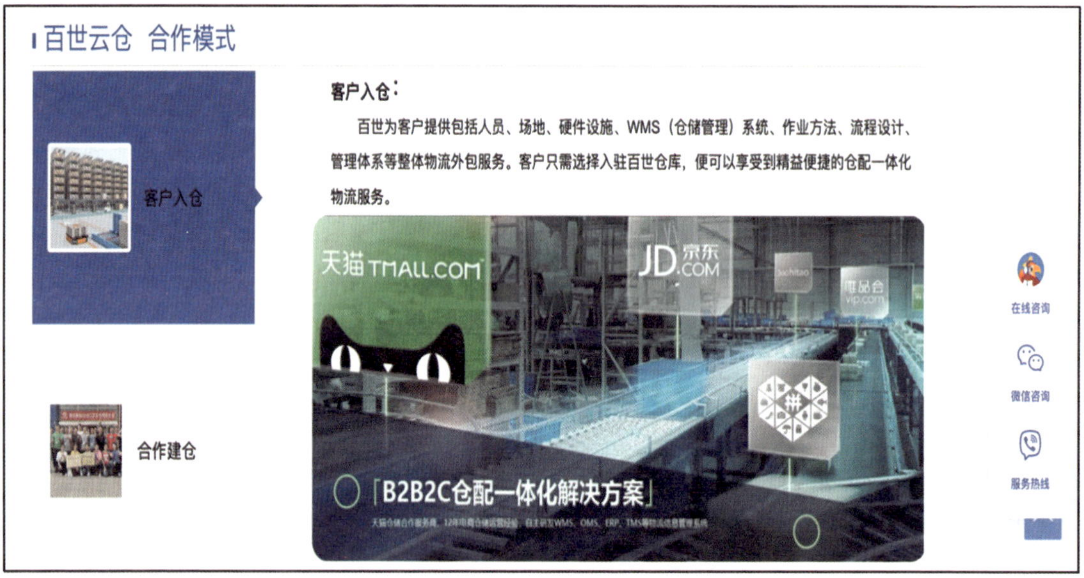

▎百世云仓 合作模式

客户入仓：
百世为客户提供包括人员、场地、硬件设施、WMS（仓储管理）系统、作业方法、流程设计、管理体系等整体物流外包服务。客户只需选择入驻百世仓库，便可以享受到精益便捷的仓配一体化物流服务。

图 4-2-5　百世云仓合作模式及渠道

【任务评价要点】

（1）进入百世云仓官网。
（2）熟悉云仓服务内容。
（3）点击获取联系方式。

拓展与思考

2023 年中央一号文件《中共中央 国务院关于做好 2023 年全面推进乡村振兴重点工作的意见》中鼓励建设农副产品直播电商基地，培养具备专业生产种植经验的农户。那么，如何通过资源整合实现农产品销售？

项目评价

一、知识测试

1. 单项选择题（请将正确选项填在括号内）

（1）以下关于直播电商供应链的说法错误的有（　　）。

A. 直播带货可能带来短时内需求量激增

B. 产品和服务的稳定性带来了一定的挑战

C. 直播带货考验供应链能力

D. 直播带货应该只关注销量

答案：D

（2）以下关于直播电商供应链的说法错误的有（　　）。

A. 直播带货模式不仅要关注前端销售问题，还要考虑后续的发货管理

B. 可以通过提前进行商品销售预测，按需备货

C. 可以根据需求预测提前打包，实现快速出库

D. 优先处理发货，将所有退货订单延后

答案：D

（3）以下关于直播电商供应链资源整合的说法错误的有（　　）。

A. 可以和快递企业谈合作，争取合理价格

B. 集体采购降低采购成本

C. 周围农户是竞争关系，不会合作

D. 采取云仓模式，将仓储发货业务外包

答案：C

2. 多项选择题（请将正确选项填在括号内）

（1）农产品直播电商供应链资源整合方式有（　　）。

A. 和快递企业谈判

B. 集体采购

C. 整合冷库资源

D. 和专业带货机构合作

答案：ABCD

（2）农产品直播电商供应链资源整合方式有（　　）。

A. 产能整合

B. 物流整合

C. 渠道整合

D. 订单整合

答案：ABCD

（3）国家《"十四五"电子商务发展规划》的主要内容有（　　）。

A. 支持产业链上下游企业基于电子商务平台加快订单、产能、物流、渠道等资源整合

B. 促进产业链、价值链、创新链联动发展

C. 打造产业链协同共赢生态体系

D. 打通产业链协同的信息"堵点",增强数据共享

答案:ABCD

3. 判断题(正确的在题后括号内写 A,错误的写 B)

(1)农产品直播应该采用低价营销策略。( )

答案:B

(2)冷库可以延长果品储存时间,为农户提供增加销售的机会。( )

答案:A

(3)集中购买能够获得阶梯折扣价,降低采购成本。( )

答案:A

二、项目测评(技能评价+素质评价)

表 4-2-1 本项目测评表

任务名称	评价内容	分值	评价分数 自评	评价分数 互评	评价分数 师评
任务 4.2.1 农产品冷库资源开发	进入物联云仓找仓租仓界面	15			
	筛选合适的仓库资源	20			
	获取联系方式	15			
任务 4.2.2 云仓模式选择与合作	进入百世云仓官网	10			
	熟悉云仓服务内容	20			
	点击获取联系方式	20			
合计		100			

项目 4.3　平台电商农产品供应链管理

项目描述

农产品的电商销售渠道包括 B2B 和 B2C 两类，B2B 主要面向企业客户批发。B2C 直接面向终端客户零售。有部分农业经营主体选择向生鲜电商如朴朴生鲜、每日优鲜等供货。农产品供应商是生鲜电商的重要合作伙伴，直接影响着生鲜电商的商品质量、成本、效率和用户满意度。本项目围绕生鲜电商的发展趋势和供应链管理要素，帮助农民梳理如何向生鲜电商平台提交合作申请，如何满足生鲜电商的要求。

项目目标

1. 知识目标

（1）了解平台电商农产品供应链发展趋势。
（2）掌握平台电商农产品供应链管理要素。

2. 能力目标

能够根据平台电商的要求快速响应、控制损耗。

3. 素质目标

（1）具有严谨、求实的工作态度和较强的规则意识。
（2）具有清晰的逻辑思维。

项目情景

供应链助力多元化农产品销售

小王是宁夏一家农民专业合作社的理事长，以宁夏特色农产品生产种植为主要经营业务。小王最近通过了某电商平台的供应商合作申请，开始向该平台供应特色农产品，需要通过 3 个月的考察期，通过考核后才能签订长期合同。

思考：小王在向该平台供货时，应该注意什么？

思政园地

小王的合作社与电商平台合作了 2 年，经历了合作初期的磨合，到现在已经成为电商平台的金牌供应商。电商平台提供了大量真实的客户评价诸如商品口感、质量、包装等方面的反馈，小王根据这些反馈信息，不断改进产品质量，在口感方面也狠下功夫，不断推动商品质量提升。目前，合作社的供货量已经较 2 年前翻了好几倍，真正践行了合作共赢的理念。

知识储备

一、生鲜平台电商供应链的发展趋势

根据业务模式的不同，我国生鲜电商可分为传统生鲜电商、O2O、前置仓模式等。其中，传统生鲜电商平台包括天猫生鲜、京东生鲜等；盒马鲜生、永辉等商超构成到店+到家（店仓一体化）电商模式。近年来，这些生鲜电商发展呈现出以下趋势。

（一）推动农产品标准化

农产品标准化是指从种前到栽培、管理、收获，再到清洗、搬运、销售的各个环节实施严格的标准规范，例如非法或不正当使用化学药剂，以及过度使用农药和化肥等行为。

农产品标准化是保障农产品质量安全的重要前提。品质没保障，损耗率高，投诉率高，退单率高，严重制约了生鲜电商的健康发展。电商平台为了保证农产品的品质，坚持并加强农产品标准化经营。例如，生鲜电商通过检测果蔬的外观、大小、包装等判断外部规格是否统一，通过对甜度、酸度、农残等指标的检测判断内部品质是否稳定。

对传统的小规模农户而言，对接生鲜电商平台主要面临的难题是生产技术和经营意识不能满足现代化零售业的产品标准化的要求。目前我国农产品标准化程度很低，中小农业经营主体亟待提高农产品的规格化、标准化、包装化。

（二）预制菜发展势头迅猛

和传统生鲜产品相比，预制菜损耗率更低，毛利率高达30%以上，能够丰富平台商品体系，满足平台用户更多需求。此外，预制菜的标准化生产模式使其天生就和规模经济牢牢绑定，有望解决生鲜电商"规模不经济"的矛盾。

（三）大力发展订单农业

订单农业又称合同农业、契约农业，是近年来出现的一种新型农业生产经营模式，是农户根据其本身或其所在的乡村组织同农产品的购买者之间所签订的订单，组织安排农产品生产的一种农业产销模式。订单农业很好地适应了市场需要，避免了盲目生产。依托订单农业或合作社等形成的"电商企业+农户"是农产品电商发展中实现供应链主体获得长期稳定收益的有效路径。

订单农业拓宽
乡村振兴"致富路"

二、生鲜电商对农产品的管理重点

(一)提高农产品质量稳定性

农业经营主体与生鲜电商合作的关键在于产品质量的保证。农业经营主体应加强农产品标准化管理，构建农产品质量标准体系，从农产品生产基地建设（土壤、水质、农药、肥料、生长调节剂等的施用量、施用方法、施用时间、施用次数等技术规程）、产品品质（外观、营养、卫生质量等）、加工包装（贮藏、保鲜、分级、包装）等各个环节进行标准化管理。

目前我国已基本建立了与国际接轨并适应我国国情的食品农产品认证体系，最普遍且被公众所接受的有良好农业规范（GAP）产品认证、无公害农产品认证、有机产品认证、危害分析和关键控制点（HACCP）认证、ISO 22000食品安全管理体系认证等体系。认证认可体系由专业的第三方评估，审核其对有关法规和技术规范的符合程度。认证认可制度作为一种食品安全保障体系，已得到国际上的广泛认可和应用。

很多生鲜电商平台将供应商质量管理体系认证纳入评估标准。以朴朴为例，在其供应商申请页面，要求申请者填写质量管理体系信息，以此作为业务能力模块的重要评估要素（见图4-3-1）。

图4-3-1 供应商合作申请

此外，在与电商合作的过程中，农业经营主体还可以与电商平台建立长期合作关系，根据电商平台提供的客户对商品的口感、质量、包装等方面的真实反馈进行优化，共同推动商品质量的提升。

(二)提高农产品供应时效性

生鲜电商为了在保证货品新鲜的同时控制成本，通常采取集中采购、统一调配的中心仓订货模式。供应商需要登录电商平台的后台管理界面进行订单处理工作。

一般来说，大部分生鲜品类选择由城市近郊的供应商处供货，采取 T+2 订货方式。意思是，店仓/前置仓需要提前两天订货，供应链将所有订单整合并分解给供应商。供应商组织货源，在次日 18:00—3:00 之间交付至当地中心仓，中心仓完成各个门店或前置仓的订单分拣及配送。保证在隔日凌晨五点半送到门店或前置仓。对供应商而言，订单响应时间只有 1 天左右。一旦超出规定的收货时间窗，将存在拒收风险。因此，供应商应做好订单资源准备和订单拣选、包装、配送等工作，将产品按时送达。

（三）加强农产品损耗控制

客户体验是制约生鲜电商用户量增长的关键，各生鲜电商以用户体验为核心，严格把控源头供应质量和标准。一旦质量或品相不好的货品流入消费者手中，可能会被消费者退货或投诉。以西红柿为例，某平台对西红柿的供应标准为：单果重 150～199 g；果形、色泽良好，果面光滑、清洁、硬实，新鲜，无异味，成熟度适宜，整齐度较高；无烂果、过熟、日伤、褪色斑、疤痕、霉伤、冻伤、皱缩、空腔、畸形果、裂果、病虫害及机械伤。供应商若严格按该分拣标准进行清洗、分级、包装，会产生较大损耗，影响利润率。因此，供应商可以采用分级销售模式，不同品级对应不同的价格，对应不同的销售渠道。如分拣后品相较差的西红柿可以通过批发市场销售，尽可能降低农产品损耗。此外，农业经营主体使用专业的生鲜管理软件，大幅节省订单处理、分拣环节的时间，降低损耗。

任务 4.3.1　生鲜 ERP 申请与使用

【任务目的】

提高农产品供应链信息化管理，提高效率，降低损耗。

【任务准备】

- 环境准备：手机、电脑。
- 资料获取：蔬东坡官网。

【任务实施】

1. 工作流程

软件试用：登录蔬东坡官网（www.sdongpo.com）→点击"免费试用"→输入联系方式→申请成功→等待开通试用账号。

2. 操作说明

操作步骤一：点击蔬东坡页面，查看软件功能，如图 4-3-2 所示。

操作步骤二：点击"免费试用"，在弹出的窗口中输入个人信息，点"立即申请"，如图 4-3-3 所示。

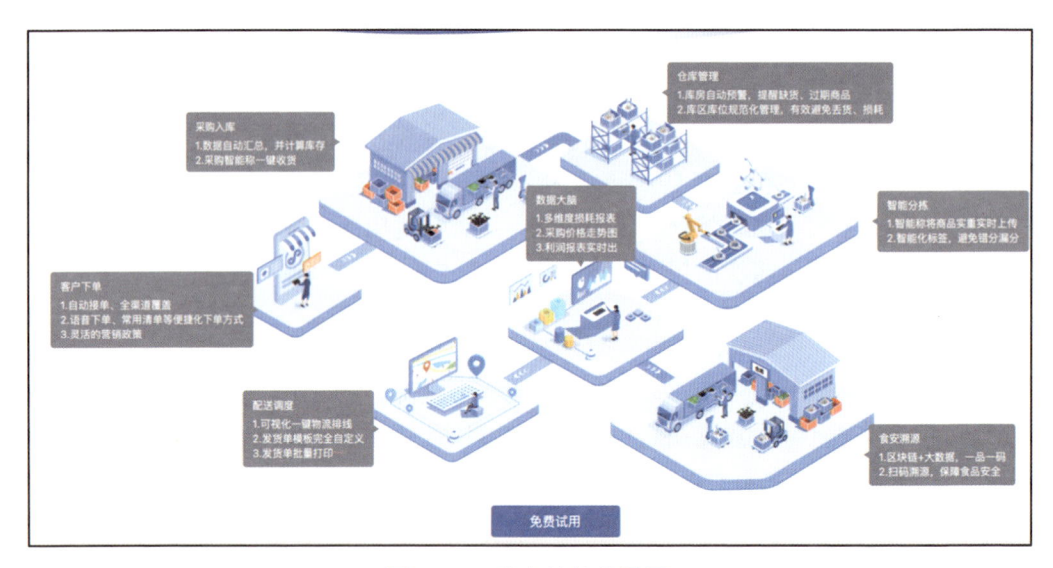

图 4-3-2　蔬东坡软件界面

图 4-3-3　蔬东坡试用申请

操作步骤三：等待工作人员联系，获取试用软件和技术指导。

【任务评价要点】

（1）进入蔬东坡官网。
（2）申请试用。
（3）取得联系并试用。

任务 4.3.2　永辉供应商合作申请

【任务目的】

了解永辉供应商合作申请渠道及操作流程，增加销售渠道。

【任务准备】
- 环境准备：手机、电脑。
- 资料获取：永辉供零在线网页。

【任务实施】

1. 工作流程

登录永辉供零在线（https://glzx.yonghui.cn/home）→点击立即入驻→合作注册→洽谈回复→资质提交。

2. 操作说明

操作步骤一：点击永辉供零在线，点击立即入驻，如图 4-3-4 所示。

图 4-3-4　永辉供应商入驻申请

操作步骤二：在信息填写界面，按要求依次填写联系方式、意向合作目标、业务规模等信息，填写完毕后，点击"提交合作意向单"，如图 4-3-5 及 4-3-6 所示。

图 4-3-5　永辉供应商申请信息填写

175

图 4-3-6　提交合作意向单

操作步骤三：采购收到合作意向单后，联系供应商洽谈合作事宜。如果超过 10 个工作日，流程还是未审核完成，可以把申请的手机号给客服查询原因，如图 4-3-7 所示。

图 4-3-7　采购审核

【任务评价要点】

（1）进入永辉官网。
（2）点击入驻。
（3）填写申请信息。
（4）点击提交合作意向单。

拓展与思考

电商平台要求订单快速响应，增加快速响应有很多方式，可以增加人员、设备等资源，但资源的增加会导致成本的上升。那么，如何在不增加成本的基础上，提高响应速度呢？

项目评价

一、知识测试

1. 单项选择题（请将正确选项填在括号内）

（1）以下良好农业规范正确的英文缩写是（　　）。

A. GAP　　　　B. HACCP　　　　C. ISO 9000　　　　D. ISO22000

答案：B

（2）以下关于农产品标准化的说法错误的有（　　）。

A. 农产品标准化是保障农产品质量安全的重要前提

B. 农产品标准化只有商品处理的标准化

C. 目前我国农产品标准化程度很低

D. 中小农业经营主体亟待提高农产品的规格化、标准化、包装化

答案：B

（3）以下关于订单农业的说法错误的有（　　）。

A. 订单农业又称合同农业、契约农业

B. 订单农业很好地适应了市场需要，避免了盲目生产

C. 订单农业是农产品电商发展中实现供应链主体长期稳定收益的有效路径

D. 订单农业是生产者和电商企业签订的订单

答案：D

2. 多项选择题（请将正确选项填在括号内）

（1）订单农业还可以称为（　　）。

A. 合同农业　　B. 生态农业　　C. 契约农业　　D. 绿色农业

答案：AC

（2）农产品标准化过程涵盖哪些环节？（　　）

A. 生产　　B. 采摘　　C. 搬运　　D. 销售

答案：ABCD

（3）生鲜电商对农产品有哪些管理重点？（　　）

A. 农产品质　　B. 农产品供应时效　　C. 农产品损耗　　D. 农产品物流方式

答案：ABCD

3. 判断题（正确的在题后括号内写 A，错误的写 B）

（1）客户体验是制约生鲜电商用户量增长的关键。（　　）

答案：A

（2）生鲜电商为了在保证货品新鲜的同时控制成本，通常采取集中采购、统一调配的中心仓订货模式。（　　）

答案：A

（3）农业经营主体与生鲜电商合作的关键在于产品质量的保证。（　　）

答案：A

二、项目测评(技能评价+素质评价)

表 4-3-1　本项目测评表

任务名称	评价内容	分值	评价分数 自评	评价分数 互评	评价分数 师评
任务 4.3.1 生鲜 ERP 申请与使用	进入蔬东坡官网	10			
	完成申请试用操作	10			
	取得联系并试用	10			
任务 4.3.2 永辉供应商合作申请	进入永辉官网	10			
	点击入驻	20			
	填写申请信息	30			
	点击提交合作意向单	10			
合计		100			

模块五

网店销售农产品

近年来，农产品网店的数量和交易规模持续增长，已经成为农业领域的一种重要销售渠道。农产品网店的兴起为农业发展和增加农民收入带来了重要的机遇和挑战。通过农产品网店，农民可以更加便捷地将自己的产品销往全国各地甚至全球市场，提高了产品的知名度和竞争力。此外，农产品网店的发展还可以带动农业产业链的升级和完善，促进农业的可持续发展。

本模块旨在帮助农民解决4大问题：
（1）如何进行农产品图片与视频的拍摄与处理？
（2）如何进行线上店铺的设计与装修？
（3）如何处理订单业务？
（4）如何更好地进行客户服务？
（5）如何对电子商务平台的店铺数据进行分析？

本模块将要学习4个项目、16个任务：

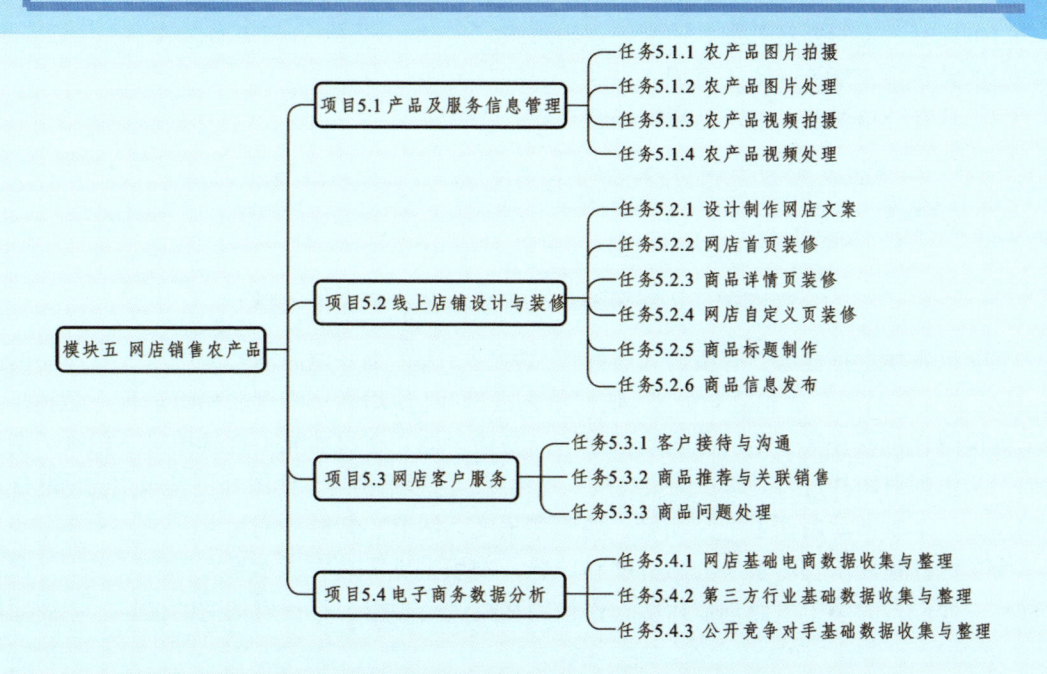

- 模块五 网店销售农产品
  - 项目5.1 产品及服务信息管理
    - 任务5.1.1 农产品图片拍摄
    - 任务5.1.2 农产品图片处理
    - 任务5.1.3 农产品视频拍摄
    - 任务5.1.4 农产品视频处理
  - 项目5.2 线上店铺设计与装修
    - 任务5.2.1 设计制作网店文案
    - 任务5.2.2 网店首页装修
    - 任务5.2.3 商品详情页装修
    - 任务5.2.4 网店自定义页装修
    - 任务5.2.5 商品标题制作
    - 任务5.2.6 商品信息发布
  - 项目5.3 网店客户服务
    - 任务5.3.1 客户接待与沟通
    - 任务5.3.2 商品推荐与关联销售
    - 任务5.3.3 商品问题处理
  - 项目5.4 电子商务数据分析
    - 任务5.4.1 网店基础电商数据收集与整理
    - 任务5.4.2 第三方行业基础数据收集与整理
    - 任务5.4.3 公开竞争对手基础数据收集与整理

项目 5.1　产品及服务信息管理

项目描述

产品及服务信息管理，包括文字资料采编、图片拍摄与处理、视频拍摄与处理，在农产品网店销售中具有促进销售、增强消费者信任度、提升品牌形象、促进产品推广和提升购物体验等重要作用。文字资料采编在模块一中已经有所介绍，因此，本项目主要围绕图片拍摄与处理、视频拍摄与处理等内容，帮助农民提升产品展示效果，增强消费者信任度，打造品牌形象，促进产品推广，提升购物体验。

项目目标

1. 知识目标

（1）掌握农产品图片拍摄、处理方法与技巧。
（2）掌握农产品视频拍摄、处理方法与技巧。

2. 能力目标

（1）能根据网店图片要求拍摄适合的农产品网店图片并进行处理。
（2）能根据网店视频要求拍摄适合的农产品网店视频并进行处理。

3. 素质目标

（1）具有一定的创新思维、清晰的逻辑思维。
（2）具有合作精神、团队意识，以及较强的任务执行力。
（3）具有诚信经营、追求品质的经营理念。

项目情景

有机农场：利用图片与视频提升农产品销售额

某有机农场主打健康、有机、天然的产品特色，为了更好地向消费者展示其农产品的品质，决定加强产品图片的拍摄与处理。他们请来摄影师，使用高清晰度的相机进行产品拍摄。为了确保图片色彩真实，他们在农场搭建了简易摄影棚，在自然光下进行拍摄。拍摄后期，他们请摄影师对图片进行处理，调整亮度、对比度、色彩平衡等，使图片更具吸引力。此外，他们还为每个农产品制作了产品相册，展示多角度、细节、特写等图片。

为了更好地展示农场水果的新鲜度和口感，农场主决定对农场水果进行视频拍摄并制作宣传片。他们与大学生电商创业团队合作使用相机进行拍摄。根据农场主的描述，电商团队制定了详细的拍摄脚本,包括水果的采摘、挑选、打包等各个环节。对视频进行剪辑和后期处理,添加背景音乐、文字标题等,增强了视频的表现力。在网店首页和产品详情页设置视频播放区,引导消费者观看视频。

通过以上措施,该农场的农产品在网店上的点击率和转化率都有了显著提升,消费者对于产品的信任度也得到了增强,回头率和口碑传播率都有所提高,大大提高了农产品的销售额。

思考:我们如何利用图片与视频提升农产品销售额?

思政园地

该有机农场通过创新的方式,使用高清晰度的相机拍摄产品、搭建简易摄影棚、制定拍摄脚本等,展示了创新和变革在提升农产品品质和销售额方面的作用。该农场主与大学生电商创业团队合作,共同完成了视频拍摄和制作,可见团队合作在实现共同目标中的重要性,只有相互协作、优势互补,才能取得更好的成果。该有机农场通过真实、自然的图片和视频强调健康、有机、天然的产品特色,呈现了农场注重诚信和品质的经营理念,说明只有坚持诚信经营、提供优质产品,才能赢得消费者的信任和支持。

知识储备

一、农产品图片拍摄与处理

(一)农产品图片拍摄方法

想要拍出精美的商品照片,不仅要熟悉相机的基本结构和功能,还要熟练掌握各种摄影技巧。

1. 相机的握法

在使用相机进行拍照时,一定要注意手握相机的正确性。正确的握机姿势能够进一步保持相机的稳定性,极大地影响拍摄照片的质量。相机的握机姿势有两种,一种是横向握机姿势,另一种是竖向握机姿势。

2. 相机的固定

相机最好是使用三脚架固定,但是摄影者在没有三脚架的情况下,可以把相机的背带缠在胳膊上臂部分,这样手持相机拍摄时会有一个支撑点,能增加相机的稳定性,并且可以防止在拍摄时失手将相机滑落;也可以依靠在墙壁、柱子、树木等支撑物上,使身体更稳定,从而保持相机的稳定性。在拍摄低矮的物体时,可以通过身体下蹲,用膝点地,用腿支撑手臂来获得稳定的支撑。

(二)农产品图片处理技巧

图片精修主要从七个方面进行优化,即轮廓、纯净度、体积感、光照、清晰度、材质,以及颜色。

1. 优化轮廓

俗话说"美人在骨不在皮",说的就是轮廓对颜值的影响很大。其实轮廓对于物的美丑也起着关键作用,有时是物体本身的轮廓不够好看,比如一个苹果长得有点扭曲;有时是因为物体被拍摄的角度不好看,这些都会影响到图片的美观,所以在精修图片时,第一步就是要优化主体的轮廓。

2. 优化纯净度

优化纯净度其实就是指去除杂质,比如很多人脸上有青春痘或者痣,那在美化他们的照片时,通常需要把这些痘和痣都去掉。产品图片同样也存在这个问题,可能是产品本身有瑕疵、有轻微的磨损,或者是没有擦拭干净,肉眼看可能不会注意这些细节,但在镜头下这些问题就都被放大了,如果不处理掉就会影响消费者对产品的感知。

3. 优化体积感

由于打光不到位的问题,很多物体原本的体积感会被弱化,比如球体的东西看起来没有圆鼓鼓的感觉,人的面部看起来很扁平等,没有体积感的图片会显得没有质感,一些结构比较复杂的物体,还会因此让人无法看出它们的结构,所以优化物体的体积感也很关键。

三维的物体呈现在二维空间里之所以还会有立体感,除了造型上有明显的透视变化外,光照在物体上产生的"五大调子"也是主要原因,五大调子是由亮面(含高光)、灰面、明暗交界线、暗面、反光组成的。每一个可见的三维物体都会有这五大调子,只是由于光源太弱或太散的原因,会导致其并不明显,所以很多产品的图片看上去没什么体积感、结构不清晰。

因此,在精修图片的时候,设计师需要把五大调子交代得更清晰、更明确一些。

4. 优化光照

如果是专业摄影师在摄影棚里拍摄出来的照片,那么打光问题一般不会太大,但很多资金不足的小品牌只能自己拍摄,由于缺乏打光的设备,所以容易造成光太暗、太亮、太散、光源不足等问题,这些都需要设计师通过后期来解决。

如果只是光稍亮或稍暗,通过曲线和色阶工具就可以轻松解决。而如果是光太亮或太暗,无法直接通过这两个工具还原回本来的颜色呢?这种情况只能重新拍摄。当然,如果只是图片的局部有曝光或者太暗现象,那还有得救。

5. 优化清晰度

清晰度不够一般是因为相机的配置不够高,或者是没有对好焦造成的,清晰度不够的图片感觉像被蒙上了一层薄薄的雾,会降低产品的品质感。

6. 优化材质

每一种物体都有材质,比如水材质、木材质、土材质、玻璃材质、石材质、金属材质、棉布材质、丝绸材质、塑料材质,等等。加强物体的材质属性,能使消费者一眼就能看出图片中的物体是什么材质,这也是精修图片非常重要的工作。

7. 优化颜色

每件物品都有固有色,即它原本的色彩,但是被拍成影像作品后,由于受光照、拍摄设备,以及环境色的影响,可能照片中的物体颜色与其原本的颜色会有比较大的差别,这就是我们通常所说的色差。色差比较大时，我们就需要把图片的颜色调回原来的样子，让受众能够看到其真实的样子。

二、农产品网店视频拍摄与处理

（一）网店视频的概念和拍摄注意事项

网店视频一般放在网店的主图部分或者是详情页部分，以主图视频为例，主图视频的目的在于吸引买家眼球，提高店铺转化率。淘宝店铺一般很多商家会使用"亲拍"App或"剪映"软件进行视频剪辑，因为它是淘宝官方出品的短视频运营工具，在该软件中有非常多的视频模板可以直接使用，制作出来的视频也可以直接上传到淘宝店铺，但是在很多情况下，我们的视频不一定完美契合亲拍的模板，所以可能还需要用到剪映、爱剪辑等软件提前对已拍摄好的图片和视频素材进行剪辑处理。

1.网店视频制作类型

网店视频制作类型通常有以下几种：

（1）主图视频：内容包括商品展示、产地展示、卖点展示等。主要目的在于吸引消费者的注意力，帮助消费者了解商品情况，促进店铺转化率以及商品实际销量的提升。

（2）详情页视频：内容包括横向测评商品、制作过程展示、商品深度讲解、实用教程攻略、多元场景展示等。主要目的在于让消费者更加了解商品的实际情况，消除买家疑虑，以此来促进店铺的转化率和商品实际销量的提升。

2.网店视频制作注意事项

在制作网店视频的时候，我们要注意以下几点：

（1）画面清晰，曝光正常，明亮度合适。

（2）画面不要遮挡关键内容，如商品标签、商品细节等。

（3）若视频需要配音，需确保吐字清晰，发音标准，音质稳定，背景安静，也可以使用视频剪辑软件中的配音功能直接配音或者输入文案选择软件朗读功能电脑朗读配音。

（4）为了提高店铺的转化率，搭配音乐要尽量以轻快的音乐为主，轻快明朗的音乐能够改善买家心情，促进商品销售。

（5）此外，视频背景要保持干净、整洁，这样能够更加突出主体商品，使视觉上呈现的主体商品的效果更加强烈，展示更加清晰。

（6）视频画面要稳定、流畅，不宜过度晃动，晃动太频繁会造成视觉上的眩晕感，降低买家的兴趣。

（7）无论是否有真人出镜，须保证内容真实可靠，否则会造成一些不必要的商业纠纷。

（二）农产品视频拍摄方法

以前的企业对产品进行宣传时，通常会制作一本厚厚的产品宣传册，而在现在短视频火热的时代，这种方式渐渐从人们视野淡去，广大消费者更倾向于短视频，图文展示也逐渐被代替，短视频展示在市场中占据了重要的地位，无论是实体门店还是电商网店，都开始为自己的商品拍摄展示短视频。短视频可以投放到短视频平台，也可以通过店面展示，进行广告投放等。产品展示短视频是企业宣传产品主要的渠道之一。

1. 农产品视频拍摄方法

就拍一个静物产品而言，比各种拍摄角度更重要的是画面内一定要有运动，想象一下，如果只固定一个角度，把产品放在拍摄台一动不动，即使拍摄再久，拍出来的效果和一张照片没有区别，所以在拍摄之前一定要想好如何让画面运动起来。

第一种方式，相机运动，产品不动，这个是最简单的，把产品放好后，可以手持或者利用设备移动相机。

第二种方式，拍摄位置固定，产品移动起来，可以把产品放在移动旋转台上或者放在一块布上，慢慢移动。

第三种方式，灯光移动，可以使用手机闪光灯或者台灯，得到产品光线变化的画面。

第四种方式，在画面内增加动感元素，可以用干冰创造一些烟雾效果，或者用喷水器喷一些水雾，等等，大胆发挥自己的想象力。

2. 农产品视频拍摄角度

拍摄农产品主要有以下五种镜头拍摄角度：

（1）正面平视。这是最直观展示产品的角度，最易表示空间的层次感。

（2）侧面45°。自拍最佳角度是45°，对于产品拍摄而言45°也是绝佳角度。45°拍摄真实感较强，构图也有较大的空间，而且要多个侧面拍摄，才能完整展示产品。

（3）局部特写。这种方式可以将产品的特点、功能呈现出来。

（4）拍摄产品logo。logo是产品的核心，可以结合前面说到的如何让画面动起来的方法进行拍摄。

（5）拍摄真实体验。真正能使产品与观众产生联系的，就是在真实生活场景中的体验或使用效果，这样与观众的共鸣感更强。

（三）网店视频制作流程

如图5-1-1所示，首先，可以将事先准备好的素材导入剪映电脑版，通过剪辑，运用转场、运镜、添加文本、添加背景音乐、配音等方式对视频进行编辑，编辑完成后导出视频即可保存。剪辑过程中需注意，视频开头的图片和文字要尽量吸引眼球，引起买家的兴趣。

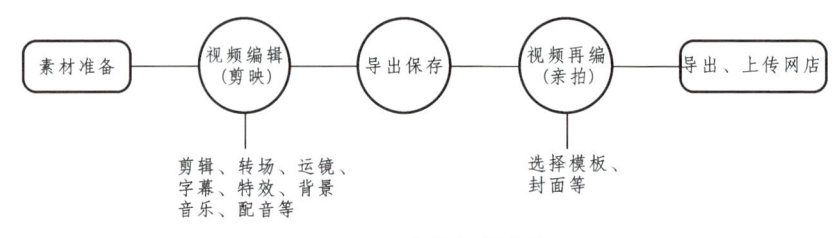

素材准备 → 视频编辑（剪映） → 导出保存 → 视频再编（亲拍） → 导出、上传网店

剪辑、转场、运镜、字幕、特效、背景音乐、配音等　　　选择模板、封面等

图 5-1-1　网店视频制作流程

随后，可以将制作好的视频保存在手机中，打开亲拍，在亲拍中选择适合的模板，模板的选择要和视频风格搭配，不能让文字挡住主体。最后，导出视频或是一键发布即可上传到淘宝店铺。该软件也可以作为视频剪辑软件独立使用。

（四）农产品网店视频处理技巧

现在电商平台的视频营销已经成为众多店铺的必备操作，比起传统的图文形式，视频可以更加直观地展示产品的优点，从而获得更好的推广效果。而做好视频需要掌握一定的技巧。

1. 农产品拍摄视频要求

要制作农产品视频，先要了解基本要求，明白哪些是禁止的，然后可以参考同行爆款视频进行剪辑。以淘宝平台主图视频为例，基本要求如下：

（1）视频尺寸及分辨率：
- 1:1 视频：800*800px。
- 3:4 视频：720*960px。
- 16:9 视频：1280*720px。

（2）视频时长：小于等于 60 秒。
（3）视频大小：不超过 300M。
（4）视频格式：avi、flv、mkv、mov、mp4、mpg、mts、m2t、rmvb、vob、wmv、3gp 均可。
（5）视频精度：不得低于 720P。
（6）内容安全：不得涉及国家安全、政治敏感、色情淫秽内容。

达不到以上标准将无法装修，以下为提升质量及播放效果的建议标准：

① 视频不能有闪屏，不能有闪光灯效果。
② 视频没有剪辑软件的水印及 Logo；无黑屏首帧情况；幻灯片视频及左右无超过 1/8 的黑边。
③ 视频中没有二维码（如站外二维码）。
④ 前 3 秒出现商品全貌，不只是展示某个细节。
⑤ 视频内展示商品试用及卖点讲解。

2. 农产品视频处理技巧

（1）合理安排视频顺序。视频的叙事可以通过不同方式对视频进行安排，达到一种意想不到的效果，例如上一个片段是打喷嚏，下一个片段就是一个爆炸镜头，通过这种排序，可以让两个毫无关联的视频产生联系，也能给观看者带来一种奇妙的体验。

（2）添加转场进行过渡。剪辑多添加特效转场，增添视频效果，让两个视频片段进行切换的时候不要显得太生硬。适当使用一些转场效果，可以使视频过渡更平滑。好的转场能给人眼前一亮的感觉，这一点是值得下工夫去研究的。

（3）调整帧数快慢。如果拍摄的视频素材速度比较慢，可以适当调整帧数，让画面进度加快，这样就不会显得太拖沓，部分视频也可以调慢速来做一个特写的镜头，例如视频人物在惊讶、发蒙、错愕的时候慢速特写一下，会让视频更有趣。

（4）学会二次配音。如果视频中存在录制的声音效果较差的地方，可以另外用语言去补充这部分的画面内容，比如通过二次配音来提高音频质量。这种方式一般多用于各种解说视频，例如影视、小说、美食、科普，等等。

（5）适当使用画面缩放。利用缩放功能，使画面放大、凸显人物，突出特征，营造画面特写，加强视觉效果，可以让观众有种画面非常生动活泼的感觉。此外，适当地使用缩放功能，还可以让平平无奇的长镜头视频变得没有那么乏味。

（6）画中画功能。画中画功能具有极大的可玩性，能使画面更具有趣味性，例如横向和纵向的分屏开场、转屏过渡等，都是画中画可以办到的。添加不同的画面，在同一时间内展示不同的内容，视频瞬间精彩起来。

（7）使用特效字幕。先利用软件的识别字幕的功能进行识别，然后选择一个好看的特效字幕，方便观众更好地接受信息，如果字幕没有选择好，是会影响观看体验的，太刺眼的不行，太昏暗的也不行，在选择的时候可以自己多看几遍实际效果，选择最贴合视频的字幕样式。

（8）添加视频水印。这个功能主要是申明版权，标明这个视频的制作人是谁，避免被人盗走拿去获利，所以添加一个属于自己的视频水印是非常有必要的。

（9）选择合适的背景音乐。视频需要背景音乐来衬托，否则视频的精彩程度会大打折扣。很多人做混剪视频选择了一个合适的音乐，再根据音乐节拍来踩点剪辑，最终呈现出各种令人眼花缭乱的效果。因此，合适的音乐能够让视频的最终呈现效果更进一步。

任务 5.1.1　农产品图片拍摄

【任务目的】

能进行农产品拍摄的背景布置，将农产品进行创意摆放，并进行拍摄。

【任务准备】

- 环境准备：手机、三脚架、白色背景纸、水、盘子、农产品。
- 资料获取：百度、电商平台。

【任务实施】

1. 工作流程

布置背景→选择光线→农产品摆放→调整拍摄距离和拍摄角度→构图对焦拍摄。

2. 操作说明

操作步骤一：选择合适的背景，可以是纯色背景，也可以是真实的农产品生长的户外背景。为了更好地突出产品本身，尽量不要选择过于杂乱的背景。比如可以选择一张白色 A4 纸或者纯色桌面作为背景（见图 5-1-2），还可以适当地用书、纯色的棉布等加以点缀。

图 5-1-2　农产品背景

操作步骤二：选择恰当的光线，可以利用自然光，也可以进行布光组合。尽量不要逆光拍摄，除非是有特殊拍摄要求，如通过拍摄一些透明介质的水果来彰显通透感。如果在室外，拍照时间以晴天的上午为宜。（见图 5-1-3）

图 5-1-3　农产品光线

操作步骤三：将橙子放在器物里，比如盘子、篮子里，然后再进行摆放，比如橙子可以切开，从各个角度进行展现，还可以在橙子表面喷一些水，使橙子显得更加多汁。（见图 5-1-4）如果出售的农产品比较多，随意地摆放在一起会很杂乱，因此一定要组成一个形状，这样才有整体感。

图 5-1-4　农产品的摆放

操作步骤四：将手机放置在三脚架上进行固定，根据实际需要调整手机距离，可以拍摄近景或者远景。拍摄近景可以把微距模式打开，或把镜头拉得足够近。这样既能展现农产品细节，又能营造景深的效果，增加美感。（见图 5-1-5）如果需要全部入镜，则需要拍摄远景。拍摄角度根据实际需要进行调整，比如 45°或 90°拍摄。

图 5-1-5　农产品拍摄近景

操作步骤五：对于农产品拍摄来说，构图可以使用中心构图或者三分法构图。中心构图指把产品放在画面正中间，三分构图指把产品放在画面的三分之一处。手机可以设置网格线辅助判断产品位置。此外，要特别注意将镜头对焦在某个点上，确保拍摄出来的照片清晰。拍摄时，在屏幕上点击一处构想中想要清晰的点，此时手机屏幕中会出现一个框，这个框就是对焦框。有的手机对焦时框会变色，有的手机对焦时框会变淡。（见 5-1-6）总之，框有变化后，则表示对焦完毕，此时按下快门。如果产品在运动中拍摄，拍摄的时候可以选择连拍模式，最后选择出最适合的照片。

图 5-1-6　农产品拍摄对焦

【任务评价要点】

（1）农产品背景布置合理。
（2）光线选择或布置合理。
（3）产品摆放合理。
（4）构图拍摄合理。

任务 5.1.2　农产品图片处理

【任务目的】

能用手机软件进行农产品图片的编辑和美化。

【任务准备】

- 环境准备：手机软件"美图秀秀"、农产品图片。
- 资料获取：百度、电商平台。

【任务实施】

1. 工作流程

调整构图→消除瑕疵→调色→保存。

2. 操作说明

操作步骤一：先打开美图秀秀，在手机中导入原始素材。根据需要二次构图并进行剪裁。

找到编辑→裁剪→自由，输入自己需要的像素，然后保留自己需要的部分，剩下的就被裁剪掉了。（见图 5-1-7）

操作步骤二：观察图片中背景和产品本身是否存在较明显的瑕疵，主体产品瑕疵较少，背景纸横线较明显，可以利用美图秀秀中的消除笔-涂抹消除/复制修补来去除横线。（见图 5-1-8）

图 5-1-7　步骤一　　　　　图 5-1-8　步骤二

操作步骤三：若产品整体所在的环境光线较好，不需要作很大的调整。在拍摄时，农产品的上半部分过于明亮，可以点击调色→局部调色，然后点击需要进行局部调色的部分进行亮度、对比度、曝光、色温等的调节，参数根据实际需要进行调色。图 5-1-9、5-1-10 中对亮度和色温进行了调节，使得农产品看起来更加诱人。

操作步骤四：右上角点击保存。

图 5-1-9　步骤三（一）　　　图 5-1-10　步骤三（二）

189

【任务评价要点】

（1）完成一个农产品整套图片的裁剪。
（2）完成一个农产品整套图片的背景整理。
（3）完成一个农产品整套图片的调色。
（4）完成一个农产品整套高清图片的保存。

任务 5.1.3　农产品视频拍摄

【任务目的】

能用手机进行农产品视频的拍摄。

【任务准备】

- 环境准备：手机、三脚架、白色背景纸、水、盘子、农产品。
- 资料获取：百度、电商平台。

【任务实施】

1. 工作流程

裁剪视频→调整视频长度→视频转场→调整色相→插入视频声音和文字→导出保存。

2. 操作说明

操作步骤一：文案策划。

产品视频与产品海报有个共同的性质，除了展示产品的外观外，更重要的核心在于文案，文案是整部产品视频的灵魂。所以建议在拍摄制作产品视频前做好产品视频文案的策划。策划文案时需要围绕如何展现产品价值的方向来进行，把产品视频的拍摄制作框架策划出来之后，再根据文案框架撰写产品视频拍摄制作的脚本。

操作步骤二：拍摄工具选择。

产品视频的文案和拍摄制作脚本确定后，接下来就可以进行产品视频前期的拍摄工作。在拍摄产品视频前，建议选择使用专业的拍摄设备。为了使视频画面更能体现产品的价值，建议使用支持 4k 及高帧率视频录制专业的摄影机。在摄影机镜头配置上，通常选择微距、标距、长焦三个不同规格的镜头作为备用，因为在拍摄一些特殊镜头时，可能需要用到。如果条件不具备，手机也是一种选择。另外，在光线不是很好的拍摄环境，也会用到灯光来辅助，通常会准备三盏 200 瓦的常亮灯和相应的灯箱，如图 5-1-11 所示。

操作步骤三：场景布置。

要展现产品的价值，往往需要借助相关联的物体来衬托，因而在拍摄产品视频时，并不只是展示产品这么简单。所以在拍摄场景布置过程中，需根据产品的特点和受众群体的属性搭设相应的场景风格作为点缀。例如在拍摄某些产品时，会在旁边布置一束花、一片叶子、一片小篱笆等场景道具，能使产品视频的画面看上去更加有生机，衬托产品的价值，如图 5-1-12 所示。

图 5-1-11　拍摄工具选择

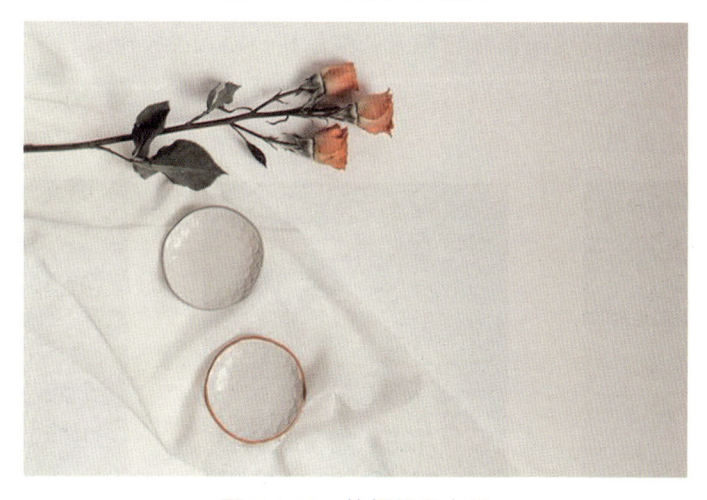

图 5-1-12　拍摄场景布置

操作步骤四：产品视频拍摄。

（1）拍摄景深运用。在拍摄产品视频时，需要把产品作为拍摄主体，突出产品的特点。在实景拍摄时，建议选择合适的景深，在拍摄背景上作适当虚化，这样能避免背景抢走产品主体的地位。

（2）拍摄角度选择。在拍摄角度的选择中，将拍摄产品主体放置在摄影机监视器画面中的黄金线处，这样的角度能够更好地突出产品主体。如果拍摄移动的、大型的主体，会用到滑轨、摇臂、无人机航拍等设备来辅助拍摄。

以上是关于在产品视频拍摄制作中，如何更好地凸显产品价值的建议，但仅供参考，产品视频拍摄制作需要根据实际情况来定。

【任务评价要点】

（1）完成一个农产品视频文案脚本的策划。
（2）完成一个农产品视频拍摄的场景布置。
（3）运用产品景深，合理选择拍摄角度，完成一个农产品视频拍摄。

任务 5.1.4　农产品视频处理

【任务目的】

能用手机对农产品视频进行简单剪辑。

【任务准备】

- 环境准备：手机软件"剪映"、一段农产品拍摄视频。
- 资料获取：百度、电商平台。

【任务实施】

1. 工作流程

裁剪视频→调整视频长度→视频转场→调整色相→插入视频声音和文字→导出保存。

2. 操作说明

操作步骤一：裁剪视频。

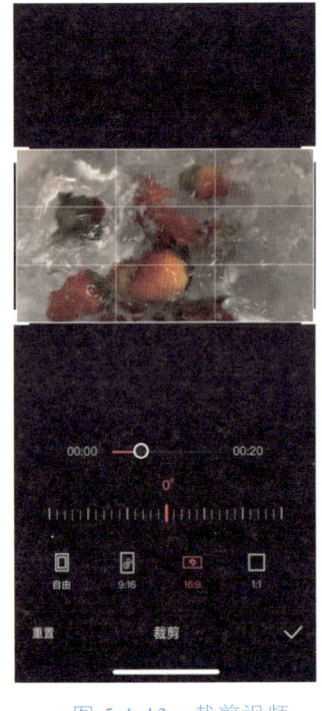

图 5-1-13　裁剪视频　　　图 5-1-14　分割视频　　　图 5-1-15　视频变速

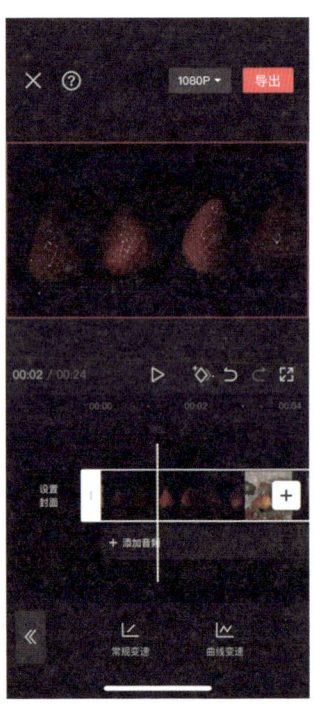

打开剪映 App，开始创作→选择多段草莓视频→添加→剪辑→编辑→裁剪，按照电商平台主图视频尺寸的要求对视频进行裁剪，比如淘宝平台比例可以选择 16:9，点击对号，完成视频的裁剪。（如图 5-1-13 所示）

操作步骤二：删除多余镜头，调整时长。

检查拍摄的商品视频中需要删除的镜头，在需要删除的这段镜头的开始和结尾处分别两次选择剪辑→分割，再对分割出来的视频选择删除即可。（如图 5-1-14 所示）观察视频的时长，如果时长还是超过要求，可以根据视频内容将该片段分割出来后进行加速处理。（如图 5-1-15 所示）

操作步骤三：视频转场。

为了每段小视频之间可以更好地衔接，可以对每段小视频的过渡处进行转场处理，具体做法为先选中两段视频衔接处的白色框，这时候不同的转场特效将会呈现，根据需要选择不同场景的转场特效，使场景转换更加自然。也可以应用在全局，这时每个小视频之间都是同一个转场特效。（如图 5-1-16 所示）

操作步骤四：调色。

选择滤镜，可以根据商品的性质进行滤镜的选择，也可以在滤镜-调节里对每一项参数进行具体调节。为了减少商品颜色的失真，调节过程中尽量与商品本身的颜色保持一致。（如图 5-1-17 所示）

图 5-1-16　转场 　　　　　　　　　　图 5-1-17　滤镜

操作步骤五：去原声和添加背景音乐。

由于拍摄过程中视频里保留了拍摄现场的原声，首先需要去掉原声，点击音频，选中每段视频的原声，点击删除即可。（如图 5-1-18 所示）接下来为视频选择合适的背景音乐，一般推荐纯音乐，尤其是打算给视频配文字解说的情况下，在音频-音乐中选取（如图 5-1-19 所示），然后选择音量对音乐声音大小进行调节。

193

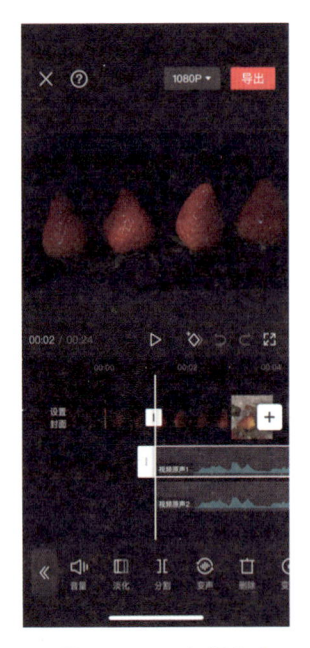

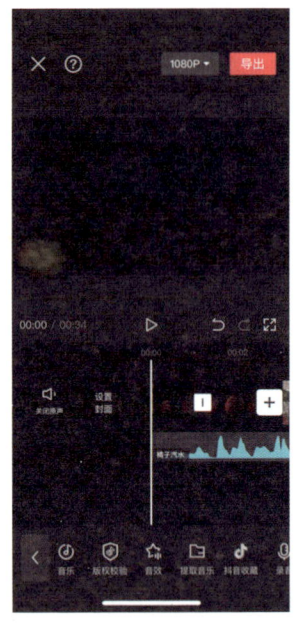

图 5-1-18　音频分离　　　　　图 5-1-19　添加背景音乐

操作步骤六：添加文字和配音。

选择文本→新建文本，可以给宣传视频添加文字解说，在字体和样式里调整文字大小、颜色、粗细等。（如图 5-1-20 所示）如果需要配上声音，可以选中文本后，点击文本朗读，选择合适的配音。（如图 5-1-21 所示）

操作步骤七：导出视频。

点击播放对视频进行预览，确认没有问题，点击右上角将视频导出到相册。（如图 5-1-22 所示）

图 5-1-20　添加文字　　　图 5-1-21　配音　　　图 5-1-22　导出视频

【任务评价要点】

（1）完成一个农产品视频的初步编辑。

（2）合理设置视频转场。

（3）合理设置视频滤镜。

（4）完成一个农产品的视频声音和文字的编辑。

（5）导出一个编辑完整的农产品视频。

拓展与思考

根据《中华人民共和国电子商务法》要求，产品及服务信息的展示如何既能体现真实性和可靠性，又能产生更好的转化效果？

项目评价

一、知识测试

1. 单项选择题（请将正确选项填在括号内）

（1）以下哪个焦距画质损失最大？（　　）

A. 0.5x　　　　　　B. 1x

C. 5x　　　　　　　D. 10x

答案：D

（2）以下不属于视频拍摄辅助工具的是（　　）。

A. 摄像机　　　　　B. 补光灯

C. 稳定器　　　　　D. 三脚架

答案：A

（3）属于淘宝官方出品的短视频工具的是（　　）。

A. 爱剪辑　　　　　B. 亲拍

C. 剪映　　　　　　D. 秒剪

答案：B

2. 多项选择题（请将正确选项填在括号内）

（1）下列哪些是手机摄像头的功能？（　　）

A. 变焦功能　　　　B. 操作系统

C. 防抖功能　　　　D. 图像格式

答案：AC

（2）下列哪些尺寸符合淘宝平台主图的视频尺寸？（　　）

A. 1：1　　　　　　B. 5：6

C. 3：4　　　　　　D. 16：9

答案：ACD

（3）下列属于拍摄农产品视频的专业工具的是（　　）。

A. 摄像机　　　　　B. 单反

C. 手机　　　　　　D. 微单

答案：ABD

3. 判断题（正确的在题后括号内写A，错误的写B）

（1）微单相机也属于数码相机。（　　）

答案：A

（2）焦距越长，则表示照相机越能够拍摄到更宽广的范围。（　　）

答案：B

（3）反光板常常被用来改善光线。（　　）

答案：A

二、项目测评（技能评价+素质评价）

表 5-1-1　本项目测评表

任务名称	评价内容	分值	评价分数 自评	评价分数 互评	评价分数 师评
任务 5.1.1 农产品图片拍摄	农产品背景布置合理	5			
	光线选择或布置合理	5			
	产品摆放合理	5			
	构图拍摄合理	5			
任务 5.1.2 农产品图片处理	完成一个农产品整套图片的裁剪	5			
	完成一个农产品整套图片的背景整理	5			
	完成一个农产品整套图片的调色	5			
	完成一个农产品整套高清图片的保存	5			
任务 5.1.3 农产品视频拍摄	完成一个农产品视频文案脚本的策划	10			
	完成一个农产品视频拍摄的场景布置	5			
	运用产品景深，合理选择拍摄角度，完成一个农产品视频拍摄	10			
任务 5.1.4 农产品视频处理	完成一个农产品视频的初步编辑	10			
	合理设置视频转场	5			
	合理设置视频滤镜	5			
	完成一个农产品视频声音和文字的编辑	10			
	导出一个编辑完整的农产品视频	5			
合计		100			

项目 5.2　线上店铺设计与装修

项目描述

良好的店铺设计与装修能够提供愉悦的购物体验，增加用户对农产品网店的信任感，从而提高用户转化率。本项目主要围绕装修元素制作、用户页面装修、商品信息设置及发布等内容展开，通过突出产品卖点，设计网店文案，网店首页、详情页、自定义页装修，商品标题制作，商品发布等方式，激发消费者的购买欲望，提升农产品网店在电商平台中的排名。

项目目标

1. 知识目标

（1）掌握网店文案制作技巧。
（2）掌握网店 Logo 设计制作方法与技巧。
（3）掌握网店首页、详情页、自定义页装修方法。
（4）掌握商品标题制作方法。
（5）掌握商品发布方法。

2. 能力目标

（1）能根据网店文案要求设计制作网店文案。
（2）能进行网店首页、详情页、自定义页装修。
（3）能制作商品标题并发布商品。

3. 素质目标

（1）培养质量服务意识，提升用户信任度。
（2）培养审美能力，能将农产品地域文化融入店铺装修中。
（3）培养诚信经营意识，树立良好的商业形象。

项目情景

线上店铺设计与装修助力农产品销售

某有机农场主要销售有机蔬菜、水果和粮食等农产品。为了提高线上店铺的销售量和用户满意度，该农场决定进行线上店铺的设计与装修。农场店铺的整体设计选择简洁、自然的风格，以突出农产品的有机、健康特点。店铺色彩以绿色、棕色和白色为主，营造出清新、自然的感觉。同时，农场的 Logo 贯穿整个店铺，以提高品牌辨识度。该农场根据产品的种类和特点，将产品分为蔬菜、水果、粮食等几个大类,并在每个大类下细分小类。通过合理的分类布局,方便消费者快速找到所需产品。同时,每个产品都有清晰的图片和详细介绍,帮助消费者更好地了解产品。首页是店铺的重要入口,该农场在首页放置了农场简介、产品推荐、最新活动等信息。通过精美的图片和吸引人的文字,吸引消费者的眼球,提高点击率和转化率。同时,首页还设置了搜索框和导航栏,方便消费者快速找到所需内容。详情页是展示产品详细信息的重要页面。该农场在详情页中提供了产品的产地、生长过程、营养成分等详细信息,以及实物图片和用户评价。通过这些信息,让消费者全面了解产品的品质和特点,增强购买信心。该农场还设置了自定义页,用于发布农场新闻、活动信息和售后服务等。这些页面不仅方便了消费者获取更多农场动态,还提高了消费者的黏性和忠诚度。为了提高销售额,该农场定期举行促销活动。在促销活动中,该农场采用醒目的颜色和字体突出显示促销信息,吸引消费者的注意力。同时,通过优惠券、限时折扣等方式激发消费者的购买欲望。该农场注重提高用户体验,优化购物流程。店铺提供了清晰的购物车和结算流程,方便消费者快速完成购买。同时,该农场还设置了在线客服和售后客服,及时解决消费者的疑问和问题,提高用户满意度。

通过装修设计,该农场的线上店铺吸引了更多的消费者关注和购买,农产品销售额明显增加,消费者满意度也得到了提高。

思考:该农场是如何通过线上店铺设计与装修助力农产品销售的?

思政园地

该农场注重线上店铺的建设和推广,通过简洁、自然的店铺形象,突出农产品的有机、健康特点。同时,店铺注重提高用户体验,优化购物流程,提供清晰的购物指引和优质的售后服务。由此可见,我们在产品或服务的设计与提供过程中,应始终以用户需求和体验为中心,不断提升服务质量。诚信经营是基础和前提,在产品描述、产地等方面要提供真实可靠的信息,赢得消费者的信任,这样才能树立良好的商业形象并取得长久的商业成功。

知识储备

一、装修元素制作

(一)商品卖点提炼方法

拿到商品时,要对商品进行定位分析,首先就要弄清楚商品要卖给谁,找到商品的自身优势,清楚谁会对这个优点买单。用心想一想这个定位群体对该类商品的真正需求是什么,从而提炼出该商品的卖点。

什么是商品卖点?卖点,也叫兴奋点,指所卖商品具备了前所未有、别出心裁或与众不同的特色。具体来说就是商品的痛点和痒点。

痛点,是站在消费者立场去考虑问题,尽量选择能够满足消费者尚未被满足而又被广泛渴望的需求。如果说痛点是消费者必须要解决的问题,痒点就是消费者不一定必须,但非常想要的事物，是逻辑之外的小愉悦。对于好的商品卖点来说，痛点、痒点二者必须满足其一。

商品卖点提炼的方法包括 FAB 法则、九宫格（曼陀罗）思维法等。

（二）文案写作方法

网店装修中，网店海报、主图、详情页都涉及文案。

1. 海报文案

海报文案主要作用是促进销售，需在 2 秒内引起注意并促成点击。因此海报文案必须易于阅读、逻辑清晰、明白无误。在海报标题写作上字数要精简，最好不要超过 8 个字，标题要能够迅速定下基调，用词上尽量使用易于传播的口语化语言，另外使用网络流行语或与热播的影视剧和热门话题关联等效果也会不错。

基本构成要素：标题、副标题、促销信息+日期时间、标签。在实际写作中不是所有的要素都要出现。

2. 主图文案

主图文案是消费者了解商品的第一步，一定要一目了然、简明扼要，其主要作用是吸引用户点击进入详情页。由于主图篇幅有限，在主图中并不需要体现很多卖点，只需体现最核心的卖点就行，可以加入痛点关键词、热搜关键词等，如"特价""买二送一""爆款"等。

撰写主图文案需明确以下内容要素：

这是什么商品；它有哪些显而易见的功能；它的哪些需求点能够打动消费者，使消费者产生点击欲望和购买的欲望。

3. 详情页文案

详情页文案是对商品卖点的详细介绍，非常注重逻辑性，需循序渐进、层层递进，让消费者越看越喜欢，最终下单购买。商品详情页需具备帮助消费者了解商品、打消疑虑、增加信任、促使下单、增加转化率等作用。

详情页由一张一张的图片组合而成，每一张图片围绕一个主题呈现。文案需根据每一个商品卖点进行细分，围绕卖点从不同角度切入进行延伸联想，形成卖点文案。

详情页文案可包含以下内容：

活动促销、卖给谁、商品非使用价值（与众不同、屈指可数的关键点）、商品使用场景、拥有后的感觉、购买理由、商品卖点细节、与同类商品的对比、发出购买号召、品牌介绍、服务细节等。常见的详情页通常概括为 7 项内容：海报、痛点挖掘、商品参数、大图展示、细节图展示、选择我们的理由和常见问题。

（三）网店 Logo 设计制作方法与技巧

1. 网店 Logo 设计原则

Logo 设计就是标志的设计，目的在于传递企业形象，企业将它所有的文化内涵、服务理念、整体实力等都融合在这个标志里面，通过后期的不断营销，使之在大众的心里留下深刻的印象。无论是从色彩还是构图上一定要讲究简单，与其他店铺的 Logo 要有区别，具有独特性。设计 Logo 一定要有自己的象征意义，不是只追求形式上的漂亮，而是需要具有一定的价值内涵。Logo 设计要有法律意识，一定要注意敏感的字样、形状和语言。还要注意设计的整体性、结构性和色彩性（形、色、质）。

2. 农产品网店 Logo 设计

农商品网店的 Logo 设计对于网店品牌树立和发展具有重要的现实意义。因此，农产品网店经营者应该从视觉、文化内涵、商品特征、店铺背景、消费美学等多个角度挖掘设计要素，充分考虑 Logo 设计与农商品网店定位及乡村文化内涵相结合的艺术表达效果，由此产生创意。利用 Logo 设计产生的无形视觉形象引导和匹配消费，利用文化内涵提升农商品价值认同，促进市场推广和流通。

3. Logo 设计流程

Logo 设计流程如图 5-2-1 所示。

第一步，调研分析。调研内容包括：网店所属行业类别、网店定位、网店经营理念、网店目标消费对象、网店竞争环境等。

第二步，要素挖掘。挖掘的要素包括：视觉要素（如色彩搭配、形态结构）、文化要素（如网店核心价值）、商品要素（如商品价位）、店铺要素（如店铺风格）、消费要素（如消费档次）等。

第三步，设计开发。目前，互联网上有许多一键生成的 Logo 开发软件，可借助这些软件，将设计要素导入，生成一些 Logo 进行比较选择。在选择 Logo 时，需考虑：是否符合店铺的设计理念、是否具有区别于竞争对手的创意想象、表达方式是否合理、挖掘要素是否融入、形态结构是否符合预期、色彩搭配是否符合网店风格等。

第四步，Logo 修正。在所选 Logo 的基础上，从构图、尺寸、色彩、线条等方面进行修正，以期达到满意效果。

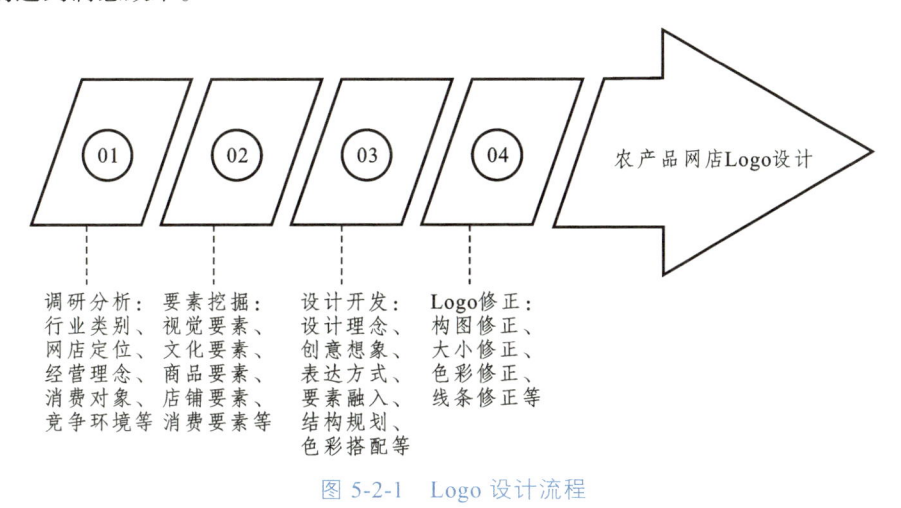

图 5-2-1 Logo 设计流程

二、用户页面装修

（一）网店首页装修方法

首页是用户点击进入一家店铺后的主页。由于手机端目前使用范围更广，这里主要围绕手机端进行讲解。

首先，要确定的是首页的风格。首页风格应与网店的定位、品牌形象以及目标受众相符合。例如，如果网店面向的是年轻人，那么风格应该是活泼、潮流的；如果网店面向的是高端人群，那么风格应该是简约、高雅的。

其次，要确定布局设计。首页的布局要合理，主次分明，突出重点。一般来说，首页可以分为头部、导航、主体、底部等几个部分。头部和底部的设计要简洁，不要过于复杂；导航栏的设计要清晰明了，方便用户快速找到所需内容；主体的设计要突出重点，可以使用图片、文字、视频等多种形式来展示产品。

再次，色彩搭配也非常重要。一般来说，网店的色彩应该统一，不要过于花哨，以免影响用户体验。可以利用色彩搭配技巧来设计色彩，以达到更好的营销效果。

最后，图片的优化也非常重要。图片的清晰度、角度、灯光等因素都会影响用户对产品的印象。此外，还可以通过添加水印、调整尺寸等方式来保护图片的知识产权。

（二）网店商品详情页装修方法

商品详情页内容可以概括为 7 项内容：海报宣传、痛点挖掘、商品参数、大图展示、细节图展示、选择我们的理由和常见问题。

第一部分：海报宣传。海报宣传是详情页的重要组成部分，用于展示商品的整体形象和卖点。海报的设计应简洁明了，突出重点，吸引消费者的注意力。同时，海报上的文字描述也要精简、有力，能够准确地传达商品的特点和优势。海报的内容可以是新品展示、促销信息或爆款商品宣传等，内容需根据店铺不同时间的营销目标即时更新。

第二部分：痛点挖掘。痛点是指尚未被满足的而又被广泛渴望的需求。在商品详情页中，可以通过描述消费者的痛点来突出商品解决的问题，从而激发消费者的购买欲望。痛点的描述要真实、生动，与商品的特点和优势相呼应。

第三部分：商品参数。商品参数是商品详情页中的重要信息之一，用于展示商品的技术规格和性能。参数的描述应清晰、准确，方便消费者了解商品的详细信息。同时，参数的展示也要注意排版和布局，使其易于阅读和理解。

第四部分：大图展示。大图展示主要用于展示商品的整体形象和细节。大图的清晰度和美观度要高，能够突出商品的品质和特点。同时，大图的展示也要注意排版和布局，使其更具视觉冲击力。

第五部分：细节图展示。细节图展示用于展示商品的关键部位和细节，需要突出展示商品的重点和独特之处。可以采用不同的颜色、字体或标注等方式来突出显示，还可以配合文字说明和标签来更好地解释和说明商品的特点。同时，细节图的展示也要注意排版和布局，使其易于阅读和理解。

第六部分：选择我们的理由，即为消费者找到购买的理由。在商品详情页中，可以通过强调商品的独特之处和优势来吸引消费者选择该商品。选择的理由可以包括品牌知名度、品质保证、价格实惠等方面。理由的描述要真实、可信，能够说服消费者选择该商品。

第七部分：常见问题。在商品详情页中，可以列出消费者关心的问题或疑惑点，并给出详细的解答或解释。常见问题的描述应清晰、准确，方便消费者了解商品的详细信息。

（三）网店自定义页装修方法

网店自定义页面是指在装修首页以后，除去 Logo 和海报图以外的其他可以自定义添加的模块和内容，例如优惠券的领取模块，宝贝展示的模块等，这一部分的内容可根据对页面的整体规划和店铺活动的情况酌情增减,故称作自定义页。此部分内容在千牛系统中也有很多不同的模块,装修人员可在千牛系统根据自身店铺情况自由选择。

自定义页可包括以下内容:

(1)品牌故事:可以介绍品牌的起源、发展历程、品牌理念等,有助于提升消费者对品牌的认知和信任感。

(2)促销活动页:用于发布店铺的促销活动,如满减、折扣、赠品等。通过吸引力的活动,可以提升消费者的购买意愿。

(3)会员专区:为会员提供专属的页面,可以发布会员专享的优惠、积分兑换等活动。可以提高会员的忠诚度和复购率。

(4)新闻资讯:发布店铺的新闻、行业动态、新品发布等信息,有助于提高消费者对店铺的关注度。

(5)帮助中心:提供店铺的产品使用说明、售后服务、常见问题解答等,有助于解决消费者的疑问和提升购物体验。

(6)活动营销页:例如节假日专题、主题活动等,可以通过特定的活动主题吸引消费者,提升销售量。

(7)其他自定义页面:根据店铺的需求,还可以自定义其他页面,如企业文化展示、社会责任报告等,有助于提升店铺的品牌形象。

三、商品标题制作及发布

(一)商品标题制作方法

商品标题包含了商品的类别、属性、特点、商品品牌等,商品标题不仅明确告诉潜在买家网店卖的商品是什么,而且也告诉搜索引擎网店卖的商品是什么,还会影响商品自然搜索结果排名。在网店上购物,可以通过搜索关键词来查找自己需要购买的商品。比如:在淘宝上搜索关键词"农产品",页面会显示各种农产品的信息。如图5-2-2所示,用红线框出来的就是商品的标题,以淘宝为例,网店上的商品名称和平常所接触的商品品牌名称的概念是不一样的,网店上的商品名称比较长。

商品标题由关键词组合而成,关键词是指用户在使用搜索引擎时输入的表达个人需求的词汇,它往往最能直接反映出用户意图。目前业内未对关键词的类别划分形成统一标准,但主流搜索引擎中常见的关键词包括核心词、品牌词、属性词、营销词、长尾词。

核心词即指与商品有紧密联系的,能准确表达商品的关键词,一般核心词字数较少,多为行业内的短词、热词和大词,搜索量大,但数量少,竞争激烈。比如:商品词"西瓜""大米""土豆"等。

品牌词即商品的品牌名称,网店在使用品牌词时,要避免使用他人品牌词,否则可能会构成侵权。例如"中粮""川珍"。

属性词即描述商品参数、特征的关键词,包括商品的尺寸、材质、颜色、型号、风格等,例如"十斤""大果"。

图 5-2-2　商品标题

营销词即具有营销性质的关键词，包括优惠信息、突出商品卖点、展现品牌信誉等，通常作为核心词和属性词的补充，例如"现摘""新鲜""包邮"等。

长尾词即指商品的非中心关键词，但与中心关键词相关，可以带来搜索流量的组合型关键词，一般由 2 个或 2 个以上的词组成，通常可以由核心词、属性词、营销词等搭配组成，例如"苹果脆甜""时令水果当季""新鲜蔬菜薄皮"。

商品标题的优劣关系到商品的搜索权重，影响商品的自然搜索流量和网店的活跃程度。在创作商品标题时，需要注意标题尽可能写满网店规定的字符，核心词尽可能前置，商品尽可能多地覆盖所处类目的关键词；爆款商品标题慎重优化；标题优化频率不应太高。

（二）商品发布

商品上架发布是网店运营的重要环节。在上传农产品时，要确保商品的品质和安全符合相关标准和规定。同时，要遵守网店平台的规定和法律法规，不进行违规操作。

具体内容包括：

1. 确定商品信息

首先需要确定要上架的商品信息，包括商品名称、描述、价格、规格等。这些信息需要准确、详细，以便消费者了解商品的详细情况和特点。

2. 创建商品页面

在网店平台上，选择"新建商品"或类似的选项，创建一个新的商品页面。填写商品的相关信息，如商品名称、描述、价格等。同时，上传清晰的商品图片，以便消费者能够更好地了解商品。

3. 审核商品页面

完成创建后，需要等待平台审核商品页面。审核通过后，商品页面就可以在网店上展示和销售了。

4. 优化商品页面

根据销售情况和消费者反馈，不断优化商品页面，调整价格、更新描述等。还可以利用网店的推广工具进行推广，提高曝光率和点击率。

5. 推广商品

除了在网店内部进行优化外，还可以利用其他渠道进行推广，如社交媒体、搜索引擎等。通过各种渠道吸引更多的消费者关注和购买商品。

6. 提供优质服务

及时回复消费者的咨询和问题，提供优质的售后服务。确保消费者对商品和服务满意，以提高口碑和复购率。

任务 5.2.1　设计制作网店文案

【任务目的】

挖掘农产品的卖点，使商品不仅具有销售功能，还具有视觉效果。

【任务准备】

- 环境准备：电脑、手机、剪映（软件）、亲拍（软件）。
- 资料获取：百度、电商平台、图片素材网。

【任务实施】

1. 工作流程

商品卖点提炼→文案撰写。

2. 操作说明

操作步骤一：商品卖点提炼。

以案例中的杏子为例，首先要对杏子进行定位分析。

再根据 FAB 法则进行产品分析。

根据九宫格（曼陀罗）思维法，分析产品卖点，填写表格。

背景案例："幸福杏"网上销售

表 5-2-1　杏子的产品卖点表

	杏	

由此便能得到以上 8 个不同的卖点，那么选择其中几个作为文案写作的卖点即可，卖点不在于多，而在于是否能够给消费者强化这些卖点，让消费者记住并认同。

操作步骤二：文案写作。

（1）海报文案：

从卖点出发编写文案，文案最好押韵、朗朗上口，便于消费者快速浏览。

（2）主图文案：

由于主图篇幅有限，主图只需体现最核心的卖点，包括：这是什么商品；它有哪些显而易见的功能；它的哪些需求点能够打动消费者，使消费者产生点击欲望和购买的欲望。

（3）详情页文案：

详情页文案可包含以下内容：

活动促销、卖给谁、商品非使用价值（与众不同、屈指可数的关键点）、商品使用场景、拥有后的感觉、购买理由、商品卖点细节、与同类商品的对比、发出购买号召、品牌介绍、服务细节等。常见的详情页通常概括为 7 项内容：海报、痛点挖掘、商品参数、大图展示、细节图展示、选择我们的理由和常见问题。

【任务评价要点】

（1）利用 FAB 法则或九宫格思维法为一个农产品提炼卖点。
（2）撰写一份海报文案。
（3）撰写一份主图文案。
（4）撰写一份详情页文案。

任务 5.2.2　网店首页装修

【任务目的】

能根据首页设计进行网店首页装修，将美学要素和文化要素融入网店装修元素中，使网店不仅具有商品销售功能，还具有一定的乡村文化底蕴。

【任务准备】

- 环境准备：电脑、photoshop、手机、千牛（淘宝天猫卖家版）。
- 资料获取：百度、电商平台。

【任务实施】

1. 工作流程

选择色彩→制作 Logo→上传 Logo→制作广告图→上传广告图。

2. 操作说明

操作步骤一：选择色彩。

色彩选择不超过三种，搭配和谐，注意颜色可根据农产品本身的色彩选择近似色作为主色，其他颜色作为点缀。

操作步骤二：根据制作的素材组合制作 Logo。

注意 Logo 的形式通常有三种，即文字 Logo、图形 Logo 和图文结合型 Logo，图形 Logo 一般适用于知名度较大的品牌。

店铺开设与 Logo 制作

操作步骤三：Logo 制作完成后打开千牛电脑网页 https://work.taobao.com 或千牛手机 App，通过找到店铺—店铺信息—编辑店铺—店铺标志上传 Logo，如图 5-2-3 和图 5-2-4 所示。

图 5-2-3　千牛页面编辑店铺信息

图 5-2-4　上传店铺 Logo

操作步骤四：根据制作的素材组合制作广告图。

注意广告图的排版方式，常见的排版方式有：左右排版、左中右排版和居中排版，如图 5-2-5 所示。

左右排版　　　　　　左中右排版　　　　　　中心排版

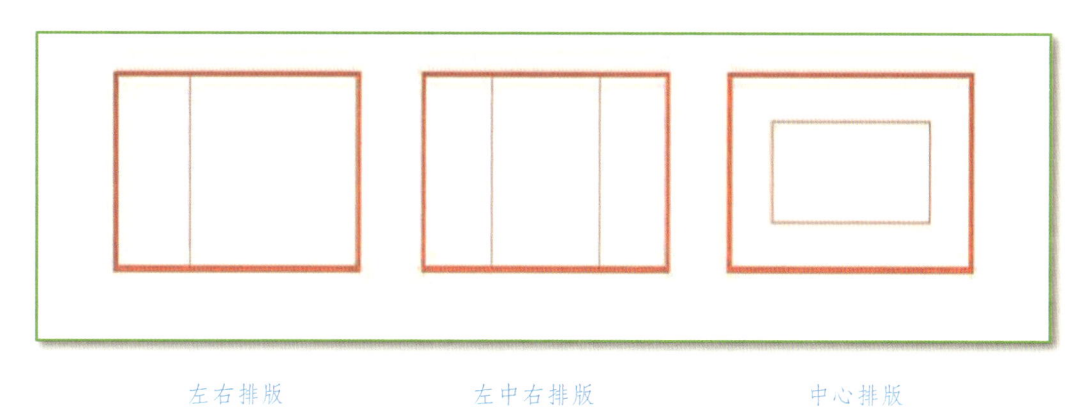

图 5-2-5　版式模板

以上排版方式是电脑端网店装修的排版，但现在许多消费者已经不再使用电脑购物，习惯于使用手机 App 购物，许多商家已经放弃电脑端的横屏广告装修，常用的都是符合手机屏幕的竖屏广告装修，所以中心排版成了最常用的排版方式，即图片文字都在中间，如图 5-2-6 所示。

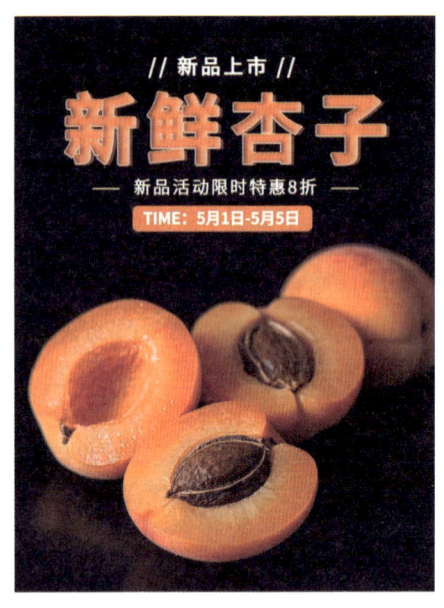

图 5-2-6　杏子宣传海报

操作步骤五：广告图片制作完成后，上传店铺进行装修。

首先打开千牛，找到店铺管理，然后选择店铺装修-手机店铺装修，点击新建页面，选择装修页面，在装修页面中点击对应区域上传制作好的图片即可，如图 5-2-7 至图 5-2-11 所示。

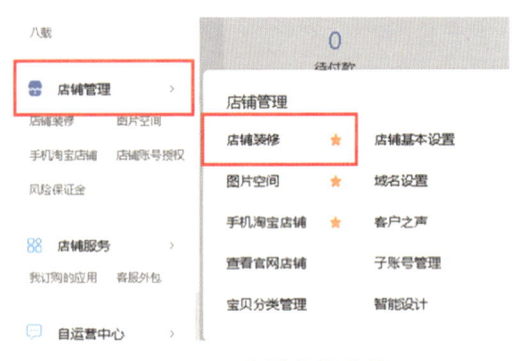

图 5-2-7　店铺装修路径

图 5-2-8　店铺装修新建页面

图 5-2-9　页面装修操作

图 5-2-10　装修图片上传

图 5-2-11　装修页面发布

上传完成后，店铺首页装修的主要内容也就基本完成了，其余内容可根据安排和需求自由装修，在余下的内容中添加一些商品图片和信息。

【任务评价要点】

（1）合理选择农产品 Logo 色彩。
（2）制作一个农产品 Logo。
（3）合理选择农产品图片。
（4）农产品广告图片色彩搭配和谐。
（5）农产品广告图排版整洁。
（6）成功上传 Logo 和海报图，完成主页装修。

任务 5.2.3　商品详情页装修

【任务目的】

能根据详情页设计进行网店详情页装修，将美学要素和文化要素融入网店装修元素中，使网店不仅具有商品销售功能，还具有一定的乡村文化底蕴。

【任务准备】

- 环境准备：电脑、Photoshop、手机、千牛（淘宝天猫卖家版）。
- 资料获取：百度、电商平台。

【任务实施】

1. 工作流程

选择色彩→制作图片→上传图片。

2. 操作说明

操作步骤一：选择色彩。

色彩选择仍然不超过三种，搭配注意和首页装修的 Logo 以及海报图的颜色要和谐，主色调要统一。

操作步骤二：制作详情图。

详情页的内容一般归纳为 7 项内容：海报宣传、痛点挖掘、商品参数、大图展示、细节图展示、选择我们的理由和常见问题。但严格意义上来说不一定只有这 7 项内容，可以适当地根据自己的装修设计修改，所谓的 7 屏内容是指要包含这些内容在详情页中，有时候也会出现超过 7 屏内容的情况。

详情页的制作与优化

注意在制作详情页版面时，卖点不要太多，选择两三个反复强调即可，按照整理好的详情页文案和内容加入到制作的图片上即可。

制作完成图片后先进入千牛上传设置一个商品，随后点击商品-商品装修，找到右侧的装修商品就可以进入主图和详情页图片装修页面，如图 5-2-12 所示。

图 5-2-12　商品装修路径

操作步骤三：上传图片。

进入页面后按照左边的模块导航的内容，按顺序点击右边的内容上传对应的图片即可，详情页页面部分也包含了商品主图的内容，需要一起上传，如图 5-2-13 所示。商品主图的图片可以用海报图、产品细节展示图、产品促销活动图等。

主图制作与优化　　促销图制作与优化

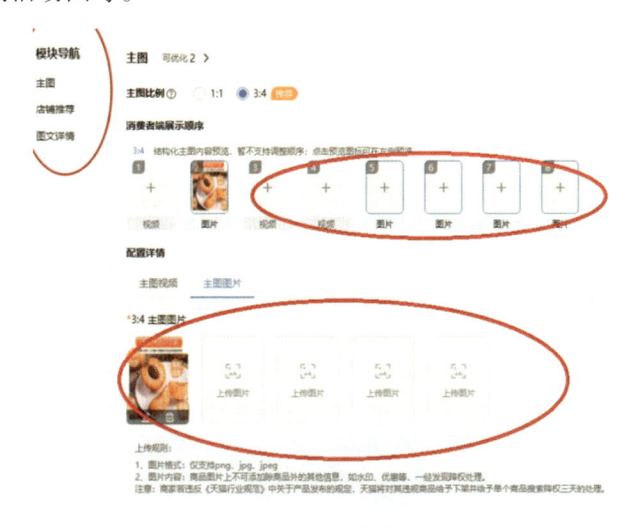

图 5-2-13　上传图片

【任务评价要点】

（1）色彩的搭配合理。
（2）制作一份详情页图片。
（3）能成功上传详情页图片。

任务 5.2.4　网店自定义页装修

【任务目的】

能根据自定义页设计进行网店自定义页装修，将美学要素和文化要素融入网店装修元素中，使网店不仅具有商品销售功能，还具有一定的乡村文化底蕴。

【任务准备】

- 环境准备：电脑、Photoshop、手机、千牛（淘宝天猫卖家版）。
- 资料获取：百度、电商平台。

【任务实施】

1. 工作流程

选择色彩→自定义页装修→上传图片。

2. 操作说明

操作步骤一：选择色彩。

色彩选择仍然不超过三种，搭配仍然和制作详情页时一样，注意和首页装修的 Logo 以及海报图的颜色要和谐，主色调要统一。

操作步骤二：网店自定义页面装修。

先进入千牛找到店铺，随后点击手机店铺装修，如图 5-2-14 所示。

图 5-2-14　手机店铺装修路径

进入手机店铺装修页面后，可以看到顶部有自定义页的内容，点击进入，如图 5-2-15 所示。

图 5-2-15　手机店铺自定义装修

进入自定义页面后，点击新建页面-装修页面后，就可以看到自定义页面的内容，如图 5-2-16。

图 5-2-16　自定义页装修页面

如果有优惠券，我们可以点击优惠券模块进行自主装修，如图 5-2-17 所示。优惠券、图文等自主装修模块在千牛系统中自带模板，可以直接进入并选择"智能作图"即可制作，优惠券可以点击创建优惠券后根据店铺的活动内容填写后自动生成，如图 5-2-18 所示。

图 5-2-17　优惠券装修

213

图 5-2-18 创建优惠券

【任务评价要点】

（1）图片色彩搭配合理。
（2）能制作一张自定义页面图片。

任务 5.2.5　商品标题制作

【任务目的】

能利用关键词进行商品标题制作，增加店铺商品搜索量。

【任务准备】

- 环境准备：电脑、手机、千牛（淘宝天猫卖家版）。
- 资料获取：百度、电商平台。

【任务实施】

1. 工作流程

收集关键词→建立关键词库→关键词排序组合→测试商品标题→确定商品标题。

2. 操作说明

以"车厘子"为例，制作商品标题。

操作步骤一：收集"车厘子"关键词。

方法一：在电商平台搜索引擎中输入"车厘子"，观察搜索框下方的相关搜索和下拉词。这些词汇是搜索引擎根据用户搜索习惯和热度推荐的，具有很高的参考价值，如图 5-2-19 所示。

宝贝标题制作

| 宝贝 ∨ | 车厘子 | | 搜索 |

车厘子红毛衣
车厘子包装盒
车厘子红大衣
车厘子红上衣
车厘子红卫衣
车厘子红羽绒服
车厘子红羊绒毛衣
车厘子红打底衫
车厘子红羊绒大衣
车厘子树苗

图 5-2-19　淘宝平台车厘子搜索下拉词

　　方法二：以"车厘子"为核心词，进行联想拓展。例如，可以添加品牌、地区、特点等修饰词，形成如"进口车厘子""智利车厘子""新鲜车厘子"等长尾关键词。这些词往往符合普通人的搜索习惯，搜索量较大。

　　方法三：访问竞争对手的网店，尤其是关键词排名靠前的网店，分析他们的关键词布局。这可以帮助我们发现一些可能被忽略的关键词，同时了解竞争对手的营销策略。

　　方法四：利用关键词收集工具，如百度指数、百度推广账号里的关键词规划师、站长工具里的关键字挖掘等，这些工具可以提供大量关于"车厘子"的关键词，如图 5-2-20 所示。

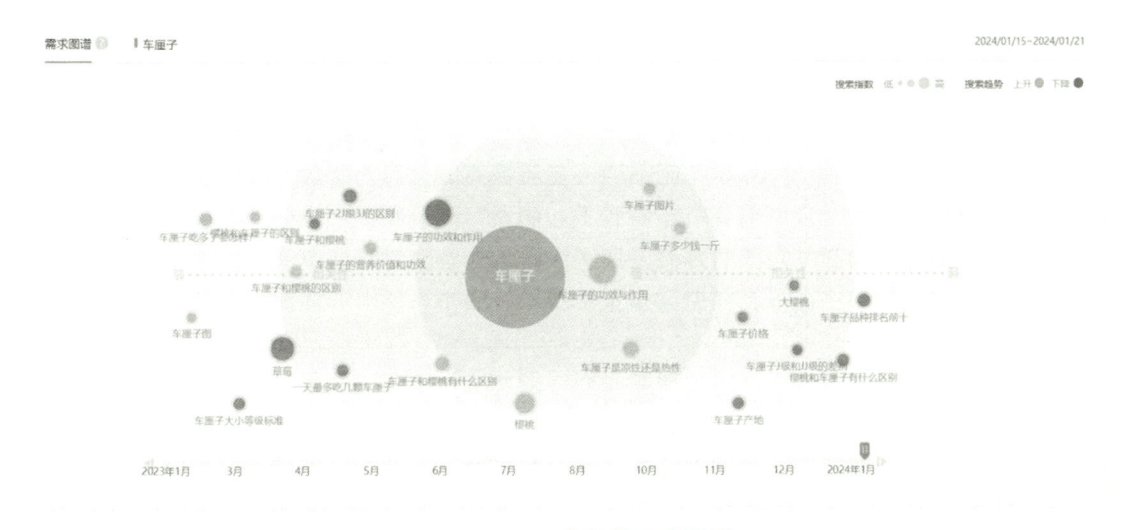

图 5-2-20　百度指数需求图谱

　　方法五：在"车厘子"网店中，以及相关的平台中，寻找与"车厘子"相关的评论和问题。这些平台中的用户的提问和回答，往往能为我们提供意想不到的长尾关键词，如图 5-2-21 所示。

宝贝详情　宝贝评价

这是我在淘宝买的最好的一次,也是包装最好,也是最新鲜的车厘子!也是最实惠的,很新鲜,物流也很快,口感不错

浏览12958次

t**8
20天前 JJ 28mm(含)-30mm(不含) 3斤

车厘子收到了,挺新鲜的,每一颗都特别大,而且颗颗汁水都特别多,我都感觉买少了,吃完再买,真心推荐购买

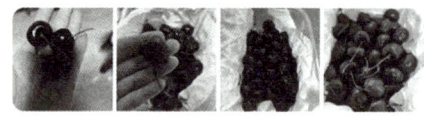

浏览7784次

t**0
19天前 J 26mm(含)-28mm(不含) 5斤

车厘子很新鲜,买了小号的,自家吃还不错,继续回购!

浏览3869次

图 5-2-21　用户评论

操作步骤二:用表格建立关键词库,如表 5-2-2 所示。

表 5-2-2　车厘子关键词库

核心词	属性词	营销词	热搜词
车厘子	新鲜水果	包邮	美早
大樱桃	5斤	孕妇	应
樱桃	山东烟台	国产	3
……	当季	……	j
	整箱		大
	……		4
			连
			……

操作步骤三:关键词排序组合,如下所示。

A. 新鲜车厘子包邮
B. 美早大樱桃新鲜水果包邮 5 斤应当季整箱 3 孕妇 4j 山东烟台国产车厘子

C. 车厘子美早大樱桃 5 斤新鲜水果应当季整箱包邮大 4j 连 3 山东烟台国产

D. 车厘子大樱桃新鲜水果 5 斤山东烟台当季整箱包邮美早应 4j3

....

操作步骤四：运用以上方法将关键词排序组合后，在店铺标题中使用，根据店铺运营数据，进行效果测试。如果店铺的浏览量和曝光率提高，便可直接使用；如果效果不明显，需要进一步修改测试。

【任务评价要点】

（1）能收集某一农产品的关键词。

（2）能采用表格方式建立关键词库。

（3）能至少制作 5 个关键词排序组合。

（4）会测试商品标题。

（5）能最终确定一个合适的商品标题。

任务 5.2.6　商品信息发布

【任务目的】

能进行商品信息发布、图文描述信息发布和售后服务发布。

【任务准备】

- 环境准备：电脑、手机、千牛（淘宝天猫卖家版）。
- 资料获取：百度、电商平台。

【任务实施】

1. 工作流程

上传商品主图→确认商品类目→商品信息描述。

2. 操作说明

操作步骤一：使用主账号登录手机千牛，在工作台中点击【商品管理】按钮。

操作步骤二：进入商品发布页面后，上传商品图片或者条形码，系统会通过信息识别智能推荐商品类目。若推荐的类目不对，也可通过类目搜索、发布历史等方式自行调整，如图 5-2-22 所示。

操作步骤三：完成图片上传和类目选择后，点击下一步即可进入商品编辑页完善商品信息，请按照页面要求填写商品属性、标题、库存等信息，页面标*号的均为必填项，填写完要求的商品信息后点击【提交宝贝信息】即可，如图 5-2-23 所示。

图 5-2-22　商品标题发布路径

图 5-2-23　编辑商品信息

【任务评价要点】

（1）上传5张商品图片。
（2）合理选择商品类目。
（3）填写一份商品详情。

拓展与思考

在网络购物越来越便捷和普及的时代，网络店铺犹如雨后春笋。那么，如何使店铺的装修让人眼前一亮？

项目评价

一、知识测试

1. 单项选择题（请将正确选项填在括号内）

（1）以下哪个内容属于 FAB 法则？（　　）

A. 属性　　　　　　　　　　B. 讲解

C. 商品　　　　　　　　　　D. 图片

答案：A

（2）手机端店铺首页的广告图常用什么构图形式？（　　）

A. 左右构图　　　　　　　　B. 左中右构图

C. 中心构图　　　　　　　　D. 上下构图

答案：C

（3）下列属于商品卖点提炼的方法是？（　　）

A. 曼陀罗思维法　　　　　　B. 思维导图

C. 逆向思维法　　　　　　　D. 类比思维法

答案：A

2. 多项选择题（请将正确选项填在括号内）

（1）Logo 的常见类型有？（　　）

A. 英文 Logo　　　　　　　　B. 文字 Logo

C. 图形 Logo　　　　　　　　D. 中文 Logo

答案：BC

（2）网店装修包含哪些内容？（　　）

A. 详情页　　　　　　　　　B. 店铺名称

C. 商品主图　　　　　　　　D. 自定义页

E. 首页装修

答案：ADE

（3）详情页装修应包含哪些内容？（　　）

A. 海报宣传　　　　　　　　B. 店招

C. 细节展示　　　　　　　　D. 产品参数

E. Logo 设计

答案：ACD

3. 判断题（正确的在题后括号内写 A，错误的写 B）

（1）Logo 设计的目的在于传递企业形象，通过后期的不断营销，使之在大众的心里留下深刻的印象。（　　）

答案：A

（2）我们可运用三色原则在图片设计时确定占比 70% 的底色、30% 的主色。（　　）

答案：B

（3）卖点具体来说就是商品的痛点和痒点。（　　）

答案：A

二、项目测评（技能评价+素质评价）

表 5-2-3　本项目评价表

任务名称	评价内容	分值	评价分数 自评	评价分数 互评	评价分数 师评
任务 5.2.1 设计制作网店文案	利用 FAB 法则或九宫格思维法为一个农产品提炼卖点	5			
	撰写一份海报文案	5			
	撰写一份主图文案	5			
	撰写一份详情页文案	5			
任务 5.2.2 网店首页装修	合理选择农产品 Logo 色彩	5			
	制作一个农产品 Logo	5			
	成功上传 Logo	5			
任务 5.2.3 商品详情页装修	色彩的搭配合理	5			
	制作一份详情页图片	5			
	能成功上传详情页图片	5			
任务 5.2.4 网店自定义页装修	图片色彩搭配合理	5			
	能制作一张自定义页面图	5			
任务 5.2.5 商品标题制作	能收集某一农产品的关键词	5			
	能采用表格方式建立关键词库	5			
	能至少制作 5 个关键词排序组合	5			
	会测试商品标题	5			
	能最终确定一个合适的商品标题	5			
任务 5.2.6 商品信息发布	能上传 5 张商品图片	5			
	能合理选择商品类目	5			
	能填写一份商品详情	5			
合计		100			

项目 5.3　网店客户服务

项目描述

客户服务是消费者获得优质电子商务购物体验的重要部分,主要包括售前服务、售中服务、售后服务三个环节。本项目主要围绕网店客户服务的接待预沟通、交易促成、客户问题处理内容展开,帮助农民建立一个规范、高效、优质的网店客户服务环境。

项目目标

1. 知识目标

(1)了解和熟悉网店客户服务的价值与重要性。
(2)熟悉网店客户服务中接待与沟通的主要职责、所需能力与服务方法。
(3)熟悉网店客户服务中交易促成的常规流程与方法技巧。
(4)熟悉网店客户服务中客户问题处理的方法与优化措施。

2. 能力目标

(1)能够灵活运用沟通技巧和专业知识来接待客户,解答客户的疑问。
(2)能够挖掘客户需求,向客户推荐需要的商品,灵活运用说服客户下单的方法,并促成订单。
(3)能够合理、恰当地解决客户问题。

3. 素质目标

(1)培养诚实守信、遵纪守法、规范操作的职业品格。
(2)培养文明、礼貌、真诚、耐心、热情的服务态度。
(3)培养积极进取、精益求精的精神。

项目情景

某网店是一家从事土特产销售的网店,在客户越来越重视食品安全的今天,绿色健康的土特产对客户具有较大的吸引力。很快,该网店的销售额就开始增长,但问题也随之出现。店长每天需要兼顾接待、打包、发货等工作,他逐渐感到力不从心。于是,他通过招聘网站招聘了一名网店客服人员——雯雯。自从雯雯上岗后,店长轻松了很多,网店的回头客也多了,而这都得益于雯雯提供的专业服务。网店中经常有客户让雯雯推荐土特产,雯雯收到消息后立刻热情地回复,并耐心为客户挑选商品,很快就促成了交易。收到货后,客户还会在评价中对雯雯热情、优质的服务提出表扬。一段时间后，该网店不仅成交率大幅提高，口碑也得到了提升。

思考：优质的网店客户服务，能够给网店带来什么价值？

思政园地

雯雯作为网店客服，展现了她客户服务的专业素养。她的优质服务赢得了客户的信任和好评，提升了网店的口碑。在食品安全日益受到重视的背景下，她能够准确把握客户需求，为客户推荐绿色健康的土特产。这无疑体现了在职业生涯中，专业素养的提升对于个人和团队的成功至关重要。

知识储备

一、客户服务

致力于使客户满意并继续购买企业商品或服务的一切活动统称为客户服务。客户服务是一种以客户为导向的价值观。客户服务的目的是根据客户的喜好使其满意，最终使客户感受到被重视，让客户把这种好感铭刻于心，最终成为企业的忠诚客户。

网店客服是指在开设网店这种新型商业活动中，充分利用各种通信工具，并以网上即时通信工具（如阿里旺旺）为主的，为客户提供相关服务的人员。这种服务形式对网络有较高的依赖性，所提供的服务一般包括售前、售中、售后三个阶段，不仅可以给客户带来舒适的购物体验，并且能够提高网店的竞争力，具体体现在以下几个方面：

一是优化客户的购物体验。网店客服人员作为直接影响客户购物体验的岗位，对于网店的整体运营具有重要意义。优秀的网店客服人员可以优化客户的购物体验。网店客服人员在与客户交流的过程中，通过耐心地询问、认真地倾听，并主动为客户提供帮助，可以让客户有一个体验很好的购物"旅程"。

二是塑造网店形象。对网店而言，客户看到的商品是图片、视频和文字介绍，看不到商家，无法了解网店的实力，一般会产生距离感和怀疑感，此时，通过和网店客户服务人员在网上的交流，客户可以切实感受到商家的服务和态度，客服的一个可爱的表情或一个亲切的问候，都会让客户感觉他不是在跟冷冰冰的计算机和网络打交道，而是在和一个善解人意的人沟通，这样，会帮助客户解除一开始的戒备心理，从而在客户心目中树立网店的良好形象。当客户再次购物时，也会更优先选择那些他所了解的网店。

三是提高成交率、增加复购率。大多数客户在购物之前都会针对不太清楚的内容进行询问。网店客服人员如果能及时准确地回答客户问题，那么达成交易的概率是很高的。如果客户询问商品后未下单，或者拍下商品后未立即付款，网店客服人员可以通过即时跟进，强调优惠、询问等方式促使客户下单支付完成购买。同时，对于一些犹豫不决的客户，网店客服人员可以向其推荐更合适的商品，以促成交易。此外，当客户完成了一次良好的交易，不仅了解了网店的服务态度，也对网店的商品、服务等有了切身的体会。当客户需要再次购买同样商品的时候，往往倾向于选择他所熟悉和了解的网店。因此，卖家做好客户服务可以提高客户再次购买的概率。

四是降低网店经营风险。网店在经营过程中难免会遭遇一定的风险，如交易纠纷、退换货、退款、客户投诉、平台处罚等。要降低经营风险，全店人员需要共同努力，而网店客服人员应做到以下4点。第一，网店客服人员对商品应非常熟悉且能做到精准推荐，这样就能有效避免退换货和退款事件，尽可能地避免产生交易纠纷。第二，网店客服人员应将平台规则熟记于心，这样就能很好地应对客户的各种投诉，并且不触犯平台规则，也就不会引来平台对网店的处罚。第三，网店客服人员应积极、良好地与客户沟通，这样就有可能降低客户给出差评的概率。第四，网店客服人员应具备一定的警惕性，这样就可以避免网店被少数不良分子恶意敲诈而导致损失的情况。

五是改善网店服务数据。电子商务平台为了完善监管，会对网店的服务质量进行评分，如图 5-3-1 所示为某网店的评分。网店客服人员在服务客户的过程中会与客户有所接触，而网店客服人员的服务质量会直接影响店铺动态评分，客户可以通过该评分来判断网店的经营状况和各项服务指标。

图 5-3-1　某网店评分

六是提高流量价值。随着平台上的竞争越来越激烈，网店的引流成本越来越高，每一次引流对网店来说都尤为重要，都应该产生相应的效益。要有效地将流量转化为网店的效益，离不开网店客服人员提供的优质服务。具体来说，网店客服人员的优质服务有助于增强客户的购买欲望，从而提高客单价，实现单个流量数值的最大化。同时，网店客服人员的优质服务有助于客户重复购买或介绍他人到网店中购物，从而把单次引流的价值发挥到极致。

二、客户接待与沟通

接待客户是售前客服人员的主要工作。在接待客户的过程中，售前客服人员要把握好客户进店后的每个流程，让客户在每一个环节都能感受到专业、贴心的服务。一般来说，接待客户的流程主要包括做好接待准备、与客户沟通、解决客户问题。

（一）做好接待准备

接待前做好充分的准备是保证工作质量的前提。对于售前客服人员而言，接待准备工作包括端正服务态度、整理并熟记售前服务术语。

1. 端正服务态度

态度决定一切，细节决定成败。售前客服人员在接待客户前要端正服务态度，确保始终保持热情、礼貌、耐心和尊重的服务态度。

（1）热情：售前客服人员不同于实体店导购员，无法通过面对面的真诚微笑和行动等来体现自己的热情。因此，在服务过程中，售前客服人员要注意尽量避免使用一个字（如"是""哦""嗯""好""在"等）来回答客户，可以适量增加一点文字，让客户受到被重视。例如，客户询问"在吗"，售前客服人员可以说："您好，在的呢，请问有什么可以帮助您的呢？"此外，售前客服人员还要注意提升服务的响应速度，快速回客户，让客户感受到售前客服人员的热情，以及对自己的在意和重视。

（2）礼貌：保持礼貌可以帮助网店树立良好的服务形象，加深售前客服人员在客户心中的良好印象。在接待客户的过程中，亲切的礼貌用语可以快速拉近售前客服人员与客户之间的关系，让客户感受到服务的热情与真挚。常用的礼貌用语有"请""您""谢谢""对不起"等。

（3）耐心：许多客户对初次接触的网店抱有怀疑，因此售前客服人员要保持耐心。面对客户的疑问，售前客服人员需要耐心地回答客户并积极解除客户的疑惑。面对客户的质疑，售前客服人员更要以理服人，耐心地解释聆听、等待客户的回应，消除客户的担心。

（4）尊重：尊重客户是接待客户时的基本要求，只有充分尊重客户的自由选择权和人格尊严，才能让客户愿意购买网店的商品，进而给网店带来利润。尊重客户需要做到不与客户争论、包容客户的观点、不急于插话和抢话，以及尊重客户的选择。

2. 整理并熟记售前服务术语

在接待客户时，客户咨询的问题有很大的重复性。基于这个特点，为了提高响应速度和工作效率，售前客服人员会使用一些售前服务术语。表 5-3-1 所示为常用的售前服务术语，售前客服人员可以结合网店及商品的特点，在此基础上整理并熟记可能用到的售前服务术语。

表 5-3-1　售前客服术语

场景	客服回复话术
客户进店	（1）您好，欢迎光临××小店！我是您的专属售前客服××，很高兴为您服务！ （2）亲爱的顾客朋友，欢迎光临小店，本店商品全场满 2 件打 8 折，且有神秘小礼物赠送，快来选购吧！
客户咨询产品	（1）您的眼光真不错，这款商品是我们家卖得最好的产品！ （2）您选购的这款产品是我们家的爆款哟，买过的客户都说好吃，回购率超过 80%。
客户议价	（1）我们店的商品质量是有保证的！俗话说"一分钱，一分货"，您可以对比下其他店的商品，请您多多理解。我们能做到同样的价格，但我们品质更好。/同样的品质，我们价格更低，需要的话联系我哟！ （2）真的非常抱歉！您说的折扣真的很难申请到。要不我再给您申请赠送一份小礼品可以吗？
向客户告别	（1）感谢您的惠顾，您的满意就是我们最终的目标，欢迎下次光临！ （2）感谢您的信任，后期若有任何问题可以随时咨询哦，欢迎下次光临！

（二）与客户沟通

与客户沟通贯穿于售前客服人员的整个接待工作中，为了拉近与客户的距离，提升客户、网店、商品及服务的好感度，售前客服人员可以利用如下沟通技巧。

（1）巧用表情：在线沟通最大的局限就是不能用面部表情、手势等来表达意思，单靠文字难以让客户感受到情绪变化，因此，在与客户沟通的过程中，售前客服人员可以多多利用表情包来弥补这一缺陷。

（2）及时回复：一名合格的售前客服人员必须要能快速响应客户，在服务速度和效率上使客户满意。响应速度一般可以分为首次响应时间和平均响应时间，首次响应时间在 10 秒以内比较合理，而回复客户咨询所用时间的平均值在 16 秒以内较为理想。

（3）不直接否定客户：在与客户沟通的过程中，客户可能提出一些售前客服人员无法满足的要求或表达的观点有误，此时售前客服人员不能直接否定客户表达的内容，要以比较委婉的方式表述。同时也要注意，不否定并不意味着同意客户的观点，售前客服人员应该在坚持原则、不损害网店利益的前提下回复。例如，客户询问"这个裙子可以优惠吗"，售前客服人员可以说"您好，收藏网店可以领取 5 元优惠券哦"。

（4）不要过度承诺：售前客服人员在与客户沟通的过程中，千万不要对客户做出过高的承诺，给客户巨大的期盼。例如，客户询问"面料起球吗""快递 3 天能到吗"等问题时，如果售前客服人员做出"面料任何情况下都不起球""您放心，两天就能到的"等承诺，一旦事实与承诺不符，就会使自己处于被动地位，并引发客户的不满。

（三）解决客户问题

在接待客户的过程中，售前客服人员可能会遇到客户提出的各种问题，如担心质量不过关、指定快递、讨价还价等。下面就对这些常见问题的解决方法进行介绍。

1. 担心品质

质量与品质是客户购买农产品时较为关心的问题。售前客服人员在回复客户提出的质量与品质问题时，可以从品种产地、生产流程、监督流程、查货流程、售后服务等方面去强调，但是要把控好尺度，适可而止。

2. 指定快递

一般来说，每家网店都有合作的快递公司。若客户有特殊要求，如商品要得很急、地方比较偏远想选择更近的快递网点等，客户就可能会指定快递。一般来说，若客户指定的快递公司在网店合作的快递公司名单中，售前客服人员可直接答应客户，并为其做好备注。

若客户指定的快递公司不在网店的合作名单中，售前客服人员可与客户商量，若产生了多余的费用，则需要客户自理。

3. 讨价还价

此外，客户还可能存在商品价格方面的问题，如认为商品价格较高、询问商品是否有优惠等。对于客户的议价、砍价问题，售前客服人员可以巧妙回复。例如，某些客户会对比网店和其他网店的商品，提出"某某店的商品更便宜，你们能不能再便宜点"，售前客服人员可以说"我不太了解您说的网店的商品，但是我们店的商品在料、售后等方面都非常有保障呢"。

又如，一些客户会提出"第一次买能便宜点吗？以后还带很多朋友来买的"，售前客服人员可以说"非常感谢您对小店的惠顾，不过，初次交易我们都是这个价格哟，当然交易成功后您就是我们的老客户了，那么以后不论是您再次购买还是介绍朋友来购买，我们都会根据购买情况给予相应优惠的"。

三、客户交易促成

（一）推荐商品

售前客服人员的另一项工作是推荐商品，推荐商品不仅可以帮助客户快速锁定所需商品，还能使售前客服人员提高服务效率，促成交易。售前客服人员在向客户推荐商品时，首先应根据客户咨询的内容挖掘客户的需求，然后展示商品的卖点以引起客户的购买欲望，最后立于客户的兴趣点进行关联推荐，协助客户挑选并促成交易。

1. 挖掘客户需求

挖掘客户需求，就是有目的地与客户聊天，或者有目的地关怀客户，在与客户聊天或关怀客户的过程中，了解客户的真正的想法和需求。挖掘客户需求的方法有很多，常见的方法有询问、聆听、观察等。

（1）询问：挖掘客户需求较直接、简单的方法就是提问。通过提问，售前客服人员可以准确地了解到客户的真实需求，并挖掘客户自己没有意识到或无法用语言做出具体描述的需求。提问的方式很多，在与客户交谈的过程中，售前客服人员可以针对不同的情况选择适当的提问方式。

（2）聆听：与客户沟通是一个双向的过程。对于售前客服人员来说，认真聆听客户的话，尽量站在客户的角度来理解与回应客户所说的内容，使客户产生被关注、被尊重的感觉，这样客户会更加积极地进行沟通。在聆听客户需求时，售前客服人员切忌打断客户的讲话，可以适时给予客户适当的赞美，或者表示理解。

（3）观察：观察主要是指观察客户与售前客服人员的聊天记录，或者通过后台查看客户的咨询、购买记录等。淘宝网店的售前客服人员可以进入千牛工作台的"接待中心"界面，单击"智能客服"选项卡观察客户信息，并单击客户信息下方的"足迹"选项卡观察客户浏览过的商品，以此来了解客户的喜好，挖掘客户的需求。

2. 展示商品卖点

卖点即商品具有的别出心裁的或与众不同的特点、特色。这些特点、特色就是吸引客户继续咨询，激发客户购物欲望的重要信息。卖点一般会展示在商品详情页中。售前客服人员要熟知网店商品的卖点，以便在客户咨询时熟练地向客户介绍，激发客户的购买兴趣。一般来说，售前客服人员可以从商品质量、商品人气、商品优惠等方面入手。

（1）商品质量：商品质量是客户决定是否购买商品的基础因素，只有在保证商品质量的前提下，客户才对商品更有信心。因此，售前客服人员在与客户的沟通过程中，要向客户展示网店商品的质量。一般来说，售前客服人员可通过展示商品功能、品牌优势、售后服务等内容来体现商品的高质量，从而打动客户。例如，"我们家蓝莓的甜度在14度左右，市场上的蓝莓大多在10度左右，我们家足足高了4度，口感会更好！"

（2）商品人气：商品的人气越高，说明商品在同类商品中的竞争力越强，越受客户欢迎。这样的商品在质量、价格、服务等方面肯定都有优势，是大部分客户都比较倾心的商品。商品的人气可以通过商品销量、商品评价等表现。例如，"您好，我们家猕猴桃目前非常畅销哦！月成交量 8000 多件呢"。

（3）商品优惠：商品质量过关已经打消了很多客户心中的疑虑，此时若再辅以一些优惠措施，则会使客户加速做出购买决定。如果商品正在做促销活动，售前客服人员需要向客户说明具体的优惠措施、优惠券使用条件等，促销活动的常见形式有发放网店红包、发放优惠券、满减、赠送礼品、赠送服务等。例如，"您好，今天本店周年大庆，所有商品打 8 折后再享满减优惠，满 229 元减 30 元，满 339 元减 50 元哦"。

3. 推荐关联商品

售前客服人员在成功推荐商品后，还可以顺势进行其他相关商品的关联推荐。关联推荐也叫连带销售，其本质是建立在交易双方互惠互利的基础上，将网店中与客户所购买商品具有关联性或相关性的商品推销给客户，达到一次售出两件或两件以上商品的效果。

推荐关联商品除了可以提高客单价外，还可以提高转化率、降低推广成本、增加商品的曝光以及测试商品等。售前客服人员在推荐关联商品时，一定要搞清楚关联商品与所购商品之间的联系。

推荐关联商品时需要注意，售前客服人员在开展关联营销时，一定要把握好两个关键点：第一，关联商品的价值不能高于所购商品；第二，对于同时购买商品和关联商品的客户，在价格上应给予一定的优惠。

（二）说服下单

售前客服人员除了要解答客户疑问、推荐商品外，还有一项重要工作就是说服客户下单。说服客户下单是有方法的，售前客服人员要熟练应用优惠成交法、保证成交法、从众成交法、赞美肯定法、机不可失法等，提高促成订单的概率。

1. 优惠成交法

优惠成交法即通过提供优惠条件来说服客户下单的方法。这种方法的出发点就在于给予客户一定的优惠，来满足客户的经济要求或者心理要求。使用优惠成交法可以营造较好的成交气氛，拉近买卖双方的关系，有利于双方的长期合作。

需要注意的是，在使用优惠成交法时，售前客服人员要让客户感受到优惠条件是专属于他的，当自己权利有限时，可以向领导请示，这样也能更好地表现优惠条件是自己争取来的，只针对客户一个人。另外，售前客服人员应当诚实守信、遵守法律，合理使用优惠成交法，千万不要随便给予客户优惠。

2. 保证成交法

保证成交法是直接向客户提供保证来促使客户下单的一种方法。保证成交法针对客户的忧虑，通过提供各种保障来增强客户的购买决心，既有利于客户迅速做出购买决定，也有利于售前客服人员有针对性地化解客户的异议，有效促成交易。

保证成交法需要注意的是，售前客服人员采用此方法必须从事实出发，不夸大、不过度承诺，做到"言必信，行必果"，否则会失去客户的信任，甚至招致纠纷或投诉。

3. 从众成交法

从众成交法也叫排队成交法，是一种利用客户的从众心理，促使客户下单购买商品的方法。从众成交法可以在一定程度上减轻客户对风险的担心，特别是网店新客户，可以增强客户对商品的信心，从而促成交易。售前客服人员在运用此方法前，必须先分析客户的消费心理，辨别其是否有从众的消费心理，然后有针对性地采用此方法积极促使客户购买。

通常可以通过过往销量、用户好评等内容展示。需要注意的是，售前客服人员使用从众成交法时所举的客户案例必须真实可信，不能凭空捏造、欺骗客户。另外，在列举时，售前客服人员应尽量选择那些有说服力、影响力大的老客户作为举例对象。

4. 赞美肯定法

赞美肯定法即以赞美、肯定的语言坚定客户的购买信心，从而促成交易。适时的赞美和肯定往往能增强客户的信心，让客户感到愉快，从而坚定客户下单的决心。

在与客户的沟通交流中，售前客服人员多多赞美和肯定客户，不仅能让客户收获一份好心情，还能让客户对网店产生好感，加深客户对网店的良好印象。客户收到商品后，如果对商品满意，还有可能成为网店的忠实客户。例如，客户在咨询商品时，售前客服人员可以说"您的眼光真好""您真是慧眼独具"。此外，售前客服人员采用赞美肯定法来说服客户下单时，一定要确认客户对商品已产生浓厚兴趣。赞美客户时一定要发自内心，态度要诚恳，语言要实在，不要夸夸其谈，更不能欺骗和敷衍客户。

5. 机不可失法

大多数人都有一种心理，那就是越得不到、买不到的商品，就越想得到它、买到它。利用这种"怕买不到"的心理来说服客户下单的方法就是机不可失法。在采用这种方法说服客户下单时，售前客服人员一旦观察到客户对商品感兴趣，就要趁热打铁，适时地给客户制造紧迫感，以便更快达成交易。售前客服人员一般可以采用商品即将涨价、早用早得利、商品数量有限等方法来制造紧迫感。

（三）订单催付

在网店销售过程中，客户拍下商品却迟迟不付款的情况时有发生。为了顺利完成订单的高销售额，售中客服人员应该采取一定的方法进行应对。售中客服人员先要分析客户不付款的原因，找到原因后再见招拆招，从容应对客户拍下商品后不付款的行为。然后，售中客服在催付时，可以借助千牛工作台、短信等工具来协助完成。

四、客户问题处理

客户问题处理通常分为普通问题处理与处理纠纷与投诉。处理客户问题是售后服务人员的主要工作之一，针对不同问题需要采取对应的方法处理。这里主要介绍普通问题的处理方式。

（一）查单、查件问题

在商品发货后，客户经常会向售后客服人员询问一些与物流相关的问题，常见的有查单、查件等，如快递显示已经签收但本人尚未收到、商品物流状态显示为疑难件等问题。售后客服人员遇到商品存在客户因以上问题而产生疑虑或者不满时，应当耐心倾听、快速反应，并有针对性地采取适当的方法帮助客户解决问题。

（二）正常退、换货问题

正常退货、换货是指客户在收到商品后，由于商品质量问题、发错货、7天无理由退换货等，要求网店退换商品。一般来说，正常退货、换货的相关信息在商品详情页中必须有所说明。

（三）退款问题

农产品电商在交易过程中，常见的退款原因主要分为3类，售后客服人员可根据每一类退款原因采取有针对性的处理办法和后续跟进措施（见表5-3-2）。

表 5-3-2 常见退款问题处理办法与后续跟进措施

常见问题	处理办法	后续跟进措施
商品破损、少件	（1）要求客户提供实物照片，以确认商品情况； （2）向快递公司核实是谁签收的包裹； （3）如非本人签收，且没有客户授权，建议售后服务人员直接给客户退款，并向快递公司索赔，避免与客户产生纠纷	（1）发货前严格检查商品质量； （2）选择服务品质好，尤其是签收操作严格规范的快递公司； （3）提前与快递公司约定，送货过程中商品破损、丢件等造成的损失由谁承担
商品质量问题	（1）要求客户提供实物照片，确认问题是否属实； （2）核实进货时商品质量是否合格； （3）如果确认商品质量问题或无法说明商品质量是否合格，可以与客户协商解决，如换货等	（1）重新选择优质的进货渠道； （2）进货后保留好相关的进货凭证
与描述不符	（1）核实商品详情页中的描述是否有歧义或者容易让客户误解； （2）核实是否发错商品； （3）如果描述有误或者发错商品，售后客服人员可以与客户协商解决，如换货、退货退款，避免与客户发生纠纷	（1）确保商品描述通俗易懂，不易产生误读； （2）确保发出的每一件商品都与客户购买的商品一致

任务 5.3.1 客户接待与沟通

【任务目的】

能充分认识到客户服务的重要性，掌握客户沟通的技巧，培养积极主动、热情周到的服务态度。

【任务准备】

- 环境准备：手机、电脑。
- 资料获取：培训教材，百度、电商平台等相关网站。

【任务实施】

1. 工作流程

查找网店迎客语→分析网店迎客语的优劣→撰写自己网店的迎客语。

2. 操作说明

操作步骤一：查找网店迎客语案例。

在手机端打开淘宝 App，任意选择一款农产品进行搜索，选择一个喜欢的产品点击，再点击左下角客服，用手机截取该店铺的迎客语。按照这个方法截取 3 个不同店铺的迎客语，如图 5-3-2 所示。

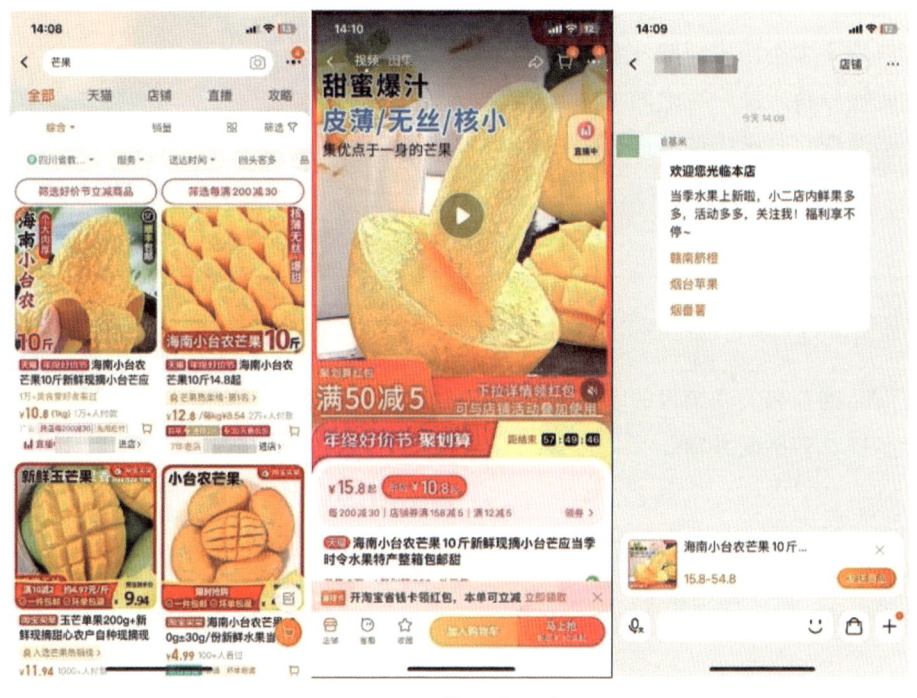

图 5-3-2　某网店迎客语

操作步骤二：分析网店迎客语的优劣。

表 5-3-3　网店迎客语的优劣

店铺	优点	缺点
店铺 1		
店铺 2		
店铺 3		

231

操作步骤三：撰写自己网店的迎客语。

表 5-3-4　自己的网店迎客语

内容 1	
内容 2	
内容 3	
内容 4	
内容 5	
内容 6	

【任务评价要点】

（1）找到 3 个不同店铺的迎客语。

（2）能够分析店铺迎客语的优劣。

（3）能够撰写自己店铺的迎客语。

任务 5.3.2　商品推荐与关联销售

【任务目的】

掌握商品推荐和关联销售的基本技巧和方法，能够根据客户的需求和购买行为，提供个性化的商品推荐和搭配方案。

【任务准备】

- 环境准备：手机、电脑。
- 资料获取：淘宝、京东等电商平台。

【任务实施】

1. 工作流程

获取商品推荐内容→分析商品推荐内容优劣→优化改写商品推荐语→查找可供关联销售的商品→撰写商品关联销售推荐语。

2. 操作说明

操作步骤一：获取商品推荐内容。

首先，在手机端打开淘宝 App，任意选择一款农产品进行搜索，选择一个喜欢的商品点击，再点击左下角客服，进行商品咨询，如图 5-3-3 所示。

图 5-3-3　某网店商品咨询

其次，查看店铺是否主动进行商品推荐，如图 5-3-4 所示。

再次，如果店铺未进行主动推荐，咨询客服，请客服推荐商品。如还未推荐，换一个店铺重新进行，如图 5-3-5 所示。

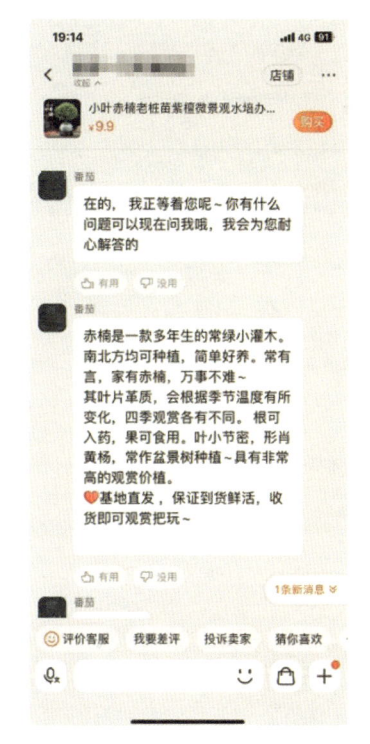

图 5-3-4　商品推荐　　　　　　　　图 5-3-5　商品推荐

233

操作步骤二：分析商品推荐内容优劣。

表 5-3-5　商品推荐内容优劣

店铺	是否主动推荐商品	优点	不足
店铺 1			
店铺 2			
店铺 3			

操作步骤三：优化改写商品推荐语。

表 5-3-6　商品推荐语优化

店铺	推荐语	优化推荐语
店铺 1		
店铺 2		
店铺 3		

操作步骤四：查找可供关联销售的商品。

点击右上角"店铺"，再点击分类，按照分类查找可查看关联销售的商品，如图 5-3-6 所示。

图 5-3-6　查找关联销售商品

操作步骤五：撰写商品关联销售推荐语。

选择一个进行关联销售的商品，撰写关联销售推荐语。

表 5-3-7　关联销售商品推荐语

店铺	关联销售商品	关联销售推荐语
店铺 1		
店铺 2		
店铺 3		

【任务评价要点】

（1）能够获得 3 个店铺的商品推荐语。

（2）能够分析店铺商品推荐语的优劣。

（3）能够撰写关联销售商品推荐语。

任务 5.3.3　商品问题处理

【任务目的】

掌握处理商品问题的基本流程和技巧，能够迅速、准确地识别问题，并提供有效的解决方案。

【任务准备】

- 环境准备：手机、电脑。
- 资料获取：淘宝、京东等电商平台。

【任务实施】

1. 工作流程

选择过往购买的商品→进行商品问题沟通→分析商品沟通语→优化商品沟通语。

2. 操作说明

操作步骤一：选择过往购买的商品。

在手机端打开淘宝 App，点击右下角"我的淘宝"，点击"我的订单"，选择任意过往购买的产品，点击"遇到问题"中的"×××客服"，如图 5-3-7 所示。

操作步骤二：进行商品问题沟通。

寻找 3 个店铺，进行不同商品问题的沟通并记录，如图 5-3-8 所示。

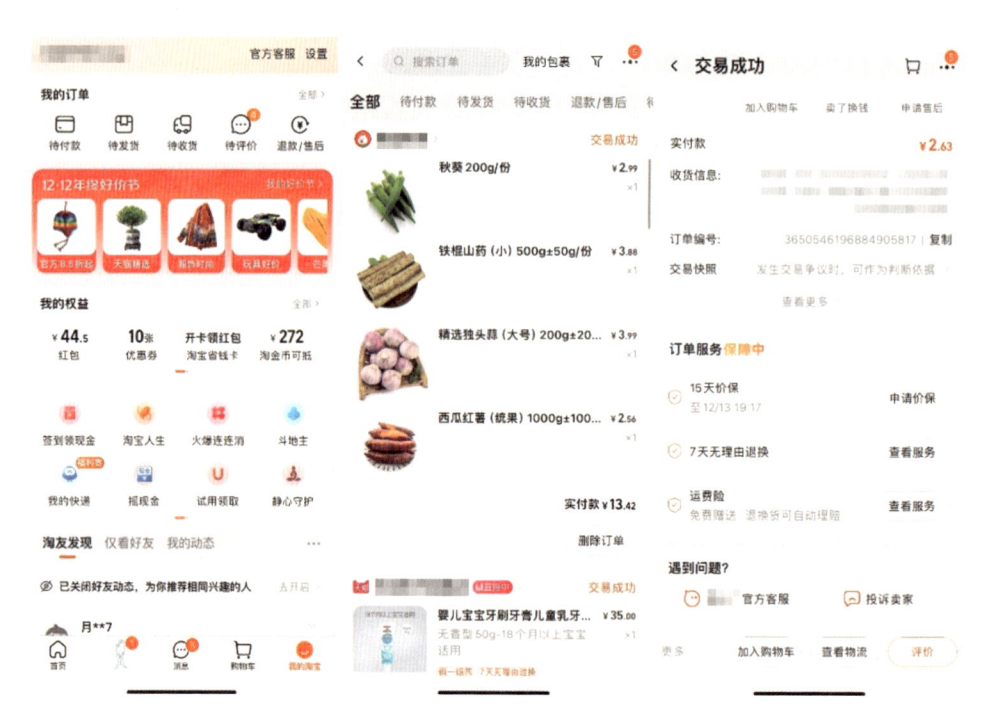

图 5-3-7　联系购买过的商品客服

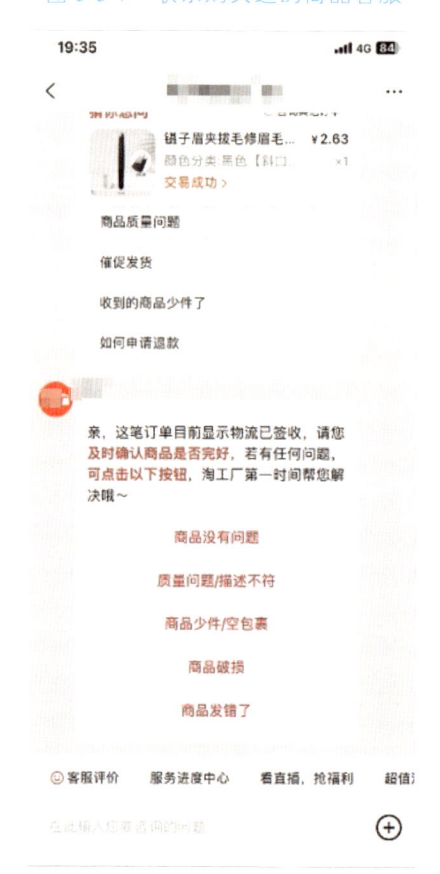

图 5-3-8　商品问题沟通

操作步骤三：分析商品问题沟通语。

表 5-3-8 商品问题沟通语优劣分析

商品问题	店铺商品问题沟通语	优点	不足

操作步骤四：优化商品问题沟通语。

表 5-3-9 商品问题沟通语优化

商品问题	店铺商品问题沟通语	优化后的沟通语

【任务评价要点】

（1）针对 3 个商品问题进行沟通。
（2）能够分析商品问题沟通语的优劣。
（3）能够撰写商品问题沟通语。

拓展与思考

AI 人工智能技术在互联网领域被广泛应用，如何利用 AI 人工智能技术的优势赋能网店客户服务，使网店能够在向客户提供更好购物体验的同时降本增效？

项目评价

一、知识测试

1. 单项选择题（请将正确选项填在括号内）

（1）客户下单时，（　　）是利用消费者"怕买不到"的心理，售前客服人员观察到客户对商品感兴趣，就要趁热打铁，适时地给客户制造紧迫感，以便更快达成交易。

A．保证成交法　　B．从众成交法　　C．机不可失法　　D．赞美肯定法

答案：C

（2）售前客服人员在向消费者推荐商品时，首先需要（　　）。

A．展示商品卖点　　B．展示品牌形象　　C．推荐爆款产品　　D．挖掘客户需求

答案：C

2. 多项选择题（请将正确选项填在括号内）

（1）网店客户服务的价值是？（　　）

A．优化客户购物体验　　B．塑造网店形象　　C．提高成交率、增加复购率
D．降低网店经营风险　　E．改善网店服务数据　　F．提高流量价值

答案：ABCDEF

（2）为了拉近与客户的距离，提升客户、网店、商品及服务的好感度，售前客服人员可以采用（　　）沟通技巧。

A．巧用表情　　B．及时回复　　C．不直接否定客户
D．不过度承诺　　E．展示商品卖点　　F．展示商品销量

答案：ABCD

（3）在订单催付过程中，可以采用（　　）的方式。

A．强调发货　　B．强调库存　　C．强调售后　　D．频繁催付　　E．在任意时间催付

答案：ABC

3. 判断题（正确的在题后括号内写 A，错误的写 B）

（1）关联推荐也叫连带销售，其本质是建立在交易双方互惠互利的基础上，将网店中与客户所购买商品具有关联性或相关性的商品推销给客户，达到一次售出两件或两件以上商品的效果。（　　）

答案：A

（2）网店客户服务人员态度是客户决定是否购买商品的基础因素，只有在保证服务态度的前提下，客户才对商品更有信心。（　　）

答案：B

（3）接待前做好充分的准备是保证工作质量的前提。对于售前客服人员而言，接待准备工作包括端正服务态度、整理并熟记售前服务术语。（　　）

答案：A

二、项目测评（技能评价+素质评价）

表 5-3-10 本项目测评表

任务名称	评价内容	分值	评价分数		
			自评	互评	师评
任务 5.3.1 客户接待与沟通	获得 3 个店铺的迎客语	10			
	店铺迎客语优劣分析	10			
	店铺迎客语撰写	10			
任务 5.3.2 商品推荐与关联销售	获得 3 个店铺的商品推荐语	10			
	商品推荐语优劣分析	10			
	寻找关联销售商品	10			
	关联销售商品推荐语撰写	10			
任务 5.3.3 商品问题处理	针对 3 个商品问题进行沟通	10			
	分析商品问题沟通语优劣	10			
	优化商品问题沟通语	10			
	合计	100			

项目 5.4 电子商务数据分析

项目描述

电子商务最大的特点就是可以通过数据化来监控和改进。通过数据，企业可以看到消费者从哪里来，如何组织商品实现更好转化，企业投放广告的效率如何等问题。基于数据分析的每一点改变，都能提升企业的盈利能力。本项目围绕网店经营所需的网店电商基础数据、第三方行业基础数据、公开竞争对手基础数据等内容展开，帮助农民获得经营网店所必需的数据基础。

项目目标

1.知识目标

（1）理解电子商务数据分析的相关概念。
（2）熟悉电子商务数据分析的流程。
（3）熟悉电子商务数据分析获取的途径与方法。

2.能力目标

（1）能够收集与整理网店电商基础数据。
（2）能够收集与整理第三方行业基础数据。
（3）能够收集与整理公开竞争对手基础数据。

3.素质目标

（1）具有数据敏感性。
（2）具有良好的逻辑分析能力。
（3）培养积极探索的专业精神。

项目情景

海底捞的抖音攻略

海底捞创建于 1994 年，现已成长为国际知名的大型连锁餐饮企业，在全球开设近 1000 家直营餐厅，覆盖中国、韩国、日本、美国、加拿大、英国等国家和地区。历经市场和顾客的检验，海底捞成功地打造出信誉度高、融合各地火锅特色于一体的优质火锅品牌特色。

海底捞不仅火锅做得好，营销也很有创意。其在抖音上"爆火"的"海底捞暗号""海鲜粥""番茄牛肉饭""网红蘸料"等被众多抖音用户争相模仿。大家纷纷拿出手机拍摄相关视频，并将这一"好消息"分享给其他抖音用户，进而又一次引爆抖音流量。

海底捞利用抖音做营销，可谓异常火爆，这主要因为它巧妙地抓住了年轻人的心理和喜好并且善于运用抖音推荐算法，为普通人提供高质量的视频内容。《麻省理工科技评论》发布的 2021 年"全球十大突破性技术"中，就包括抖音推荐算法。（见图 5-4-1）

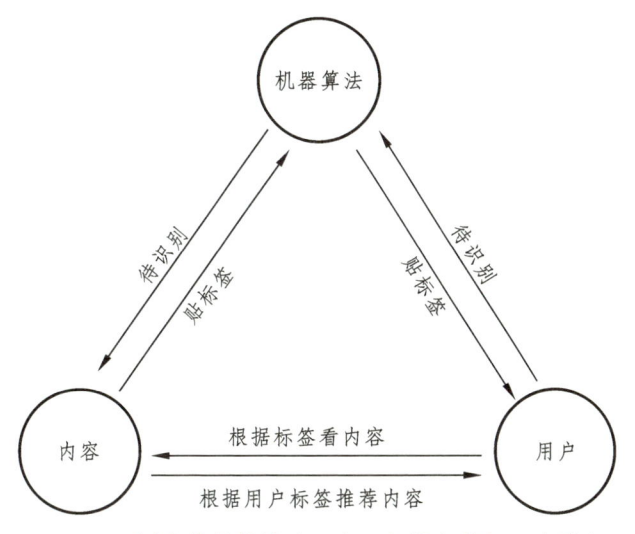

图 5-4-1　抖音推荐算法（源自：短视频热门研究院）

思考：海底捞的抖音营销做法堪称业界典范，它的营销是如何抓住年轻人的心理与喜好的？

思政园地

海底捞始终坚持以用户为中心，通过深入了解年轻用户的心理和喜好，推出符合他们需求的抖音营销内容。这体现了企业以用户为导向的经营理念，启示我们在工作中要善于洞察数据、关注用户需求，以用户为中心，不断提升服务质量和用户体验。

知识储备

一、电子商务数据分析

电商行业发展至今，精细化运营已成为行业共识。相对于其他行业来说，电商行业的数字化其实已经走在了前面，应该说是在迈向智能化、精细化的道路上不断深入。随着电商领域的竞争进入"高级阶段"，企业现在更多考虑如何提升用户体验、如何留住更多用户、如何提高用户复购率、如何增加企业营收等问题，而这些都离不开数据分析。

数据分析是收集、处理数据并获取有价值的信息的过程。具体地说，数据分析是在业务逻辑的基础上，运用简单有效的分析方法和合适的分析工具对获取的数据进行处理的过程。电子商务数据分析是指对电子商务经营过程中产生的数据进行分析与挖掘，从中提取有用的信息，从而帮助商家降低成本，提高业务运营效率、改进产品、优化决策。

（一）数据分析的目的

数据分析的目的是把隐藏在一大批看似杂乱无章的数据中的信息提炼出来并集中，以找出所研究对象的内在规律。在实际生活中，数据分析可以帮助人们做出判断，以便人们采取适当的行动。例如，用数据分析帮助电商企业向消费者推荐商品，设计促销方案，设置直播互动的奖品等。

（二）数据分析的价值

数据分析的价值主要体现在三个方面，一是帮助领导做出决策，二是预防风险，三是把握市场动向与趋势。通过数据分析企业可以发现自己做得好的方面、需要改进的地方及明确出现的问题。

图 5-4-2　数据分析的价值

（三）数据分析的作用

数据分析在电商企业日常经营分析中主要具有三个方面的作用：一是现状分析，展示企业现阶段整体运营情况及各项业务的构成情况，包括各项业务的发展及变动情况。二是原因分析，发现企业存在的问题的原因，并依据原因制定相应的解决方案。三是预测分析，对企业未来的发展趋势做出预测，便于企业制订运营计划。

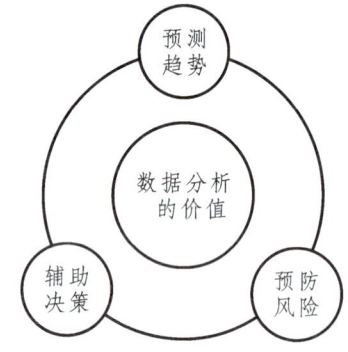

（四）数据分析的应用

数据分析有极广泛的应用范围，在产品的整个生命周期内，从产品的市场调研到售后服务及最终处置，都需要适当地运用数据分析。例如，企业会通过市场调查分析所得数据来判定市场动向，从而制订合适的生产及销售计划。同样，在淘宝店铺运营过程中，数据分析也起着积极的作用。

二、电子商务数据分析的流程

最初的电子商务数据可能杂乱无章且毫无规律，当下，数据分析人员要通过作图、制表和各种形式的拟合来计算某些特征量，探索规律性的可能形式。这时就需要研究用何种方式寻找和揭示隐含在数据中的规律性。数据分析有一套比较规范的操作流程，如图 5-4-3 所示。

明确数据分析目的 ⇒ 梳理数据分析思路 ⇒ 数据收集 ⇒ 数据处理 ⇒ 数据分析 ⇒ 数据解释与展现

图 5-4-3　电子商务数据分析的流程

（一）明确数据分析的目的

识别数据分析需求、明确数据分析目的是确保数据分析过程有效性的必要条件。因此，电商企业在进行数据分析之前需要想清楚，要通过数据分析解决什么问题：是为了提高销售额，还是为了扩大目标客户群？或者是为了找到产品迭代的方向？又或者是为了进行科学的排班，以便在闲时不浪费人力？明确数据分析目的是至关重要的。

（二）梳理数据分析思路

数据分析目的明确后，接着需要梳理数据分析思路。数据分析思路是指运用营销和管理的相关技术与方法，结合实际业务将数据分析的目的层层分解，形成一个结构化的数据分析框架。这个框架是数据分析展开的依据。

（三）数据收集

数据收集是按照数据分析框架收集数据，包括结构化的数据和非结构化的数据。当通过数据分析揭示变化趋势时，数据量越大越好。对于任何类型的统计分析而言，样本量越大，所得到的结果越精确。例如，仅仅追踪电商企业 1 周的销售数据很难看出未来的发展趋势，追踪 3 个月的销售数据会好一些，6 个月的更佳。数据分析人员要试着弄清楚获得所需最优数据的途径，然后开始数据收集。

数据收集是将数据记录下来的环节。在这个环节中需要着重说明的两个原则是全量而非抽样、多维而非单维。

（1）全量而非抽样：数据分析人员要设法对商务活动的全部数据进行收集和分析。

（2）多维而非单维：数据分析人员要将数据针对客户行为实现 5W1H（Why、What、Where、When、Who、How）的全面细化，将交互过程的时间、地点、人物、原因、事件全面记录下来，再进一步细化。例如，时间可以从起始时间、结束时间、中断时间、周期间隔时间等细分，地点可以从城市、小区等细分，人可以从多渠道注册账号、家庭成员、薪资、个人成长阶段等细分，原因可以从爱好、需求层级等细分，事件可以从主题、步骤、质量、效率等细分。这些细分维度可增强分析的多样性，并有助于从中挖掘规律。

有目的地收集数据是确保数据分析过程有效的基础，数据分析人员需要对收集数据的内容、渠道方法进行策划，主要考虑：一是将识别的数据分析需求转化为更具体的要求，如评价供方的供应能力时需要收集的数据可以包括生产能力、测量系统不确定性等；二是明确由谁在何时、何地通过何种渠道（内部渠道或外部渠道）和何种方式（线上方式或线下方式）收集数据；三是记录表应便于使用；四是采取有效措施，防止数据丢失和虚假数据对系统产生干扰。

（四）数据处理

数据处理是对已经收集到的数据进行适当的处理，包括清洗、去噪及进一步的集成存储。常用的数据处理方法有脏数据清洗、数据抽取、数据转换、数据计算、数据排序和数据分组等。

（五）数据分析

数据处理好之后，数据分析人员就可以对其展开分析，结合实际业务从中获取有价值的信息，并提供给管理层做决策。因此，数据分析人员需要充分了解公司的业务活动，熟练掌握数据分析方法，以确保数据分析结论是可靠的和最优的。常用的数据分析方法有回归分析法、相关分析法、交叉分析法、趋势分析法、对比分析法等。如果数据过于庞大和复杂，需要发现深层次的原因或隐含的未知关系，则应采用人工智能、机器学习、模式识别、统计学、专家系统等技术进行数据挖掘，从中找出潜在的模式或趋势，帮助管理层及时调整市场策略，减少风险，做出正确的决策。数据挖掘常用的算法包括神经网络法、决策树法、聚类分析法、遗传算法、粗糙集法、模糊集法、关联规则法等。

（六）数据解释与展现

客户最关心的并非数据的分析处理过程，而是对数据分析结果的解释与展现。因此，在一个完善的数据分析流程中，数据分析结果的解释与展现至关重要。如果数据分析的结果正确，但是没有采用适当的方法解释或者没有运用合适的图表展现，那么所得到的结果很可能会让客户难以理解，甚至会误导客户。数据解释与展现的方法有很多，比较传统的就是以文本形式输出结果或者直接在计算机上显示结果。这种方法在面对小数据量时是一种很好的选择，但是大数据时代的数据往往是海量的，同时结果之间的关联关系极其复杂，传统的解释与展现方法基本不可行。

三、网店基础电商数据

在目前的电子商务领域中，想要查看店铺的各方面数据并进行分析时，可采用电商平台提供的相应的数据分析工具。对于淘宝或天猫平台来说，对应的数据分析工具是生意参谋，它致力于为电子商务、淘宝商家提供精准实时的数据统计、多维数据分析和权威数据解决方案。商家可以通过生意参谋了解店铺目前的经营状况，包括流量情况、访客数、销售情况及推广情况等，也可以分析商品交易、营销、物流、市场行情和竞争对手等数据。在淘宝和天猫上的商家都非常青睐使用生意参谋来进行数据分析。生意参谋常用的主要功能是店铺概况、实时直播、经营分析、市场与竞争、报表生成等。

四、第三方行业基础数据

随着电子商务经营者对数据分析越来越重视，各种外部数据监控工具也层出不穷。利用这些工具可以非常方便地查看网站流量、市场行情和关键词搜索趋势等，对数据分析具有参考作用。通常可以采用 Alexa 获取网站流量，采用阿里指数查看区域与行业数据，使用百度指数查看趋势、需求和人群画像。

五、公开竞争对手的基础数据

收集竞争对手数据的方法有很多，总结起来可以归纳为线上和线下两大途径。线下途径包括购买数据报告、委托专业机构调研、自行市场调查等传统方式。这些方式费时、费力又费钱，对于普通的中小规模商家而言不太实际。因此采取线上途径来收集竞争对手数据就成为更普遍和热门的方式。

由于互联网和电子信息技术的发达,线上收集数据的方法也变得越来越灵活多样。例如,商家可以通过直接访问竞争对手店铺,查看其页面设计、主图拍摄效果、评论、客服等各方面信息来收集数据,也可以借助各种数据工具来收集数据,如免费的阿里指数、半付费的店侦探、付费的生意参谋等。这些方法都可以帮助商家从不同的角度全面了解竞争对手的情况,以此帮助自己优化营销策略、评估营销结果。

任务 5.4.1　网店基础电商数据收集与整理

【任务目的】

充分认识数据在电商领域的重要性,培养对数据的敏感度和兴趣,能利用各种工具和渠道有效地收集网店基础数据,为基于数据的决策奠定基础。

【任务准备】

- 环境准备:电脑。
- 资料获取:有销售记录的淘宝或天猫店铺账号。

【任务实施】

1. 工作流程

打开淘宝网站→进入千牛卖家中心→查看店铺实时数据→收集整理数据。

2. 操作说明

操作步骤一:打开淘宝网站。

在电脑浏览器地址栏中输入 www.taobao.com 进入淘宝网首页,如图 5-4-4 所示。

图 5-4-4　淘宝首页

操作步骤二:进入千牛卖家中心。

点击淘宝首页右上角"千牛卖家中心",需要输入账号与密码,如图 5-4-5、5-4-6 所示。

245

图 5-4-5　选择千牛卖家中心

图 5-4-6　进入千牛卖家中心

操作步骤三：查看店铺实时数据。

点击页面中间"指标"右侧的"＞"，想要获得的网店基础数据如图 5-4-7 所示。

图 5-4-7　查看店铺实时数据

操作步骤四：收集整理数据。

首先，浏览点店铺数据，选择需要收集的 10 项基础数据，如图 5-4-8 所示。

其次，点击页面中部"自定义"，依次选取过去 7 天的日期。

最后，应用 Excel 收集这 10 项数据过去七天的具体数据。

图 5-4-8　收集基础数据

【任务评价要点】

（1）能够查看千牛卖家中心"生意参谋"的数据。

（2）能够收集与整理网店的 10 项数据和过去 7 天的数据。

任务 5.4.2　第三方行业基础数据收集与整理

【任务目的】

能够有效地从第三方渠道收集行业基础数据，形成良好的数据收集与整理习惯，为后续的数据分析和应用奠定基础。

【任务准备】

- 环境准备：电脑、Excel 软件。
- 资料获取：百度指数网站。

【任务实施】

1. 工作流程

打开百度指数→搜索关键词→查看关键词数据→收集整理数据。

2. 操作说明

操作步骤一：打开百度指数网站，如图 5-4-9 所示。

在电脑浏览器地址栏中输入 index.baidu.com 进入百度指数首页，并点击右上角"注册"，注册百度账号。如已有百度账号，可点击"登录"进行登录。

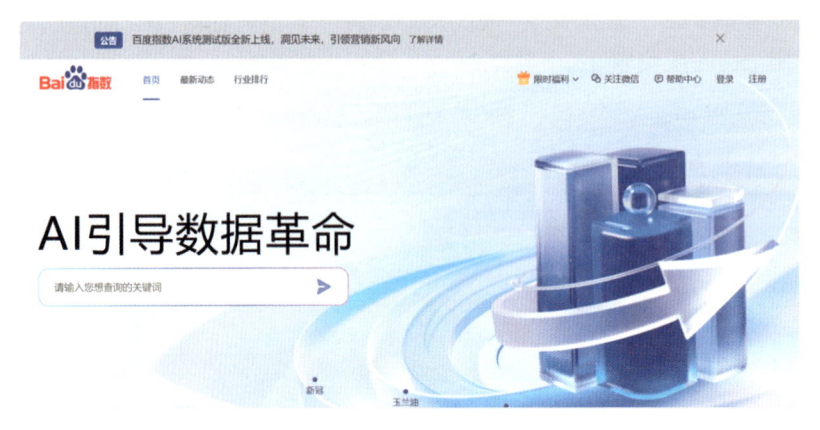

图 5-4-9　百度指数

操作步骤二：搜索关键词，如图 5-4-10 所示。

在首页的搜索框中搜索关键词，例如"大闸蟹"。

图 5-4-10　百度搜索指数查询

操作步骤三：查看关键词数据，如图 5-4-11、5-4-12 所示。

图 5-4-11　更改查询时间

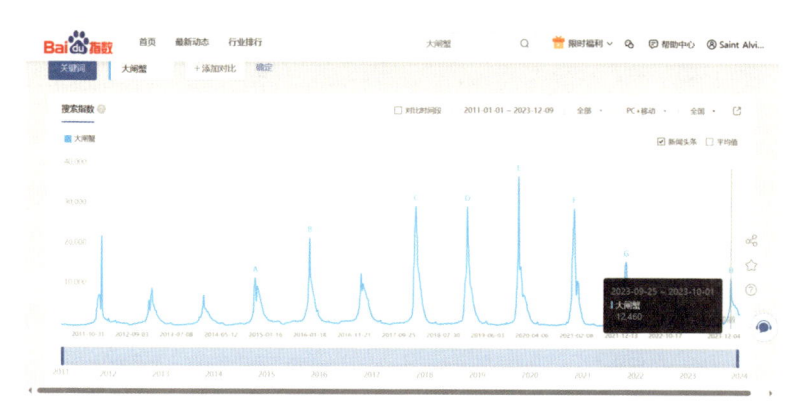

图 5-4-12　百度关键指数查询

首先，查看"趋势研究"中的"搜索指数"，点击"近 30 天"右侧"向上箭头"，出现下拉框选择全部。查看历年来"大闸蟹"的热搜时间与搜索趋势。

其次，查看"需求图谱"，点击页面上方"需求图谱"，如图 5-4-13 所示。

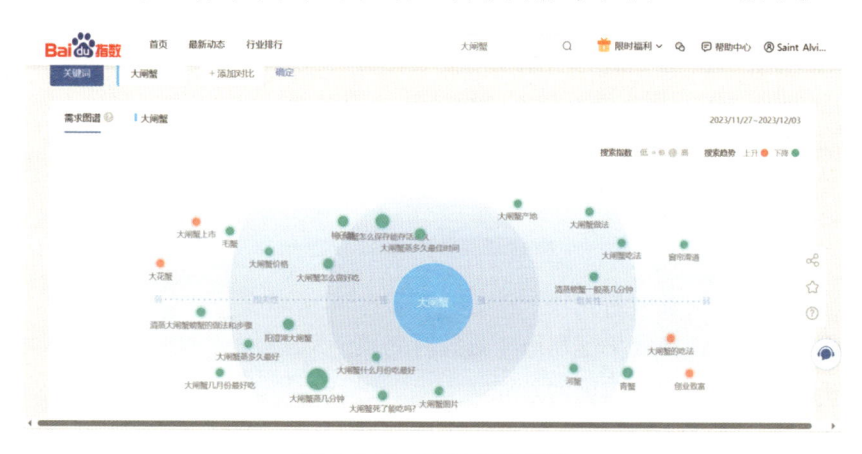

图 5-4-13　查看需求图谱

向下滑动页面，可以查看"相关词热度"。如图 5-4-14 所示，"大闸蟹蒸几分钟"是网友搜索最多的相关词。

图 5-4-14　查看相关词热度

249

最后，查看"人群画像"，点击页面上方"人群画像"。可以查看搜索人群的"地域分布"。向下滑动页面，可以查看"人群属性"，包含年龄分布、性别分布等内容，如图 5-4-15 所示。

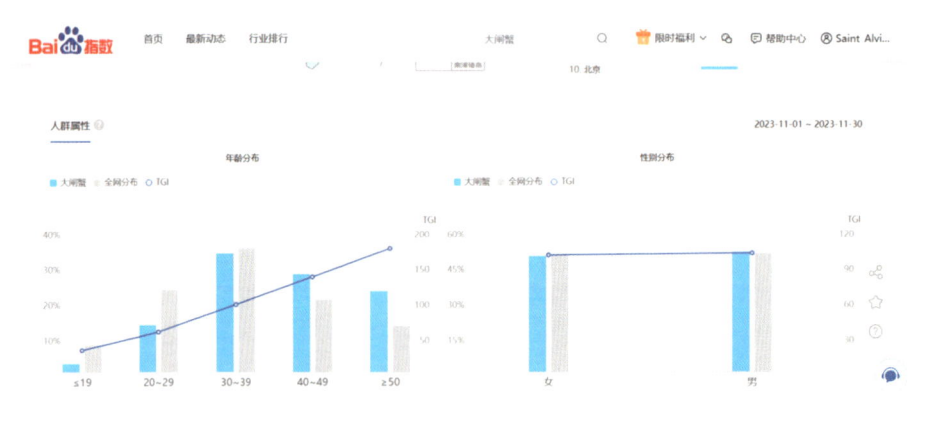

图 5-4-15 查看人群画像

操作步骤四：收集整理数据。
利用 Excel 收集与整理三部分的数据：
（1）"趋势研究"中，历年来所搜索关键词的热搜时间段。
（2）"需求图谱"中，前 10 热搜相关词。
（3）"人群画像中"，前 10 热搜城市、人群年龄分布、人群性别分布。

【任务评价要点】

（1）能够登录百度指数网站。
（2）能够收集与整理搜索关键词历年热搜时间段。
（3）能够收集与整理搜索关键词，如前 10 热搜相关词。
（4）能够收集与整理搜索关键词，如前 10 热搜城市、人群年龄分布、人群性别分布数据。

任务 5.4.3　公开竞争对手基础数据收集与整理

【任务目的】

掌握从公开渠道收集竞争对手基础数据的方法，能有效整理数据，提升数据收集、处理和分析能力，为制定更加科学、合理的决策提供数据支持。

【任务准备】

- 环境准备：电脑。
- 资料获取：店查查网站。

【任务实施】

1. 工作流程

打开店查查网站→搜索竞争对手店铺名称→查看竞争对手基础数据→收集整理数据。

250

2. 操作说明

操作步骤一：打开店查查网站，如图 5-4-16 所示。

在电脑浏览器地址栏中输入 www.dianchacha.com 进入店查查网站首页，并点击右上角"登录/注册"，进行注册与登录。

图 5-4-16　店查查网站

操作步骤二：搜索竞争对手店铺名称，如图 5-4-17 所示。

在店查查首页搜索框搜索竞争对手店铺名称。

图 5-4-17　搜索竞争对手店铺

操作步骤三：查看竞争对手基础数据，如图 5-4-18 所示。

首先，在搜索结果页，可查看竞争对手当前"发布宝贝数量""店铺收藏数""月销量"等数据。

其次，在竞争对手店铺选择核心竞争商品。例如"丹东 99 草莓"，在搜索框搜索宝贝链接。可以查看该商品的"月销量""折扣价""收藏数""累计评价"等内容。

图 5-4-18　查看竞争对手基础数据

操作步骤四：收集整理数据。

利用 Excel 收集与整理竞争对手店铺以下两部分的数据：

（1）店铺发布宝贝数量、店铺收藏数、月销量数据。

（2）核心竞争商品月销量、折扣价、收藏数、累计评价数据。

【任务评价要点】

（1）能够登录打开店查查网站。

（2）能够收集与整理竞争对手店铺的发布宝贝数量、店铺收藏数、月销量数据。

（3）能够收集与整理核心竞争商品的月销量、折扣价、收藏数、累计评价数据。

拓展与思考

在数字化时代，电商企业的成功在很大程度上取决于其数据化运营的能力。人工智能将如何引领电子商务数据分析的变革？从事数据分析工作的人员将何去何从？

项目评价

一、知识测试

1. 单项选择题（请将正确选项填在括号内）

（1）数据分析有一套比较规范的操作流程，我们首先需要（　　）。

A. 数据收集　　B. 梳理数据分析思路　　C. 明确数据分析的目的　　D. 进行数据分析

答案：C

（2）收集第三方行业数据时，可以采用（　　）查看趋势、需求和人群画像。

A. 百度指数　　B. Alexa　　C. 阿里指数　　D. 店查查

答案：A

（3）（　　）是对已经收集到的数据进行适当的处理，包括清洗去噪及进一步的集成存储。

A. 数据解释　　B. 数据分析　　C. 数据整理　　D. 数据处理

答案：D

2. 多项选择题（请将正确选项填在括号内）

（1）数据分析的价值主要体现在（　　）方面。

A. 帮助领导做出决策　　B. 服务消费者　　C. 预防风险

D. 把握市场动向与趋势　　E. 提升网店形象

答案：ACD

（2）生意参谋是经营淘宝或天猫网店常用的数据分析软件，常用的主要功能是（　　）。

A. 店铺概况　　B. 实时直播　　C. 经营分析　　D. 市场与竞争　　E. 报表生成

答案：ABCDE

（3）电子商务数据分析的流程包括（　　）。

A. 明确数据分析目的　　B. 梳理数据分析思路　　C. 数据收集

D. 数据处理　　E. 数据分析　　F. 数据解释与展现

答案：ABCDEF

3. 判断题（正确的在题后括号内写 A，错误的写 B）

（1）当通过数据分析揭示变化趋势时，数据量越大越好。对于任何类型的统计分析而言，样本量越大，所得到的结果越精确。（　　）

答案：A

（2）数据解释的目的是把隐藏在一大批看似杂乱无章的数据中的信息提炼出来并集中，以找出所研究对象的内在规律。在实际生活中，数据解释可以帮助人们做出判断，以便人们采取适当的行动。例如，数据解释帮助电商企业向消费者推荐商品，设计促销方案，设置直播互动的奖品等。（　　）

答案：B

（3）识别数据分析需求、明确数据分析目的是确保数据分析过程有效性的必要条件。（　　）

答案：A

二、项目测评（技能评价+素质评价）

表 5-4-1　本项目测评表

任务名称	评价内容	分值	评价分数 自评	评价分数 互评	评价分数 师评
任务 5.4.1 网店基础电商数据收集与整理	能够查看千牛卖家中心"生意参谋"的数据	5			
	能够收集与整理网店的 10 项数据和过去 7 天的数据	15			
任务 5.4.2 第三方行业基础数据收集与整理	能够登录百度指数网站	5			
	能够收集与整理搜索关键词历年热搜时间段	15			
	能够收集与整理搜索关键词，前 10 热搜相关词	15			
	能够收集与整理搜索关键词，如前 10 热搜城市、人群年龄分布、人群性别分布数据	15			
任务 5.4.3 公开竞争对手基础数据收集与整理	能够登录打开店查查网站	5			
	能够收集与整理竞争对手店铺的发布宝贝数量、店铺收藏数、月销量数据	10			
	能够收集与整理核心竞争商品的月销量、折扣价、收藏数、累计评价数据	15			
合计		100			

参考文献

[1] 网经社. 抖音电商发布《2022 丰收节抖音电商助力乡村发展报告》[EB/OL].（2022-09-23）. http://www.100ec.cn/detail--6618430.html.

[2] 中国食品（农产品）安全电商研究院、北京工商大学商业经济研究所. 2023 中国农产品电商发展报告[EB/OL].（2023-03-15）. https://www.sgpjbg.com/baogao/121449.html.

[3] 陈俊. 电子商务基础[M]. 重庆：重庆大学出版社，2021.

[4] 蹇洁，卢华玲，卓颐. 电子商务概论[M]. 2版. 北京：人民邮电出版社，2016.

[5] 徐湛. 基于央企特色的电商化扶贫新模式研究——以南网商城为例[J]. 现代经济信息，2020（4）：149-150.

[6] 刘敏，何彪. 农民合作社参与大宗农产品电子交易方式研究[J]. 齐齐哈尔大学学报（哲学社会科学版），2021（5）：77-80.

[7] 何新. 电子商务发展对我国农产品流通效率影响研究[D]. 重庆：重庆工商大学，2021.

[8] 吴建光. 电子商务环境下农产品交易模式及发展研究[J]. 全国流通经济，2023（18）：48-51.

[9] 杜浦，刘玲，陈蕾. 浅析农技服务电商化发展新模式——以惠农网 APP 为例[J]. 农业科技与信息，2023（4）：17-20.

[10] 赵佳豪，汪普庆. 社区团购生鲜农产品供应链流程分析及优化对策[J]. 全国流通经济，2023（16）：4-7.

[11] 中国农业大学国家农业市场研究中心. 社区电商发展研究报告：以阿里社区电商淘菜菜为例[EB/OL].（2021-12-28）. https://www.sgpjbg.com/baogao/65804.html.

[12] Mob 研究院. 2022 年生鲜电商行业洞察报告[EB/OL].（2022-04-29）. https://www.sgpjbg.com/baogao/70452.html.

[13] 《食品与生活》编辑部，谢奕琪，范志红. 预制菜未来可期[J]. 食品与生活，2022（9）：6-11.

[14] 白瑞，郭力. "东方甄选"营销模式分析[J]. 合作经济与科技，2023（22）：51-53.

[15] 李欢. 乡村振兴背景下农产品电商物流发展研究[J]. 农村经济与科技，2023，34（12）：252-255.

[16] 朱燕萍. 电商环境下"快递进村"助力乡村振兴的优化策略研究[J]. 中国商论，2023（18）：49-52.

[17] 辛明. 生鲜农产品供应链创新研究[J]. 合作经济与科技，2023（11）：81-83.

[18] 焦楠，苏航，张可为. 吉林省农产品电商供应链管理策略研究[J]. 农机市场，2023（9）：44-46.

[19] 郭佳. 我国农产品冷链物流优化发展研究[J]. 全国流通经济，2023（14）：8-11.

[20] 刘红，常相全. 基于产地预冷的农产品冷链物流模式分析——以寿光市为例[J]. 物流科

技，2023，46（19）：135-137.

[21] 郑丝予. 四川省山区县生鲜农产品冷链物流发展现状与对策研究[J]. 物流科技，2023，46（16）：139-141.

[22] 刘丽娟. 基于云仓模式的县域商业集采集配系统的构建[J]. 物流工程与管理，2022（10）：38-40.

[23] 菲利普·科特勒，凯文·莱恩·凯勒，亚历山大·切尔内夫. 营销管理[M].16版. 陆雄文，等，译. 北京：中信出版集团，2022.

[24] 徐冰心. 新零售在县域经济发展中的现状与对策研究[D]. 青岛：青岛大学，2019.

[25] 邢惠淳. "新零售"背景下生鲜电商商业模式比较分析——以盒马鲜生和每日优鲜为例[J]. 商业经济研究，2019（4）：85-87.

[26] 朱永祥. 重塑"人货场"，直播带货的挑战与机遇[J]. 新闻战线，2020（10）：46-49.

[27] 王福，刘俊华，长青. 场景如何基于"人货场"主导逻辑演变赋能新零售商业模式创新？——伊利集团案例研究[J]. 管理评论，2023，35（9）：337.

[28] 刘思成.乡村振兴背景下我国农村电商发展现实困境与对策分析[J]. Advances in Social Sciences，2023（12）：4268.

[29] 林蓁汛，陈丽诗，黎祥均. 政府职能视角下的农村电商产品质量研究——以海南省 S 镇与 Y 镇为例[J]. 现代农业研究，2023，29（2）：17-19.

[30] 贾铖，郑嘉欣，杨建辉. 信息共享视角下个体农产品电商信息配置的演化博弈分析[J]. 中国农业大学学报，2023，28（7）：265-281.

[31] 林泽宸，李玥. 基于价值链的农产品电子商务应用[J]. Operations Research and Fuzziology，2023（13）：7139.

[32] 于新建. 乡村振兴战略下特色农产品电子商务发展的可持续性研究[J]. 农业科技与发展，2023，2（1）：95-97.

[33] 高红阳，同心池，吴芬芬，等. "新农具"还是新"博弈"？信息经济学视角下电商助农问题刍议——来自攀枝花市某乡实地研究的经验证据[J]. Agricultural Outlook，2023，19（10）：1673-3908.

[34] 刘娟. 从消费力的集结到社会力的展现——走进台湾主妇联盟生活消费合作社[J]. 中国农民合作社，2013，（12）：44-45.

[35] 柴祯祯. 即时零售将成消费新引擎[N]. 经济日报，2023-11-11（9）.

[36] 中国合作经济编辑部. 抖音兴趣电商下，商家爆单的五大法则[J].中国合作经济，2021（4）：47-51.

[37] 纪琳. 兴趣电商的发展逻辑、实现路径与未来挑战[J]. 商业经济研究，2022（4）：100-102.

[38] 朱仰臣，苏莉. 农业大数据技术在农业生产中的应用[J]. 数字农业与智能农机，2022（17）：15-17.

[39] 张红. 农业大数据技术在农业生产中的应用[J]. 世界热带农业信息，2022（6）：77-78.

[40] 吴小李，吴竹，李宏亚，等. 浅谈物联网技术在草莓无土栽培中的应用[J]. 上海农业科技，2023，（6）：44-46.

[41] 于建基. 现代农田水利灌溉技术及管理[J].农机市场，2023（11）：61-63.

[42] 曾宗云. 物联网的关键技术及实践应用研究[J].信息系统工程，2023（11）：47-50.
[43] 樊平，颜邦斌. 智慧养殖新技术、新产品应用研究[J]. 畜禽业，2023，34（10）：36-38.
[44] 高艳丽. 大数据技术在农业生产上的应用[J]. 广东蚕业，2020，54（6）：65-66.
[45] 黄伯玉. 大数据统计在农业生产中的应用与前景[J]. 产业创新研究，2023（15）：18-21.
[46] 吴敬花，邓群仙，吕秀兰. 基于物联网技术的农产品电子商务策略研究[J]. 电子商务，2016（1）：26-27，35.
[47] 葛晓滨. 大数据技术赋能农产品电子商务运营的探究[J]. 农场经济管理，2022（6）：43-45.
[48] 郝文录. 农产品分类及农产品初加工种类范围（上）[J]. 农机质量与监督，2023（4）：21-24.
[49] 田东. 加快完善农产品全产业链追溯体系[J]. 农产品市场，2022（15）：38.
[50] 顾可欣，朱龙. 农产品初加工机械化技术与装备需求发展情况报告——以上海市为例[J]. 农业开发与装备，2023（10）：30-32.
[51] 凌晨. "盒马鲜生"和"京东便利店"供应链模式分析[J]. 广告大观（理论版），2020（3）：67-75.
[52] 王洋，冯巧玲. "互联网+"视角下我国农产品流通生态圈发展路径研究——基于乡村振兴背景[J]. 商业经济研究，2023（22）：113-117.
[53] 霍丽君. 农产品流通供应链创新模式构建及实现路径——基于智慧零售背景[J]. 商业经济研究，2021（24）：154-157.
[54] 任志欣，徐新华. 新零售环境下生鲜物流配送模式优化研究——以每日优鲜为例[J]. 中国管理信息化，2022，25（5）：114-117.
[55] 李靖伟，王福东，赵安平. 电商农产品分级包装保鲜技术标准研究与推广应用[J]. 标准科学，2020（11）：87-91.